A conquista do petróleo:
uma saga no mar

EQUIPE DO PROJETO "A CONQUISTA DO PETRÓLEO: UMA SAGA NO MAR"

Organizador
Carlos Otavio de Vasconcellos Quintella (FGV Energia)

Coordenação geral de pesquisa
Carlos Otavio de Vasconcellos Quintella (FGV Energia)
Alexandre L. Moreli Rocha (FGV/CPDOC)

Revisão de texto
Jorge Chaloub

Assistentes de pesquisa
Santina Lucente
Gustavo Fuhrmann

Apresentação
Sergio F. Quintella

Prefácio
Jorge M. T. Camargo

Depoimentos consultados ou coletados

Adauto Pereira. Depoimento, Rio de Janeiro, FGV/CPDOC, dez. 2014. Entrevista concedida a Alexandre Moreli e Santina Raffaella Lucente.

Alfeu de Melo Valença. Depoimento, 2003. Entrevista concedida ao Memória Petrobras (programa institucional da Petrobras).

Carlos Tadeu da Costa Fraga. Depoimento, Rio de Janeiro, FGV/CPDOC, abr. 2015. Entrevista concedida a Alexandre Moreli e Santina Raffaella Lucente.

Carlos Walter Marinho Campos. Depoimento, 1988. Entrevista concedida a FGV/CPDOC; Petrobras/Sercom.

Danilo Oliveira. Depoimento, 2005. Entrevista concedida ao Memória Petrobras (programa institucional da Petrobras).

Guilherme Estrella. Depoimento, Rio de Janeiro, FGV/CPDOC, jan. 2015. Entrevista concedida a Alexandre Moreli e Santina Raffaella Lucente.

João Carlos de Luca. Depoimento, Rio de Janeiro, FGV/CPDOC, ago. 2015. Entrevista concedida a Alexandre Moreli.

José Miranda Formigli Filho. Depoimento, Rio de Janeiro, FGV/CPDOC, fev. 2015. Entrevista concedida a Alexandre Moreli e Santina Raffaella Lucente.

Marcos Isaac Assayag. Depoimento, 2005. Entrevista concedida ao Memória Petrobras (programa institucional da Petrobras).

Salim Armando. Depoimento, 2003. Entrevista concedida ao Memória Petrobras (programa institucional da Petrobras).

____. Depoimento, 2005. Entrevista concedida ao Memória Petrobras (programa institucional da Petrobras).

Wagner Freire. Depoimento, Rio de Janeiro, FGV/CPDOC, dez. 2014. Entrevista concedida a Alexandre Moreli e Santina Raffaella Lucente.

Zephyrino Lavenère Machado Filho. Depoimento, 2005. Entrevista concedida ao Memória Petrobras (programa institucional da Petrobras).

SOBRE A FGV ENERGIA

A **FGV Energia** é o Centro de Estudos de Energia da **Fundação Getulio Vargas** com o objetivo de gerar, transmitir e aplicar conhecimento para o desenvolvimento do nosso país no setor energético.

Produzindo conhecimento de elevada qualidade e rigor acadêmico nas áreas de petróleo, gás natural, energia elétrica, nuclear, biocombustíveis, fontes renováveis e eficiência energética, a **FGV Energia** desenvolve pesquisas, estudos e análises no setor energético, auxiliando organizações públicas, privadas e do terceiro setor na avaliação de investimentos e aplicações de recursos energéticos de maneira sustentável.

Com uma equipe altamente qualificada, formada por mestres e doutores no setor energético, a **FGV Energia** trabalha ainda em parceria com outras áreas da **FGV** e com a cooperação de renomadas instituições acadêmicas e institutos de pesquisas, reconhecidos nacional e internacionalmente, possibilitando uma maior amplitude na sua capacidade de geração de conhecimento.

DIRETOR EXECUTIVO
Carlos Otavio de Vasconcellos Quintella

Direitos desta edição reservados à
EDITORA FGV
Rua Jornalista Orlando Dantas, 37
22231-010 | Rio de Janeiro, RJ | Brasil
Tels.: 0800-021-7777 | 21-3799-4427
Fax: 21-3799-4430
editora@fgv.br | pedidoseditora@fgv.br
www.fgv.br/editora

Impresso no Brasil | *Printed in Brazil*

Os conceitos emitidos neste livro são de inteira responsabilidade do autor.

1ª edição: 2016

Preparação de originais: Sandra Frank
Projeto gráfico de miolo, diagramação e capa: Ilustrarte Design e Produção Editorial
Revisão: Aleidis Beltran

Ficha catalográfica elaborada pela
Biblioteca Mario Henrique Simonsen

Rocha, Alexandre L. Moreli
A conquista do petróleo: uma saga no mar / Alexandre L. Moreli Rocha. – Rio de Janeiro : FGV Energia, 2016.
240 p.

Em parceria com FGV/CPDOC e FGV Editora.
Inclui bibliografia.
ISBN: 978-85-225-1902-6.

1. Indústria de petróleo *offshore*. 2. Petróleo em terras submersas. 3. Petrobras. I. Fundação Getulio Vargas. II. FGV Energia. III. Centro de Pesquisa e Documentação de História Contemporânea do Brasil. IV. Título.

CDD – 338.27282

FGV ENERGIA

Alexandre L. Moreli Rocha

A conquista do petróleo: uma saga no mar

SUMÁRIO

APRESENTAÇÃO

A história do petróleo e gás vem sendo escrita há muitos anos e por variados autores. Revela a enorme importância econômica e política, a repercussão geopolítica e até mesmo os conflitos bélicos de variadas proporções em diferentes regiões.

Foi neste contexto que o Brasil iniciou realmente sua inserção no vasto campo científico e tecnológico de exploração e produção de petróleo e gás na década de 50 do século passado, com a criação da Petrobras, após intensa e bem-sucedida campanha de cunho patriótico de o "petróleo é nosso".

A história do pré-sal brasileiro é a história da pesquisa aplicada, da inovação tecnológica, enfim, é muito o resultado da criação do Centro de Pesquisas e Desenvolvimento da Petrobras (Cenpes) pelo grande diretor que foi Leopoldo Américo Miguez de Mello, que tive o prazer e a honra de conhecer. Eu era ainda um jovem engenheiro de empresa de engenharia e montagens industriais e hoje, passados tantos anos, vice-presidente da Fundação Getulio Vargas (FGV) que decidiu incentivar e finalmente editar um Livro especialmente dedicado à descoberta e exploração de óleo e gás em área marítima de elevadíssima profundidade sem paralelo no mundo do petróleo.

O livro que entregamos ao leitor é o resultado de entrevistas com um expressivo número de profissionais altamente qualificados que atuaram pessoal e diretamente nas pesquisas geológicas e geofísicas que apontaram para a existência do pré-sal nas bacias de Campos e Santos, de rochas com indícios de grande acumulação de petróleo e gás. Mas o livro é mais do que um conjunto de entrevistas; representa o resultado de um trabalho de editoração, que o torna de fácil leitura e interpretação.

O objetivo deste livro é resgatar e conservar para a posteridade, através de uma detalhada pesquisa e do registro de depoimentos de personalidades-chave nesse processo, a memória histórica e estratégica do desenvolvimento tecnológico da Petrobras em águas profundas, sucesso conquistado dura e longamente e de forma coletiva, fenômeno que acabou por transformar o Brasil em sede de um dos maiores complexos de pesquisa aplicada na exploração de petróleo e gás do mundo.

O objetivo da pesquisa que levou a este livro é criar uma narrativa inédita sobre a trajetória do Brasil na evolução da exploração e produção em águas profundas, enfatizando o papel do *ethos* da companhia e de seus chamados "ativos intangíveis".

Como resultado, cria-se um banco de depoimentos de história oral das principais personagens envolvidas no sucesso da E&P *offshore* a ser disponibilizado para consulta pública e integrado ao acervo da FGV/CPDOC. Finalmente, lançando mão de uma linguagem que traduza ao mais largo público as complexas e sensíveis questões técnicas, gerenciais e históricas levantadas, sem, entretanto, qualquer descuido quanto à lisura da pesquisa, escreve-se uma obra autoral fruto da parceria entre a FGV Energia e a FGV/CPDOC. Nesse sentido, a fluidez do texto será considerada vital ao se priorizar a sensibilidade na combinação de textos, referências cruzadas e imagens, procurando conservar a curiosidade e o interesse do leitor desde a primeira até a última página da obra.

Sergio F. Quintella

VICE-PRESIDENTE DA FUNDAÇÃO GETULIO VARGAS

PREFÁCIO | História do *offshore* brasileiro

Merece elogio a iniciativa da FGV de contribuir para a preservação da história do desenvolvimento da indústria *offshore* brasileira, uma história de sucesso extraordinária, ainda mais oportuna nos tempos atuais em que profunda crise abate o setor petróleo, no Brasil e no mundo. A leitura do livro e uma reflexão sobre os fatores que conduziram o Brasil a um lugar de destaque na vanguarda da tecnologia *offshore* – o potencial geológico brasileiro e a capacidade tecnológica local – permitirão concluir que os fundamentos do sucesso da indústria *offshore* brasileira continuam, apesar das atuais circunstâncias, preservados e até ainda mais robustos.

É importante coletar depoimentos, visões, lembranças de alguns personagens que viveram com intensidade essa saga extraordinária. Pena não ser possível estender a coleta aos tantos técnicos, cientistas, executivos, profissionais que, de alguma forma, participaram dessa fabulosa aventura *offshore* que teve início com a descoberta do campo de Guaricema, em 1968, no litoral de Sergipe. Todos, como eu, imensamente orgulhosos de terem feito parte de uma geração que levou a indústria do petróleo brasileira de um início marcado por grandes esperanças e muitas dúvidas a uma posição de vanguarda e liderança no cenário mundial.

Além de profunda pesquisa acadêmica sobre o contexto histórico, geopolítico e econômico em que se desenvolve a indústria brasileira do petróleo, o livro aborda, em detalhe, o desenvolvimento da pesquisa *offshore* no Brasil, tarefa em que o Centro de Pesquisas da Petrobras, o admirável Cenpes, teve protagonismo fundamental. Ainda mais relevante para o sucesso e a efetividade do desenvolvimento tecnológico *offshore* brasileiro, foi, como bem ressaltam vários dos entrevistados, o modelo, o sistema tecnológico desenvolvido pela Petrobras. Nele, os objetivos das pesquisas do Cenpes, assim como de outros centros de pesquisa associados, de acadêmicos e de fornecedores, estavam interligados às demandas da operação e a um plano estratégico de desenvolvimento tecnológico focado em objetivos empresariais muito bem definidos. Esse modelo vitorioso foi concebido por José Paulo Silveira na década de 1980, inaugurado no primeiro Programa de Inovação Tecnológica e Desenvolvimento Avançado em Águas Profundas e Ultraprofundas (Procap), replicado, copiado, reverenciado e preservado até os dias de hoje.

No entanto, é preciso ter em mente que a maior contribuição brasileira ao desenvolvimento *offshore* não foi pela geração de inovações tecnológicas, mas pela coragem e arrojo em testar as que surgiam, fosse no Mar do Norte ou no Golfo do México, adaptá-las para fazê-las funcionar na Bacia de Campos. Foi o que fizemos no campo de Enchova, em 1986, nosso primeiro "sistema de produção antecipada", que reproduzia o experimento pioneiro inicialmente testado no campo de Argyll, no Mar do Norte, em que uma sonda de perfuração fora transformada em plataforma de produção, de modo a permitir que o poço recém-perfurado fosse completado para produzir diretamente para um navio-cisterna.

Uma ideia não testada e colocada em prática é uma ideia perdida para sempre. O Brasil, premido pelos impactos dos choques do petróleo da década de 1970, fez da Bacia de Campos, onde uma série de descobertas descortinavam seu imenso potencial exploratório, um grande campo de testes de tecnologias *offshore*, cujos resultados, avanços e conquistas eram acompanhados com surpresa e admiração pela indústria mundial do petróleo, uma indústria reconhecidamente conservadora e temerosa de testar novas tecnologias. O aplauso internacional ressoou forte em Houston, em 1992, quando a Petrobras recebeu, pela primeira vez, o prêmio da Offshore Technology Conference, o Oscar do petróleo, conferido à empresa que tenha dado a maior contribuição ao desenvolvimento da tecnologia *offshore*.

Carlos Walter Marinho Campos liderou o grande salto que transformou a Petrobras de uma obscura empresa estatal do Terceiro Mundo numa potência tecnológica de exploração e produção em alto-mar.

Carlos Walter era um entusiasta do conhecimento. Ao assumir a liderança do Departamento de Exploração da Petrobras, em 1967, retomou e ampliou o programa iniciado por Walter Link, geólogo americano que primeiro comandou a exploração de petróleo na Petrobras, de enviar geólogos, geofísicos e engenheiros para se aperfeiçoarem nas melhores universidades no exterior. Desenvolveu também centros de excelência em petróleo em várias universidades brasileiras, importando renomados professores estrangeiros e assim multiplicando a capacidade de treinamento, em alto nível, dos técnicos da Petrobras. Acompanhava pessoalmente os programas de treinamento, cobrava, exigia e obtinha de todos, alunos e professores, dedicação e resultados.

Quando a Petrobras se viu diante das descobertas gigantes da Bacia de Campos, em águas cada vez mais profundas, num tempo em que a tecnologia *offshore* ainda engatinhava, sua equipe técnica já era, havia tempos, de nível internacional; estava pronta e preparada para os desafios e oportunidades que se apresentavam, para surpresa de muitos, até dos próprios técnicos da Petrobras.

Lideranças visionárias, planejamento estratégico, gente preparada e competente foram fatores fundamentais para o sucesso da exploração e desenvolvimento dos recursos petrolíferos *offshore* brasileiros, mas houve outro fator igualmente importante: a meritocracia.

A meritocracia esteve presente, foi estimulada e protegida desde a fundação da Petrobras. Prevaleceu, com raras e desonrosas exceções, por várias gerações de profissionais, a minha inclusive. Nenhuma empresa, estatal ou privada, conseguiria, como a Petrobras conseguiu, vencer desafios, inovar, criar tanto valor e atingir tal nível de excelência tecnológica sem ter à frente suas melhores lideranças, sem associar o êxito e o crescimento dos seus profissionais aos resultados por eles obtidos. Da mesma forma, são rápidos o declínio e a decadência à mediocridade nas empresas e organizações que da meritocracia abdicam.

Graças às imensas reservas do pré-sal, o Brasil deverá continuar a ser um dos principais polos de desenvolvimento e irradiação de tecnologia *offshore* do futuro. O pré-sal é, sem dúvida, a província que mais irá demandar e mais oportunidades tem a oferecer para o surgimento de ideias novas e criativas que tornem seu desenvolvimento ainda mais econômico e seguro.

Espero que as lições e experiências contidas neste livro contribuam para que o futuro da indústria *offshore* brasileira seja tão ou mais brilhante que sua história, para admiração internacional, benefício e orgulho dos brasileiros.

Jorge M. T. Camargo

INTRODUÇÃO

Logo no início da coleta de depoimentos que ajudam a compor este livro, uma frase pareceu poder paralisar de imediato a equipe de pesquisa, então em seus primeiros meses de trabalho. Entre menções a decisões políticas, contextos econômicos e estratégicos, modelos de gestão, viabilidade técnica, conhecimento geológico e geofísico, construção e desenvolvimento de grandes maquinários e recursos de engenharia, assuntos que já seriam de difícil domínio para os não iniciados nos meandros da complexa indústria petrolífera, Guilherme Estrella, um dos entrevistados,[1] atento à necessidade de se manifestar de forma didática, assim definiu o que seria o próprio recurso natural em questão: "O petróleo nada mais é do que o sol que brilhou há centenas de milhões de anos...".

Enquanto tais palavras permitiram uma reflexão sobre geologia e rochas geradoras (e provavelmente, para o entrevistado, pareciam informar da maneira mais clara possível seus entrevistadores), elas provocaram nos pesquisadores, em verdade, um choque e os colocaram diante de um impasse da mesma dimensão da história dos hidrocarbonetos. Dentro desse imenso quadro temporal, como propor uma narrativa? Qual recorte utilizar? Qual perspectiva priorizar? Quais processos (naturais e sociais) buscar entender? Onde coletar informações? Como definir o corpo de fontes?

---

1 As referências completas sobre as entrevistas utilizadas e citadas neste livro constam na seção "Depoimentos" da bibliografia (p. 188).

A tarefa parecia ainda mais intricada quando tomada em consideração a já extensa literatura sobre a história do petróleo no Brasil e no exterior,[2] e também as dificuldades de acesso aos arquivos da principal companhia brasileira, a Petrobras, cuja trajetória se confunde com a história do *offshore* no país. Finalmente, o contexto político e a ininterrupta permanência nos noticiários brasileiros, entre 2014 e 2016, de escândalos ligados à mesma Petrobras, pareciam colocar barreiras intransponíveis para que se pudesse chegar, hoje, a este resultado.

Além de muita calma, foi preciso relembrar da (e se agarrar na) ideia motivadora da obra, que, não por acaso, surgiu em 2014, a partir de uma nova iniciativa da Fundação Getulio Vargas (FGV). Nesse ano, em que completava 70 aniversários e lembrava que a construção de uma sociedade mais justa, democrática e inclusiva passa, também, por "competência e excelência" (FGV, 2014:169), ambições brasileiras que ajuda a perseguir, a FGV colocou em colaboração seu Centro de Pesquisa e Documentação de História Contemporânea do Brasil (FGV/CPDOC) e seu Centro de Estudos de Energia (FGV Energia) para, juntos, poderem analisar e propor uma narrativa sobre como a engenhosidade brasileira, a "competência e a excelência" em marcha em meio a uma cultura corporativa própria, conseguiram criar liderança mundial no setor de exploração e produção de petróleo *offshore*.

Além de se aproveitar das capacidades existentes em um dos mais novos centros de pesquisa da Fundação Getulio Vargas, a FGV Energia, o trabalho se insere em uma longa e pioneira trajetória da FGV/CPDOC de trabalho com a história oral no Brasil, mas também de suas iniciativas sobre a história do Brasil contemporâneo e sobre a própria indústria petrolífera nacional.[3] Os depoimentos colhidos observando essa tradição e esses métodos, que já se encontram reunidos no acervo da FGV/CPDOC e disponíveis para consulta pública, permitiram criar uma narrativa muito particular sobre a engenhosidade humana no tempo.

---

[2] Destacam-se, entre diversos outros: Moura e Carneiro (1976); Yergin (1991); Dias e Quaglino (1993); Melo, Oliveira e Araújo (1994); Dantas e Bell (2011); Ruas (2011); Painter (2014); Morais (2015); Almeida (2015).

[3] Como resultado dessa experiência de décadas estudando o petróleo e a Petrobras, é importante citar, como trabalhos com participação das equipes da FGV/CPDOC: Petrobras (1988); Dias e Quaglino (1993); Moura (2003); Sarmento e Lamarão (2006). Para uma reflexão sobre a produção literária e historiográfica em torno da Petrobras, observar a dissertação de mestrado de Sergio Retroz (2015).

Procurou-se lançar mão de entrevistas com diversos eixos temáticos, que acabaram construindo os capítulos desta obra.

Desde o final dos anos 1960, quando a influência de diversos fatores conjunturais, no Brasil e no exterior, levou a Petrobras a rumar de maneira decisiva em direção à exploração de petróleo e gás em ambientes marítimos, tornou-se fator fundamental a necessidade de aliar algum tipo de ambição, recursos humanos e tecnologia. Enquanto um primeiro pioneirismo foi construído pelas equipes de campo, trabalhando entre o final dos anos 1970 e início dos anos 1980 em torno dos poços descobertos na Bacia de Campos, tal processo iria se acelerar anos mais tarde, quando passou a se destacar uma nova interação entre os trabalhos de campo, as gerências e os laboratórios da Petrobras.

Um dos produtos dessas dinâmicas, e resultado de uma ambição nacional em alcançar, de forma cada vez mais autônoma, reservas a várias centenas de metros da lâmina d'água, foi o Programa de Capacitação Tecnológica Para Produção em Águas Profundas (Procap), criado em 1986, e que abriria caminho para o país consolidar-se líder mundial.

Descobertas recentes quanto ao elevado potencial de produtividade de petróleo onde já se imaginava existir tal recurso – as áreas profundas do fundo oceânico associadas aos depósitos salinos e conhecidas popularmente como "pré-sal" –, fizeram com que o Procap intensificasse o processo de concentração e qualificação de recursos humanos, mas, sobretudo, o de coordenação dos meios para geração nacional de novas tecnologias de perfuração e produção em um ambiente ainda mais desafiador.

Em razão das conquistas alcançadas pelos sucessivos Procaps, inúmeros são os trabalhos descrevendo suas vitórias diante de barreiras técnicas e tecnológicas ou discutindo seus impactos sobre o mercado global da *commodity*. Este livro, entretanto, procura adotar uma perspectiva diferente, combinando depoimentos de história oral de importantes atores com uma pesquisa documental a fim de revelar como se resolvem embaraços e como se trilham caminhos de inovação antes ou depois do trabalho sobre a prancheta, ou de se ter forjado o aço. Ele tenta, também, contribuir para a transmissão futura dos conhecimentos acumulados e desenvolvidos, sobretudo aqueles construídos a partir de bases imateriais, em uma cultura corporativa incipiente, de um país de industrialização tardia, através das motivações e das percepções de missão daqueles envolvidos nesses processos.

Mais particularmente, o objetivo da pesquisa realizada é construir uma narrativa histórica singular sobre a liderança e o legado do Brasil e da Petrobras na exploração e produção de petróleo em águas profundas e ultraprofundas, que possa complementar os textos existentes sobre as máquinas inventadas.

Como mencionado, não serão aqui abordadas em profundidade de detalhes questões relacionadas à execução das inovações tecnológicas, campo já extensamente coberto pela literatura especializada. Tampouco as áreas que integram o feixe identitário da indústria do petróleo (sísmica, geologia, geofísica, geoquímica, meteorologia, robótica, ciências geotectônicas, ciências da computação, ciências marinhas, metalurgia, nanotecnologia, engenharias, oceanografia etc.) receberão análise detalhada.

Será dada atenção especial, na verdade, às motivações de seus funcionários, pesquisadores e gestores, sobretudo quando inspirados e influenciados pelo *ethos* e pela missão histórica da companhia de garantir autonomia nacional e o fortalecimento do país em termos econômicos, geoestratégicos e tecnológicos.

Nesse sentido quando se dá diferente destaque para aspectos políticos e culturais, diante daqueles puramente técnicos, acredita-se ser possível contar histórias mais complexas e completas, não somente sobre as máquinas e os feitos ligados à indústria petrolífera, mas sobre diversos outros processos acontecendo simultaneamente nesse meio. Sem considerar as trajetórias dos envolvidos, suas percepções sobre o lugar da companhia no Brasil e no mundo, além das ambições desenvolvimentistas do país, não é possível entender de forma clara como o Brasil passa de importador a criador e exportador de tecnologia sensível em tempo relativamente curto, sobretudo enquanto sociedade de industrialização tardia e atuando em uma indústria global, de alto interesse estratégico, datando do século XIX.

Sem a pretensão de ser um estudo de sociologia histórica sobre produção e uso de energia, o presente livro tem a intenção de melhorar o entendimento sobre as razões e os processos por trás do desenvolvimento da indústria de petróleo.

Assim, sem poder localizar de forma precisa no espaço e no tempo os marcos desses estímulos imateriais, foi preciso dividir o trabalho em três partes. Elas tentam cobrir essas condições desde a formação de um interesse mais denso pelos hidrocarbonetos no Brasil entre os anos 1930 e 1950 até os dias de hoje. Nesse sentido, o capítulo 1 lembra o peso que o processo de urbanização e industrialização exerceu sobre a política e a economia da energia na segunda metade do século XX, sem deixar de ressaltar a influência de processos decisórios muitas vezes autoritários ou de estratégias sagazes sobre onde perfurar e como dali extrair petróleo. Já o capítulo 2 tenta cobrir o efeito das experiências acumuladas no exterior, onde houve muito aprendizado e a descoberta de novas técnicas ou máquinas que poderiam ser utilizadas ou adaptadas ao emprego no Brasil. Foram esses, também e paradoxalmente, momentos definidores de uma trajetória nacional, pois constituíram ou determinaram etapas em que o contato com o outro ajudou a definir a si próprio, a reafirmar a identidade e a missão da companhia, além da necessidade de continuar caminhando em direção às profundezas da costa brasileira. Finalmente, a última divisão proposta, em seu capítulo 3, retraça as três últimas décadas da experiência *offshore* no Brasil, quando são definidos os contornos de uma nova etapa de liderança e são delineados os desafios a serem enfrentados no século XXI.

Nesta introdução, faz-se importante registrar a cooperação dos funcionários de Petrobras responsáveis pelos setores de Memória e de Comunicação da companhia, mas também a colaboração da Agência Nacional do Petróleo, Gás Natural e Biocombustíveis quando da coleta e compilação de dados estatísticos e da iconografia. Finalmente, além da importância da parceria institucional entre a FGV/CPDOC e a FGV Energia na execução deste livro, conforme já mencionado, é fundamental ressaltar a parceria entre suas equipes de pesquisa. Sem a atenção, a diligência, o empenho e os esforços de Carlos Otavio de Vasconcellos Quintella, Jorge Chaloub, Santina Lucente e Gustavo Fuhrmann, nada teria saído do mundo das ideias.

Alexandre L. Moreli Rocha

DOUTOR EM HISTÓRIA PELA SORBONNE, PROFESSOR E PESQUISADOR DA FGV/CPDOC

CAPÍTULO 1

A história do Brasil através da questão energética, da Petrobras e das reservas *offshore*: o desenvolvimentismo e o intangível

Energia e autonomia na primeira metade do século XX

O longo trajeto da modernização do Estado brasileiro tem, na questão energética, um capítulo fundamental. As feições do desenvolvimento capitalista no país conferiam ao processo de industrialização uma urgência que não se fazia presente em países do eixo norte-atlântico, elevando-o a grande solução das mais diversas mazelas nacionais. O imaginário de uma ordem industrializante atravessava, como bem constatou Wanderley Guilherme dos Santos (1978), os mais diversos rincões do espectro ideológico nacional e surgia como caminho necessário para a desejada construção de um grande país.

Nesse cenário, a questão energética, já usualmente afeita às identidades nacionais, ganhava dimensão central. A busca pelas riquezas do subsolo trazia consigo, em certo sentido, a reformulação das bases do país, cujo futuro precisava romper com velhos vícios do passado. O esforço de prover a economia brasileira de insumos energéticos necessários ao seu florescimento assume, então, aspecto que supera a contabilidade de recursos e avanços tecnológicos e se faz portador de uma natureza difícil de ser determinada, mesmo que decisiva para os rumos do petróleo brasileiro nas próximas décadas. Algo intangível subjaz aos processos mais explícitos.

O desafio da transformação do Brasil está diretamente relacionado aos abalos na economia mundial, às vésperas dos anos 1930, mas não surge somente nesse momento. As iniciativas industrializantes já tinham

Figura 1 | Obras da refinaria de petróleo de Cubatão e da estação de bombeamento do oleoduto, 1952

antecedentes entre os séculos XIX e XX, ainda que mostrando seus limites, e o processo de urbanização, com suas diretas consequências para a mudança da base produtiva da economia, ocorria com força desde o final da década de 1910. A compreensão de tais processos já compõe ampla literatura, que tanto indica as consequências para a classe trabalhadora brasileira (Gomes, 1988; Weinstein, 2000)[4] quanto lembra iniciativas pioneiras, como as de São Paulo, também sensíveis aos problemas decorrentes da acumulação de capital obtida através da exportação de *commodities*.[5]

Desde aquela época, passava a ser fundamental responder à questão das bases energéticas para manter ou acelerar o ritmo do desenvolvimento econômico. O desafio tinha especial importância tanto para o funcionamento do parque industrial, que então ganhava vulto, quanto para o comércio exterior brasileiro, já que o grande custo com a importação de combustíveis poderia colocar em risco a capacidade de financiamento do próprio processo de modernização.

A crise de 1929 foi um importante antecedente para as mudanças ocorridas no país em meados do século XX, as quais explicitam os indissociáveis vínculos entre o Brasil e o mundo. É necessário destacar suas amplas repercussões a partir dos anos 1930, quando uma forte onda de protecionismo dominou as relações entre as economias ocidentais. Nesse contexto, o governo brasileiro passou a buscar "influir no processo de produção, repartição, circulação e consumo das riquezas, em prol do desenvolvimento econômico do país" (Marinho, 1970:256).

A redução drástica do fluxo de capitais estrangeiros naqueles anos, combinada com uma brusca redução dos preços do principal produto exportado e base da economia nacional havia décadas, o café, criou uma séria crise de balanço de pagamentos. Ao mesmo tempo da exaustão das reservas brasileiras (Abreu, 2008:239 e segs.), houve então a promoção de incentivos suficientes para fazer vingar politicamente um novo projeto político-econômico para o país: a busca pela substituição das importações com base na industrialização.

A industrialização, peça-chave na manutenção das sociedades de consumo de massa estruturadas ao longo do século XX, exatamente por ser componente fundamental na definição do que se tomava como fronteira entre o mundo desenvolvido e o subdesenvolvido, ganharia dimensão fortemente estratégica ante o Estado e seus agentes políticos. Para a cientista política Edelmira Contreras (1994:11), a

---

[4] Ver também Fortes (2014).

[5] Ver: Dean (1969); Pelaez (1979); Cano (1977); Mello (1982); Tavares (1973); Suzigan (2000).

Figura 2 | Primeiro poço produtor de petróleo no Brasil, 1938, Lobato (BA)

dimensão econômica dos processos sociais, notadamente o desenvolvimento industrial, passou a deter *status* proeminente na capacidade estratégica dos Estados e dos governos para administrar o exercício político – de conflito e de cooperação – no interior das sociedades e nas relações com o sistema internacional.

Com o mote da busca pela substituição das importações e pelo esperado desenvolvimento nacional atrelado a mais autonomia no cenário internacional, a era Vargas foi inaugurada e desenrolou-se sob os auspícios de uma elite que tinha, entre seu vasto vocabulário, a forte presença de princípios nacionalistas e modernizantes.

A Revolução de 1930 promovia uma inflexão e uma multiplicação nos fatores envolvidos na fórmula de busca do desenvolvimento nacional. Com a mudança nas elites governantes, que seriam então compostas por um amálgama entre antigas personagens da velha ordem e novos atores políticos, como os tenentes, o governo passava a buscar, entre outros, criar uma nova identidade nacional em estreito diálogo com questões estratégicas (Schwartzman, Bomeny e Costa, 1984).

Em um ambiente socioeconômico dominado por uma população ruralizada – nos anos 1930, a agricultura ainda empregava cerca de 65% da população (Abreu, 2008:286) –, dispersa pelo território e considerada pouco integrada, além de dependente dos frutos do café, da borracha e do algodão, foram imaginadas grandes cidades, linhas de comunicação, indústrias de base, de energia e de manufaturados.

Com uso irrestrito de instrumentos de comunicação em massa e forte censura à imprensa e à produção artística, em cenário onde surgem como paradigmáticos os nomes do Departamento de Imprensa e Propaganda (DIP) e de seu diretor Lourival Fontes, o tema da energia, longe de ser reduzido às suas tecnicidades, ganhava, nesse esforço, papel privilegiado. Duas iniciativas centrais nesse sentido são o Código de Minas, que nacionaliza o subsolo brasileiro em 1934, e a criação do Conselho Nacional do Petróleo, em 1938. Ao mesmo tempo, outras decisões buscando viabilizar investimentos de grande porte e capacitação técnica também foram tentadas através da criação de diversos órgãos públicos e companhias nacionais, como o Conselho Federal de Comércio Exterior (1934), o Conselho Técnico de Economia e Finanças (1937), o Departamento Administrativo do Serviço Público (1938) e o Conselho Nacional de Águas e Energia (1939).

Assim, antes mesmo de a Lei nº 2.004, de 3 de outubro de 1953, criar a Petrobras, um ativismo político marcado por um "patriotismo utilitário e urgente" já havia lançado diversas iniciativas de modernização do Estado e da economia.[6] Em curto e médio prazos, entretanto, traçava-se uma rota difícil para que o imaginado desenvolvimento brasileiro acontecesse. As fortes pressões conjunturais, como a violenta diminuição da demanda pelo principal produto exportado pelo país nos anos que se seguiram à crise de 1929, tiveram graves consequências para as contas externas e as receitas do Estado. Se tal contexto permite entender com mais clareza as razões da emergência de novos marcos regulatórios sobre exploração, produção, refino e distribuição de petróleo e derivados em finais dos anos 1930, com a exploração de todas as riquezas do solo e subsolo encontrando-se sob a direção direta do Estado (Dias e Quaglino, 1993:22) uma incipiente base produtiva industrial ainda impedia pretensões maiores no curto prazo.

Para além das ambições nacionais, a necessidade de mudanças começa a se impor de forma mais intensa a partir de uma conjuntura internacional de crise, que atinge seu ápice em 1939 com a invasão da Polônia por Hitler. A II Guerra Mundial, antes mesmo de conhecer soldados brasileiros lutando nas frentes de batalha ou de provocar o afundamento de navios e a morte de centenas de civis ao longo da costa do país, acelerava uma transição energética global, com a matriz do carvão dando lugar à do petróleo. De acordo com Daniel Yergin, inaugurava-se "a era do hidrocarbureto".[7] Os efeitos da preparação e da experiência do novo conflito mundial estariam espalhados também no cenário socioeconômico brasileiro, e não apenas na distante Europa. Como apontam os conhecidos termos do romancista Marques Rebelo (2002): a "guerra estava em nós".

As urgências estratégicas em acompanhar tais transformações só faziam cristalizar uma nova agenda política nacional, além de incentivos para diversas iniciativas institucionais e empresariais, como a Com-

[6] A FGV (2014:9) recentemente comemorou seus 70 anos recordando tal contexto, em que também foi criada.

[7] Ver Yergin (1991), especialmente a parte IV.

Figura 3 | Oswaldo Aranha visita o poço de petróleo de Lobato (BA), 1939

panhia Siderúrgica Nacional (1941) e a Companhia Vale do Rio Doce (1942). Nesse cenário, a administração federal e significativa parte da elite política brasileira continuaram a perseguir sua visão desenvolvimentista tecnocrática e de incentivo ao crescimento econômico em gestação desde os anos 1930 (Ioris, 2014:2, 29).

As consequências se faziam presentes no campo político, em grande parte reorganizado dada a repercussão da derrota de regimes autoritários, e na economia, em que, diante da incapacidade do capital privado nacional "de mobilizar volumosos recursos financeiros necessários a empreendimentos de longa maturação e risco elevado" (Melo, Oliveira e Araújo, 2011:226), o nacionalismo ganhava imenso espaço. O ideário elegia o Estado como único agente capaz de planejar, regular, financiar e promover os investimentos necessários para os planos de desenvolvimento do país, tanto na indústria de base quanto na de manufaturados, bens de consumo de massa ou bens duráveis, como automóveis. Nesse processo, foram projetadas as lideranças de um "Estado empresário" (Contreras, 1994:11).

Apesar do esforço esperado para viabilizá-los, financiamento, equipamento e treinamento não seriam suficientes para lançar a etapa de industrialização do país. Havia outros motores desse processo que também precisavam ser mobilizados. As riquezas presentes no solo e no subsolo brasileiros, por exemplo, já haviam rendido frutos durante séculos e conhecido ciclos como o do ouro, da cana-de-açúcar e do café, mas estes tinham, até então, definido somente a identidade do país como de exportador de *commodities*.

A exploração de outras fortunas abrigadas no território ganharia igualmente longeva história, mas forneceria também a oportunidade para a construção de outra identidade. Ao longo dos séculos XIX e XX, o conhecimento sobre a mineralogia e a geologia no Brasil passaria a contribuir para a transformação econômica brasileira de nova forma, alimentando as indústrias de base e de energia, e seria chave não somente para as primeiras descobertas de hidrocarbonetos no território, mas também para a exploração do fundo do mar.

Décadas antes da publicação do Decreto nº 3.352-A, de 30 de novembro de 1864, cedendo direitos de "estrahir turfa, petróleo e outros minerais" na então província da Bahia,[8] tomado frequentemente como marco da exploração do óleo no Brasil (Dias e Quaglino, 1993:1), o país já conhecia uma crescente institucionalização da pesquisa geológica, sobretudo com a aquisição, na década de 1810, pelo conde da Barca, Antonio Araújo Azevedo, das obras de um dos mestres de José Bonifácio de Andrade e Silva, ele próprio mineralogista, o geólogo alemão Abraham Gottlob Werner (Santos, 1988:1).

Entre tal iniciativa e a criação do Departamento Nacional de Produção Mineral (DNPM), em 1933, inúmeros investimentos em conhecimento sobre as riquezas presentes no subsolo buscavam proporcionar mais autonomia carbonífera e, posteriormente, alimentariam a esperança de que o Brasil pudesse participar, como protagonista, da transição energética que prometia deixar o carvão no passado.

O DNPM, de fato, foi a última etapa da evolução dos estudos de geologia do petróleo que culminou, em 1938, após um longo percurso de avanços e retrocessos, na criação do Conselho Nacional do Petróleo (CNP) e na descoberta, no ano seguinte, do primeiro poço de petróleo no país, em Lobato, na Bahia (Dias e Quaglino, 1993:16).

---

[8] Ver documento eletrônico disponível em: <www2.camara.leg.br/legin/fed/decret/1824-1899/decreto-3352-a-30-novembro-1864-555171-publicacaooriginal-74298-pe.html>. Acesso em: 30 set. 2015.

Apesar de a vazão do poço de Lobato ter rapidamente diminuído, o regime autoritário de Vargas determinou a continuidade das pesquisas e dos levantamentos na região do recôncavo baiano. Para além da mobilização de maiores recursos, o CNP, à frente dessas iniciativas, solicitou também a colaboração de prestadores de serviços estrangeiros, como as norte-americanas Drilling and Exploration Co. e a United Geophysical Co. A escassez de equipamento e *expertise* ainda dominava a realidade brasileira, levando a renovadas parcerias estrangeiras que não somente criariam polêmica nas décadas seguintes, mas definiriam e moldariam a internacionalização da Petrobras enquanto contribuiriam para a exploração de novas fronteiras no próprio país, como narrado no capítulo 2 adiante. No período encerrando com a II Guerra Mundial, entretanto, os resultados dessa empreitada já proporcionavam descobertas de diversos outros poços, como nos campos de Aratu, Candeias e Itaparica.

Os feitos, apesar de celebrados, faziam as autoridades recordarem a já mencionada questão da origem dos recursos para continuar a exploração, que marcaria fortemente a disputa em torno do petróleo. Entre as décadas de 1930 e 1940, três correntes ganhavam força. Uma primeira defendia o exclusivismo do Estado na exploração, com a vedação do capital privado, nacional ou estrangeiro. Tal perspectiva se fundamentava na importância geopolítica do combustível fóssil, que precisaria ser tratado como uma questão de Estado. A escassez de recursos seria, por sua vez, contornada pelo sucesso da empreitada, que financiaria as próprias explorações posteriores.

Uma segunda visão defendia a colaboração entre o Estado e o capital privado nacional na exploração do petróleo excluindo, nesse processo, o capital estrangeiro. Um notório defensor da corrente à época foi Monteiro Lobato, que retratava as restrições aos empresários nacionais como um conluio entre governo e grandes multinacionais, que não teriam interesse em ver desenvolvida a indústria do petróleo no Brasil (Lobato, 1937). O escritor não se restringiu à simples exposição de ideias, mas aventurou-se como empresário no setor. Em 1940, acabou preso, com base na Lei de Segurança Nacional, por acusar Getúlio Vargas de favorecer o capital financeiro internacional e, assim, prejudicar a indústria brasileira.

Por fim, uma terceira perspectiva advogava a ausência de qualquer restrição ao capital privado, fosse nacional ou estrangeiro. Essa corrente,

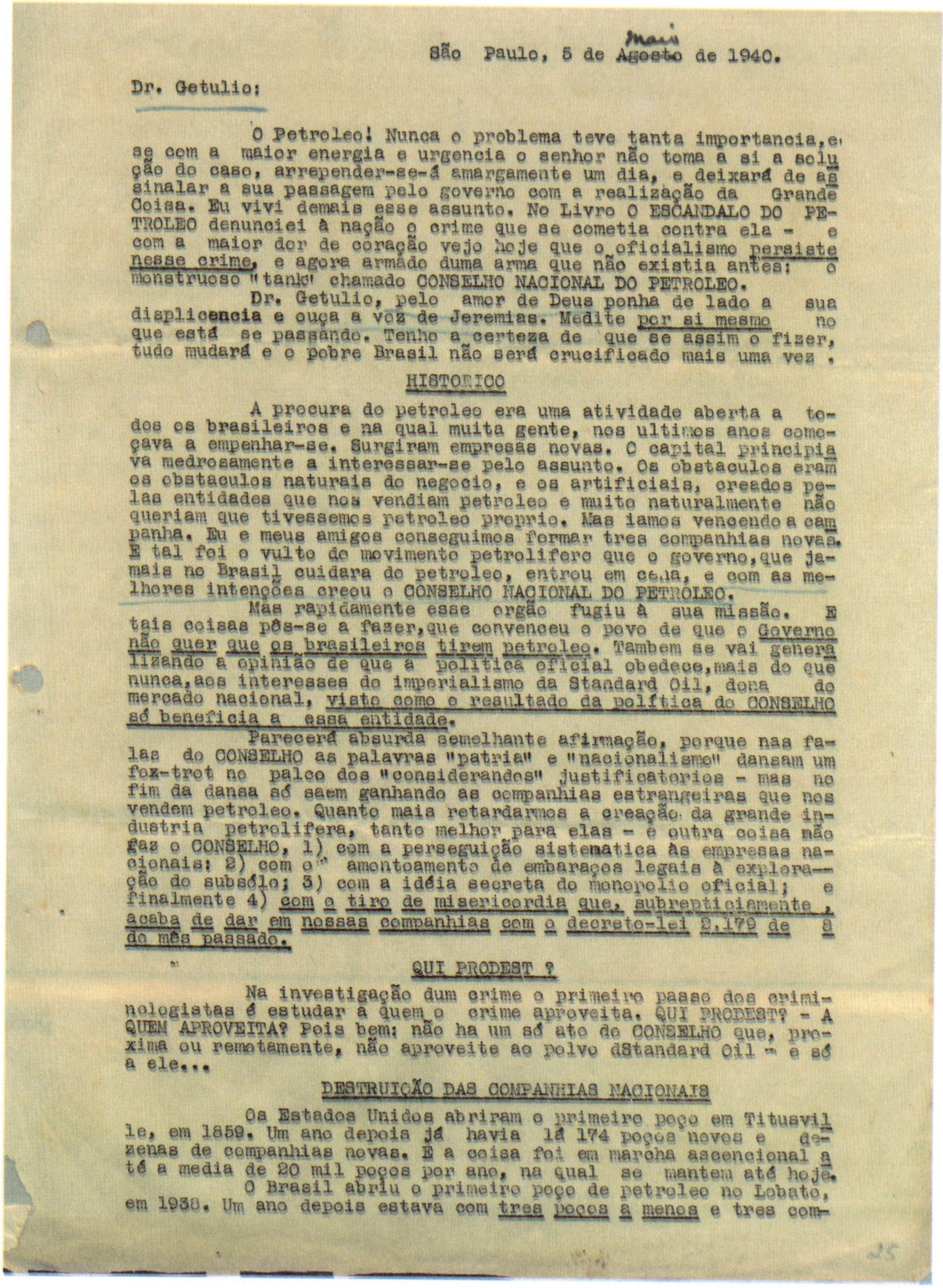

São Paulo, 5 de ~~Agosto~~ maio de 1940.

Dr. Getulio:

O Petroleo! Nunca o problema teve tanta importancia, e se com a maior energia e urgencia o senhor não toma a si a solução do caso, arrepender-se-á amargamente um dia, e deixará de assinalar a sua passagem pelo governo com a realização da Grande Coisa. Eu vivi demais esse assunto. No Livro O ESCANDALO DO PETROLEO denunciei à nação o crime que se cometia contra ela – e com a maior dor de coração vejo hoje que o oficialismo persiste nesse crime, e agora armádo duma arma que não existia antes: o monstruoso "tank" chamado CONSELHO NACIONAL DO PETROLEO.

Dr. Getulio, pelo amor de Deus ponha de lado a sua displicencia e ouça a voz de Jeremias. Medite por si mesmo no que está se passando. Tenho a certeza de que se assim o fizer, tudo mudará e o pobre Brasil não será crucificado mais uma vez.

HISTORICO

A procura do petroleo era uma atividade aberta a todos os brasileiros e na qual muita gente, nos ultimos anos começava a empenhar-se. Surgiram empresas novas. O capital principiava medrosamente a interessar-se pelo assunto. Os obstaculos eram os obstaculos naturais do negocio, e os artificiais, creados pelas entidades que nos vendiam petroleo e muito naturalmente não queriam que tivessemos petroleo proprio. Mas iamos vencendo a campanha. Eu e meus amigos conseguimos formar tres companhias novas. E tal foi o vulto do movimento petrolifero que o governo, que jamais no Brasil cuidara do petroleo, entrou em cena, e com as melhores intenções creou o CONSELHO NACIONAL DO PETROLEO.

Mas rapidamente esse orgão fugiu à sua missão. E tais coisas pôs-se a fazer, que convenceu o povo de que o Governo não quer que os brasileiros tirem petroleo. Tambem se vai generalizando a opinião de que a politica oficial obedece, mais do que nunca, aos interesses do imperialismo da Standard Oil, dona do mercado nacional, visto como o resultado da política do CONSELHO só beneficia a essa entidade.

Parecerá absurda semelhante afirmação, porque nas falas do CONSELHO as palavras "patria" e "nacionalismo" dansam um fox-trot no palco dos "considerandos" justificatorios – mas no fim da dansa só saem ganhando as companhias estrangeiras que nos vendem petroleo. Quanto mais retardarmos a creação da grande industria petrolifera, tanto melhor para elas – e outra coisa não faz o CONSELHO, 1) com a perseguição sistematica às empresas nacionais; 2) com o amontoamento de embaraços legais à exploração do subsólo; 3) com a idéia secreta do monopolio oficial; e finalmente 4) com o tiro de misericordia que, subrepticiamente, acaba de dar em nossas companhias com o decreto-lei 2.179 de 8 do mês passado.

QUI PRODEST ?

Na investigação dum crime o primeiro passo dos criminologistas é estudar a quem o crime aproveita. QUI PRODEST? – A QUEM APROVEITA? Pois bem: não ha um só ato do CONSELHO que, proxima ou remotamente, não aproveite ao polvo dStandard Oil – e só a ele...

DESTRUIÇÃO DAS COMPANHIAS NACIONAIS

Os Estados Unidos abriram o primeiro poço em Titusville, em 1859. Um ano depois já havia lá 174 poços novos e dezenas de companhias novas. E a coisa foi em marcha ascencional até a media de 20 mil poços por ano, na qual se mantem até hoje.

O Brasil abriu o primeiro poço de petroleo no Lobato, em 1938. Um ano depois estava com tres poços a menos e tres com-

Figura 4 | Carta que provocou a prisão de Monteiro Lobato

fl. 2

panhias feridas de morte pela ação do Conselho! Neste andar, quan
do chegaremos aos 20 mil poços por ano dos Estados Unidos?

Vamos aos fatos.

A CIA. PETROLEOS DO BRASIL estava perfurando em São
Paulo o poço do Araquá, e já o havia levado a 1530 metros. O Con
selho mandou parar essa perfuração e trancou a companhia!

A CIA. CRUZEIRO DO SUL, tambem em S.Paulo, estava para
da, mas com um poço a 430 metros de profundidade; ía reorganizar
-se para prosseguir na perfuração, quando o Conselho lhe cortou
braços e pernas.

A CIA. MATOGROSSENSE DE PETROLEO, que se constituiu
em 1938, está com duas sondas montadas em Porto Esperança, mas
até agora não foi reconhecida pelo Conselho, não podendo, portan
to, trabalhar.

Restam a ITATIG e a COPEBA, das quais não tenho conhe
cimento da vida interna.

Os fatos são estes, e contra fatos de nada valem so-
fismas. Esses fatos tornam bem clara a politica do Conselho: im-
pedir que as empresas trabalhem, impedindo assim que o Brasil te
nha petroleo com abundancia; ficar toda a vida com os pocinhos
oficiais do Lobato - e é exatamente o que o Polvo Standard quer,
porque assim continuará dono do nosso mercado interno e sem o
perigo dum novo concorrente no mercado mundial.

OS PRETEXTOS

Nunca faltam pretextos às politicas de segundas inten
ções. Para que o Conselho pudésse executar o seu programa de
massacre, promulgaram-se duas leis horrorosas, que em meu livro
denunciei como gestadas pela Standard, e parídas pelo nosso naci
onalismo ingenuo.

Uma é a Lei de Minas, na qual se criam tantos embara
ços à exploração do subsólo que ninguem mais se atreve a pensar
nisso. Outra é a Lei do Petroleo, que pôs nas mãos do CONSELHO
todas as armas para a completa aniquilação dos esforços do país
na exploração do petroleo.

A idéia central dessas leis é a nacionalização do ca-
pital. Mas houve uma insidiosa confusão. Evitar que o capital es
trangeiro se aposse das nossas reservas minerais, é coisa plena-
mente justificavel; mas, impedir que o estrangeiro que está no
Brasil se torne acionista das empresas, é maldade pura. Esses es
trangeiros - um português aí do Rio, que veio mamando e aqui enr
riqueceu, um italiano cá de São Paulo que veio ha 50 anos e tam
bem aqui enriqueceu - são detentores de capital nacional, são
comparticipantes do Capital Nacional; impedir que sejam acionis-
tas de petroleo é maquiavelismo puro, cujo único fim foi, sob ca-
pa de nacionalismo, fazer que a parte maior do capital nacional
disponivel (justamente a que está na posse desses homens) não pu
desse contribuir para o desenvolvimento da industria do petroleo,
desse modo agravando-se as dificuldades de dinheiro das empresas
nacionais. Matarazzo póde dirigir uma gigantesca industria de a-
limentos, coisa que diz diretamente com a nossa vida e saude -
mas não póde tomar uma ação de 100 mil réis numa empresinha de
petroleo! Um nacionalismo que raciocina desse modo, evidentemen-
te não pensa com o cerebro - sim com qualquer membro menos no-
bre do corpo.

Com essa exigencia, a nossa "politica secreta" do pe-
troleo deu o golpe numero um nas empresas nacionais, retirando-
lhes o concurso de DOIS TERÇOS do capital nacional. O segundo gol
pe foi, aproveitando-se dessa grotesca disposição de lei, exigir
que companhias formadas ha anos, dentro das leis vigentes na é-
poca, expulsassem os acionistas estrangeiros. O Conselho manda
expulsá-los, mas não diz como, esquecido de que esses acionistas
estão assegurados por todas as nossas leis. Existe uma coisa
chamada Codigo Civil, que o Conselho, na sua inopia, desconhece.
Esse Codigo não prevê essa expulsão desejada pelo Conselho.

E desse modo quatro companhias ficaram sem saber como

fl. 3

agir: dum lado, o Conselho com a sua proibição: não pode trabalhar enquanto houver entre os acionistas um só português ou italiano; do outro lado, o Codigo Civil garantindo a propriedade desses portugueses e italianos...

Mas houve uma companhia, a MATOGROSSENSE, que realizou o milagre: desembaraçou-se de todos os acionistas estrangeiros, apresentando certidão de nacionalidade brasileira de todos os seus subscritores. Pois bem: apesar de já estar constituida ha um ano e oito meses, o Conselho continúa sabotando essa companhia, impedindo-a de trabalhar, negando-lhe a declaração de "companhia nacionalizada".

Não está mais que clara a intenção malevolente?

MONOPOLIO PETROLIFERO

A opinião publica anda convencida de que é idéia secreta do governo monopolizar o petroleo. Mas se é assim, porque não o faz? O Estado Novo tem nas mãos os necessarios elementos para isso. Agir como está agindo será tudo, menos honesto. Porque o que o Conselho está fazendo não passa disto: aniquilamento das companhias por inanição, para não ter de indenizar os acionistas.

O honesto, o decente, sería oficializar o petroleo e encampar as empresas, indenizando os acionistas. Esses acionistas, aos milhares, são gente do povo, que por méro idealismo empatou suas magras economias em ações de empresas que os capitalistas grossos refugavam.

A PETROLEOS DO BRASIL tem um capital de 3.000 contos distribuido entre 1.200 acionistas. A CRUZEIRO DO SUL tem um capital de 6.000 contos, distribuido entre uns 15.000 pequenos acionistas (ações de 10 mil réis). A CIA. PETROLIFERA BRASILEIRA, que nem chegou a constituir-se, tinha um capital de 20.000 contos, de uns 10.000 acionistas. O capital da MATOGROSSENSE é de 20.000 contos, de 13.000 acionistas, que as compraram em prestações e ainda as estão pagando. O capital da CIA. PETROLEO NACIONAL, de Alagôas, é tambem de 20.000 contos, só em parte subscrito por alguns milhares de acionistas.

Para não restituir o dinheiro dessa pobre gente, o Conselho foge de adotar a encampação; prefere ir matando as empresas no garrote, uma por uma. Que adjetivo merece tal politica?

Outro aspecto do monopolio é a impossibilidade do governo crear com ele a grande industria de petroleo que o Brasil precisa. O senhor não ignora a incapacidade do estado no mundo inteiro para dirigir empresas industriais, incapacidade por demais evidente no Brasil. O Lloyd Brasileiro e a Central do Brasil são exemplos tipicos e eternos. Perpetuas fontes de desastres, de desordem e de 'deficits. A industria do petroleo, oficializada pelo governo, viria fazer desse duo um trio, com tremendos gravames para o tesouro e péssimo serviço para o publico. Quem, em conciencia, negará isto?

E onde o governo descobriria os milhões de contos necessarios para a creação dessa industria? Tão grandes são as exigencias de capital na montagem da industria do petroleo, que só com o concurso de todo o país o conseguiremos, como se deu nos Estados Unidos e em todos os países que a tem. País nenhum ainda monopolizou o petroleo. A Argentina creou os Yacimientos Fiscales, instituição semi-oficial, mas deixou livre a exploração pe-los particulares. Não houve monopolio, como o Conselho parece querer instituir aqui. E mesmo assim foram necessarios mais de 1 milhão de contos para movimentar os Yacimientos. Onde o nosso governo vai achar esse dinheiro? Mas não quero fugir ao ponto. O ponto é este: se o governo quer monopolizar o petroleo, que o faça, mas encampando as companhias particulares, e indenizando o povo do dinheiro que a elas forneceu. Ficar no jogo atual do CONSELHO, de ir matando as companhias, é politica merecedora dos peóres qualificativos do dicionario. Consulte a sua conciencia, Dr. Getulio, e veja se é ou não é assim.

fl. 4

A INEFICIENCIA OFICIAL

A prova na ineficiencia e incompetencia dos orgãos oficiais em materia de petroleo, tivemo-la no caso do Lobato. Quem descobriu aquele petroleo foi Oscar Cordeiro,(1) e levou anos em luta com o Departamento Mineral (do qual o Conselho hoje é o digno sucessor) para que lá se fizéssem os necessarios estudos e perfurações. O Departamento, afinal, moveu os seus insignes técnicos e estudou a zona. Os resultados desse estudo aparecem no Boletim do Ministerio da Agricultura, de Abril-Junho de 1934. As conclusões são estas:

> ESTA LOCALIDADE (LOBATO) DO PONTO DE VISTA DA GEOLOGÍA DO PETROLEO E' POSITIVAMENTE DESFAVORAVEL À PRESENÇA DE HIDROCARBONETOS... O CONJUNTO GEO-TETONICO DESSE LOCAL E' ABSOLUTAMENTE NEGATIVO... OS ELEMENTOS TÉCNICOS ATESTAM DE MANEIRA FORMAL A NÃO EXISTENCIA DE JAZIDAS PETROLIFERAS NO LOBATO... ESTÁ PROVADA À SACIEDADE A INEXISTENCIA DE DEPOSITOS PETROLIFEROS NO LUGAR DENOMINADO LOBATO, NA BAÍA.

Nada mais positivo, nada mais categorico, nada mais perfeito em materia de negação - e no entanto foi exatamente naquele ponto que surgiu o primeiro poço de petroleo do Brasil, historicamente tão importante como o de Titusville nos Estados Unidos! Ora, o povo não é idiota; sabe disso e ri-se quando o Departamento Mineral ou o CONSELHO afirmam qualquer coisa, porque sabe que o CONSELHO é o mesmo Departamento com outro nome - a mesmíssima gente, a mesmíssima mentalidade.

QUE CUMPRE FAZER ?

O que cumpre é fazer exatamente o contrario do que está sendo feito.

1) Substituir a indecorosíssima Lei de Minas, toda ela tendente a embaraçar a exploração do sub-sôlo, por uma lei que venha fomentá-la. A Lei de Minas é tão monstruosa, que depois de promulgada ninguem mais fez coisa nenhuma com o subsólo; e os raros que o tentam logo desanimam. Não foi lei feita para harmonizar os interesses privados com os publicos, mas para impedir, para obstruir, para obstar, para trancar - e o está conseguindo maravilhosamente !

2) Substituir tambem a Lei do Petroleo, que é peor que a de Minas, pois inventou novos embaraços esquecidos nesta .

Os efeitos da Lei do Petroleo já se tornaram patentes nos poucos meses de sua vida: poços fechados, companhias impedidas de funcionar, e nenhuma empresa nova formada. Isto é altamente significativo, Dr. Getulio. Em todos os países, o aparecimento do petroleo determina a oil fever - a febre do petroleo. Pululam imediatamente inumeras empresas novas, o capital acode em crescente afluxo, e a coisa não pára mais. Aqui foi o contrario. Depois de revelado o petroleo na Baía, tudo morreu. A febre foi às avessas. O capital retraíu-se. O povo não quer mais ouvir falar em ações. Ninguem mais pensou em organizar uma só companhia nova - uma só que fosse! E a coisa se perpetuará assim, se o Presidente da Republica não inverter a situação e convencer o povo de que o oficialismo não está vendido ao Polvo.

Que fazer, praticamente?

1) Uma lei, como a da Alemanha, subvencionando as companhias particulares por metro de poço perfurado. Imediatamente, o publico deduziria que o governo não é contrario ao petroleo e voltaría a ajudar as empresas existentes e as novas que surgissem.

2) Uma lei sobre estudos geofisicos. O governo con—

---

(1) Acaba de ser preso e demitido do cargo de diretor da Bolsa de Mercadorias, que ele proprio fundou...

fl. 3

trataria turmas de geofisicos para fazer estudos nos terrenos das empresas particulares, só mantendo a subvenção por metro para as que perfurassem nos pontos aconselhados pela geofisica. Procedendo assim, articularia, da maneira mais pratica e eficiente, a ação publica, previsora, com a privada, realizadora...

Bastava isso. O efeito desses dois passos sería fulminante. Restaurar-se-ía o movimento petrolifero que o CONSELHO matou. O Nordeste seria todo ele investigado, perfurado e teriamos poços produtores desde o Maranhão até Campos, no Estado do Rio, pois toda essa faixa é potencialidade petrolifera. E teriamos poços no Rio Grande do Sul, Em Santa Catarina, no Paraná, em São Paulo, em Mato Grosso e em Goiás. E o Brasil daria um imenso pulo à frente, com probabilidades de tornar-se, dada a extensão do seu territorio, o Quarto Poder Mundial do Petroleo. Como o dr. Getulio sabe, ha três Podetres dessa categoria. Primeiro, o Poder Mundial do Petroleo Americano. Segundo, o Poder Mundial do Petroleo Inglês, o Terceiro, o Poder Mundial do Petroleo Russo. Seriamos o Quarto. Que maravilha!

Ouro liquido a brotar do seio da terra por mil bocas - por milhares de poços, como nos Estados Unidos. Todas as necessidades internas de combustivel atendidas. Frotas de navios-tanques levando o petroleo do Nordeste para todas as partes do mundo. Nossa moeda revalorizada. O Exercito forte, afinal. O Dr. Getulio sabe que um exercito só o é quando intensamente motorizado, e que não ha motorização sem petroleo. Daí a tremenda luta dos atuais povos beligerantes para se abastecerem de petroleo. Na ultima guerra a vitoria dos aliados veio sobre a onda de oleo que Rockefeller encaminhou para a França.

Com abundancia de petroleo resolveriamos imediatamente o problema siderurgico, e com ferro e petroleo seriamos <u>gente</u> e não a triste sombra de gente que somos. Se entrassemos agora numa guerra, só teriamos munição para um dia.

Qual o segredo dos Estados Unidos? Ferro e petroleo, na maior abundancia. Tirem-se de lá esses dois elementos, e o exercito e marinha daquele país serão coisas de méra aparencia.

Suponha-se que quando jorrou o petroleo em Titusville, em 1859, sugisse lá o nosso CONSELHO, com a mesma politica que desenvolve entre nós. Que sucedería? <u>Exatamente o que está sucedendo aqui</u>. Nenhuma empresa nova. As existentes, destruidas como o CONSELHO destroi as nossas. Petroleo, só o dos pocinhos oficiais - uma quiréra. E adeus riqueza, adeus expansão economica, adeus exercito poderoso, adeus marinha de verdade! adeus Estados Unidos!

Que diabo, Dr. Getulio! Será que o nosso destino é o que Hitler deixa entrever em seu livro? <u>"Não se póde admitir que enquanto os países mais capazes do mundo sofrem de congestão demografica, enormes territorios permanecem desertos e sem desenvolvimento, ocupados por povos incapazes"</u>, disse ele. Tambem Reynaud, hoje ex-premier da França, escreveu, quando ministro das Colonias, que não concebia a possibilidade de guerra de expansão na Europa, enquanto houvesse países imensos, "como o Brasil", que estavam à espera de conquista.

Quem sabe dos futuros resultados da guerra atual? Quem sabe até quando os Estados Unidos manterão a doutrina de Monroe - a unica coisa que impede a nossa conquista? Basta que nos falte o apoio dessa defesa, e estaremos empolgados pelo Japão, pela Alemanha, pela Italia e outros povos extravasantes. E poderemos acaso opor-lhes qualquer resistencia séria? Poderemos aguentar a guerra moderna, toda ela baseada em ferro e petroleo, por uma semana que seja?

E no entanto, poderiamos enfrentar o futuro, se não houvesse desabado sobre nós a desgraça do CONSELHO NACIONAL DO PETROLEO! Porque, sem ele, pulularíam empresas pesquizadoras - e teriamos a mesma progressão da abertura de poços que se observou na America.

<u>O destino das nações depende muitas vezes da atuação dum homem que enxerga mais longe que os outros</u>. Dr. Getulio: fa-

ça do caso do petroleo, como eu o exponho aqui, ponto do seu programa, objetivo de sua vida - e desse modo trabalhará para o Brasil dum modo infinitamente mais profiguo do que apenas regulamentando o que existe. O que existe é tão pouco, que não ha regulamentação nenhuma que adiante. Sem riqueza real um povo apodrece.

Temos, entretanto, ferro, temos gazolina para todos os tanques do mundo, temos montanhas de ouro - tudo potencialmente no subsólo. Leis que impedem a transformação da potencialidade teórica em realidade, como a Lei de Minas e a do Petroleo, e instituições malevolas como o CONSELHO, equivalem a batalhas perdidas - correspondem ao preparo do terreno para que um dia o inimigo entre em casa, dizendo:

- Abençoados homens dirigiram este país! Graças a eles, aqui viemos encontrar, intactas, estas imensas reservas minerais que vão fazer a nossa grandeza.

O TIRO DE MISERICORDIA

Mas nada do que já fez foi julgado suficiente pelo CONSELHO. Era preciso dar um tiro de misericordia nos "infames traídores" que querem dar petroleo ao Brasil. Era preciso garantir a situação da Standard Oil como dona do nosso mercado consumidor de petroleo - e veio o Decreto-Lei 2.179 de 8 de Julho findo. Foi o Ponto Final. O Brasil leu-o e baixou a cabeça...

Esse decreto fixa os impostos sobre os derivados do petroleo a se produzirem no país. A ansia de fazer o jogo da Standard Oil é tamanha, que o CONSELHO chega a inventar uma novidade: fixar impostos sobre uma coisa que ainda vai existir - fato virgem nos anais da Historia Economica do Mundo...

Esse imposto proíbe a creação da industria refinadora de petroleo no Brasil por meio da imposição duma taxa igual à existente sobre o petroleo importado. A nossa politica economica sempre foi protecionista. Taxa o produto estrangeiro para que a industria correspondente póssa desenvolver-se aqui. Era regra que nunca sofreu exceção - mas a exceção acaba de vir: para o petroleo! Todas as industrias nacionais serão protegidas pelas tarifas de alfandega, menos a futura industria do petroleo! Só ela ficará sem proteção nenhuma, forçada a lutar em perfeito pé de igualdade com a industria equivalente estrangeira. Por que? Porque isso é o meio de firmar aqui dentro, de maneira inexpugnavel, o dominio da onipotente Standard Oil Company...

Esse Polvo está com a industria montada, paga e repaga; dispõe de recursos financeiros ilimitados, com os quais destrói todos os concorrentes possiveis, quando os defronta em igualdade de condições. O medo de prejudicar o Polvo fez que o CONSELHO injetasse cianureto de potássio no féto duma industria nacional ainda por nascer: a do petroleo! Sejamos pretencionistas da industria nacional - menos no caso do petroleo, é como pensa o CONSELHO...

Talvez o Dr. Getulio tenha interesse em conhecer alguns detalhes do caso concreto.

Os lucros médios das refinarias nacionais que operam com oleo crú importado são de 150 réis por quilo de gazolina. O imposto estabelecido é de 430 réis, e ha ainda um aumento proporcional para os outros derivados do petroleo. A gazolina e o querozene distilados aqui eram dados ao publico por 100 réis menos que os similares estrangeiros. A nova lei, matando esse lucro, mata as refinarias - destrói todo o capital nelas empregado, impede que elas fiquem a postos para refinar o futuro oleo crú nacional; e tambem impede que alguem cuide de produzir petroleo no Brasil. Que fazer dele, se não pode ser refinado?

Aparentemente o decreto só atinge as refinarias nacionais de petroleo, condenando-as ao fechamento. Mas na realidade tambem condena ao fechamento todas as companhias que se formam para pesquizar e produzir petroleo bruto. Logo, que foi senão o tiro de misericordia no petroleo brasileiro? QUI PRODEST? pergunto eu. A quem aproveita esse golpe? Ao Polvo Standard Oil Company, unicamente...

Quem mais pensará em petroleo neste país, se depois de tirá-lo não póde refiná-lo, isto é, não póde pô-lo em forma comerciavel?

SOFISMA

É certo que sempre haverá a possibilidade de crear uma distilaria oficial, nos moldes já pleiteados pelo CONSELHO. Mas isso seria um monopolio contrario aos dispositivos expressos da Constituição de 10 de Novembro que estabelece ser a iniciativa privada a base da economia nacional. Tambem é inconstitucional o imposto porque atenta contra as refinarias nacionais, isto é, contra a iniciativa privada.

Não ignoro que o presidente da Republica tem se manifestado contra esse monopolio oficial, bem como o dos trusts internacionais. Não é segredo que em Abril do ano passado o CONSELHO propôs o monopolio oficial, concentrando a pesquiza, a lavra e a industrialização do petroleo em suas proprias mãos. A idéia não foi aceita pelo Governo. Tambem não é segredo que em fins do ano passado o CONSELHO entrou com um projeto de lei sobre a instalação duma distilaria oficial, impondo que as distilarias particulares revertessem ao estado ao fim de dez anos, sem indenização nenhuma. Isto é, propôs o confisco decenal das empresas - o confisco da industria particular - a pena de morte para a iniciativa privada. Ainda desta vez o projeto não logrou a aprovação do Governo e foi arquivado.

Mas o Polvo não dorme e agora, sorrateiramente, sob a capa dum simples imposto de consumo, conseguiu o que queria. Em quatro linhas, e por tabela, condenou à morte a grande aspiração do petroleo brasileiro! O Polvo está radiante, porque embora ainda haja a possibilidade de instalação da refinaria oficial, isso o não incomoda. Sabe muito bem, com base na experiencia do mundo inteiro, de como são precarios os serviços industriais oficiais - as Centrais do Brasil, os Lloyds Brasileiros...

RESUMO

O decreto 2.179 arruina a industria nacional das refinarias; aniquila no berço as companhias nacionais de pesquiza e produção de petroleo; paraliza todas as iniciativas privadas nesse setor; impossibilita a formação de empresas novas; e PERPETUA a nossa situação de colonia economica dos trusts internacionais.

QUI PRODEST? A quem aproveita essa politica? Ao Brasil? Não. Unicamente ao Grande Polvo Standard Oil Company... E será possivel, dr. Getulio, que o senhor permita què tal monstruosidade ocorra em seu governo?

Dr. Getulio, o senhor tem uma responsabilidade tremenda nos destinos do Brasil, maior do que a de qualquer outro presidente. Pode, com sua ação pessoal, fazer uma coisa imensa: destruir a Força Secreta que não quer que tenhamos petroleo nosso. Pode dar o golpe no Polvo, como o México o fez. Pode passar para a Historia como um Grande Creador de Riquezas - mas o caminho é um só: INVERTER A POLITICA DO CONSELHO NACIONAL DO PETROLEO. Inverter! Fazer exatamente o reverso do que está sendo feito.

E se não agir depressa, se não pensar com sua propria cabeça, pondo de lado as insinuações dos promotores da atual politica do petroleo, arrepender-se-á horrivelmente um dia - no dia em que deixar o Governo e verificar que foi iludido pelos lobos que se disfarçam sob a péle do carneiro "patriotico". A nota do "patriotismo" vibra em todas as resoluções do CONSELHO - mas ninguem se ilude com ela. O povo sorrí e pergunta QUI PRODEST? E como tal politica só aproveita aos trusts internacionais, lamenta que o homem que póde libertá-lo, que tem nas mãos as armas para conferir-nos o 13 de Maio economico, deixe de o fazer - iludido pela voz de sereia dos interesses encapotados, e surdo à voz do Brasil, que só se manifesta por meio de creaturas sem força e sem manhas, como por exemplo, este triste e desapontadissimo

a) MONTEIRO LOBATO.

CARTA QUE MOTIVOU A PRISÃO DE MONTEIRO LOBATO

minoritária no clima estatista dos anos 1930, ganharia nova força na década seguinte.

No terreno, os trabalhos de exploração avançavam, sobretudo através do Estado, durante a década de 1940. A atuação da administração pública, entretanto, protagonizada pelo CNP, como lembram José Luciano Dias e Maria Quaglino (1993:27), exigia reformulação em razão da "heterogeneidade de formatos administrativos e a extrema concentração de autoridade e comando na presidência [do Conselho Nacional de Petróleo]". Tudo isso em um ambiente no qual o monopólio estatal ainda não havia sido adotado e em uma economia ainda fortemente dependente da agricultura.

O fim da guerra provocaria, também, o fim de um ciclo no Brasil. Houve, então, uma rodada de autorizações para a iniciativa privada, visando à instalação de refinarias no país. Posteriormente, já na administração do presidente Eurico Gaspar Dutra, no Palácio do Catete desde janeiro de 1946, lançou-se a proposta do Estatuto do Petróleo. O documento havia sido desenhado por personalidades favoráveis à participação de recursos financeiros privados nacionais e estrangeiros, como Glycon de Paiva, Odilon Braga e Herbert Hoover Jr., engenheiro geofísico filho do ex-presidente americano e que ainda se tornaria subsecretário de Estado americano. Propunha-se, então, um modelo amparado no capital privado, o que desencadearia uma ainda mais acirrada disputa em torno do tema.

Desenhavam-se, entre o final dos anos 1940 e o início dos anos 1950, as grandes linhas dos debates que marcaram a evolução da indústria brasileira do petróleo até os dias de hoje: origem do financiamento, limites da capacidade nacional de exploração e produção, necessidade de importação de derivados e de refino e autossuficiência energética. Estava, então, preparada a plataforma para o surgimento da Campanha do Petróleo e de uma grande série de debates que, no futuro, envolveriam ainda a questão das reservas *offshore*, dos contratos de risco, da quebra do monopólio e dos destinos dos frutos das reservas do pré-sal.

Particularmente entre 1948 e 1950, período de início e aprofundamento das campanhas para eleições gerais no país, a mobilização só aumentaria. Enquanto, porém, uma decisão definitiva não era tomada pelo presidente Dutra, mantinham-se somente a execução dos planos de construção de refinarias em curso e as atividades do CNP.

Nesse contexto, o Clube Militar (Peixoto, 1980) ocupava lugar privilegiado no embate. A disputa tinha por líderes os generais Horta Barbosa, diretor de engenharia do Exército e defensor do monopólio estatal, e Juarez Távora, partidário da abertura defendida no documento do Estatuto do Petróleo, ambos se defrontando em famosas conferências na instituição. Enquanto Horta Barbosa recorria a razões de segurança nacional, Távora retrucava com a ideia de que, em tempos de divisão do mundo, com a iminente emergência da Guerra Fria, não se podia pensar a segurança nacional em um só país, mas sim em todo o bloco ocidental.[9]

Outro exemplo de como as Forças Armadas preocupavam-se de forma imediata com a questão, sobretudo quanto à autonomia energética do país, é dado pelos memorandos secretos que o general Horta Barbosa endereçava à administração federal para ressaltar a fragilidade da situação dos militares ao terem de importar combustíveis. A expansão da racionalidade militar e a militarização de práticas e costumes na administração pública – posteriormente reforçadas pelo regime militar instalado em 1964 – passavam a constituir, também para a Petrobras, marcas longevas. Antigo diretor de exploração e produção da companhia, João Carlos De Luca ressalta em depoimento:

> A companhia tem uma cultura muito militar, pois criada na época do Getúlio Vargas. Depois, em 1964, com o regime militar, foram presidentes militares, generais foram presidentes. [...] Geisel foi presidente da Petrobras. Saiu da Petrobras para ir para a presidência da República. O primeiro presidente civil ao fim do regime militar foi o Ueki, que tinha sido ministro de Minas e Energia e foi presidente [da Petrobras] em 1979.[10] [...] A Petrobras teve uma estrutura sempre muito militar. E uma hierarquia muito forte. Até hoje ainda... Hoje a companhia se modificou muito, mas ela tem nas suas raízes essa estrutura militarizada. O respeito pela cadeia hierárquica sempre foi algo muito forte.

---

[9] As conferências foram reunidas em Távora (1955). Juarez Távora também discute o tema em outras obras, como *Produção para o Brasil* (Távora, 1957).

[10] Shigeaki Ueki foi presidente da Petrobras entre 1979 e 1984, após ter sido ministro de Minas e Energia entre 1974 e 1979.

Figura 5 | Navio *Ultragaz São Paulo Monrovia*, 1952

Retomando os debates de finais dos anos 1940 e início dos anos 1950, Vargas, em plena campanha presidencial, aproveitaria as polêmicas da época para declarar, sempre deixando as habituais ambiguidades na fala:

> Não nos opomos, como se costuma insinuar, à vinda de capitais estrangeiros para o Brasil. Ao contrário, desejamos que venham. Somos contrários, sim, à entrega de nossos recursos naturais, de nossas reservas ao controle de companhias estrangeiras, em geral a serviço do capital monopolista. Falemos claro: o que constitui alicerce da nossa soberania não pode ser entregue a interesses estranhos, deve ser explorado por brasileiros com organizações predominantemente brasileiras, e, se possível, com alta percentagem de participação do Estado [Vargas apud Dias e Quaglino, 1993:109].

Tornando ainda mais complexa essa realidade e, consequentemente, os debates, as transformações na sociedade brasileira, marcadas por um processo de urbanização quase sem precedentes, demandavam maior celeridade da execução dos planos de industrialização. Tratava-se de mais pressão sobre a questão do consumo energético. Entre o final da II Guerra e a criação da Petrobras, por exemplo, o consumo de carvão mineral, derivados de petróleo e eletricidade crescera a uma média de 14% ao ano.

Figura 6 | Faixa exaltando as obras da Petrobras diante do Teatro Municipal do Rio de Janeiro (s.d.)

Apesar de uma agenda imperiosa e de todos esses vivos debates ao longo da década de 1940, os impasses levaram a um crescimento industrial limitado, sobretudo porque dependente dos frutos de uma economia primária de exportação. Havia ainda sérias restrições à criação de "indústrias industrializantes", nas palavras de Jean-Marie Martin (1966), ou seja, de indústrias de bens de capital, que permaneceram em estado embrionário, entre outros motivos, pela ausência de possibilidade de exploração de fontes de energia.

As preocupações ganhavam cada vez mais distintas forças da sociedade e do setor produtivo. Era preciso acelerar o passo.

Crescimento, industrialização e o nascimento da Petrobras

Ainda que nos anos 1950 não houvesse no Brasil exploração de hidrocarbonetos para além das praias da costa, é necessário um entendimento do contexto histórico da criação da Petrobras para a compreensão da evolução da exploração e produção de petróleo e gás *offshore* no país nas décadas seguintes. As dinâmicas socioeconômicas naquela época efervescentes e que moldaram a fundação da companhia também são fundamentais no entendimento das decisões tomadas no futuro.

Figura 7 | Artur Levy, Renato Feio e outros por ocasião da visita do presidente do Conselho Nacional de Petróleo, Carlos Barreto, às obras do oleoduto Santos-São Paulo (note-se o detalhe dos vagões de transporte da Shell ao fundo)

Figura 8 | Oleoduto Santos-São Paulo (s.d.)

Para além da Petrobras, as grandes empresas estatais criadas ao mesmo tempo, ou as iniciativas institucionais ligadas à formação técnica e à pesquisa, constituíam uma demanda do presente, mas eram também resultado de políticas e ambições nacionais gestadas nas décadas anteriores. A busca pelo desenvolvimento, sobretudo aquele espelhado em economias tidas como modernas e industrializadas desde o século XIX na Europa e no norte das Américas, era, primeiramente, assumida como ambição nacional e, em seguida, tomada como possível através de grandes conglomerados industriais comandados diretamente ou com criação estimulada pelo Estado.

Nesse contexto, para além da missão de promover uma transição econômica no país, a visão das grandes empresas como operadoras do aumento da riqueza nacional poderia servir, e muitas vezes desempenhou esse papel, de instrumento de ação política para alterar ou consolidar estruturas econômicas e sociais nas décadas que seguiram suas fundações. Com uma perspectiva mais contemporânea, o antigo diretor de exploração e produção José Miranda Formigli Filho reflete sobre a inserção da Petrobras no projeto de desenvolvimento nacional e na indústria do petróleo. Segundo Formigli Filho, em depoimento, o equilíbrio entre diferentes objetivos dependia,

> obviamente, das linhas do governo, em termos de como atingir isso, fosse mais através de um liberalismo econômico, onde a Petrobras, nesses casos, procurava ser ainda um braço, mas com mais liberdade de atuação, ou numa visão... chamada de desenvolvimentista, onde você tem uma intervenção maior na economia e, nesse caso, o braço era muito mais com uma musculatura direcionada pelo governo nas nossas atuações. Ao longo desse tempo, foi dessa forma que a Petrobras agiu, na minha visão.

Retornando ao contexto econômico e político do nascimento da companhia, na década de 1950, o petróleo já se consolidava como importante matriz energética junto com o carvão, principalmente quanto aos equipamentos de transporte. Nessa realidade, a produção nacional não tinha ainda perspectivas de promover satisfatoriamente e em curto prazo a substituição do bem importado. Enquanto a importação de petróleo e seus derivados cresceu de 6.201.180 barris no ano de 1934 para 9.493.000 barris no ano de 1940, a produção nacional de petróleo no período entre os anos de 1940 e 1944 foi de apenas 140.788 barris (Nascimento, 2002:58, 136-137).

De fato, na matriz das importações, seu peso era significativo, tendo o combustível fóssil, entre 1940 e 1945, representado 13,4% do volume total importado. Pesava, ademais, a importância estratégico-militar do petróleo, dando sustentação à presença das Forças Armadas nos debates. Em tempos de acirradas discussões em torno do conceito de segurança nacional, os insumos energéticos ganhavam lugar privilegiado (Nascimento, 2002:62).

As críticas aos esforços, até então pouco frutíferos, de busca de jazidas de hidrocarbonetos no Brasil só aumentariam ao longo da década de 1940, ainda que a lenha, o carvão vegetal e alguns outros materiais continuassem com importante peso. Se, por um lado, tal situação ainda permitia certa independência na economia energética do país, por outro, ela ressaltava as deficiências de um país subdesenvolvido, obrigado a usar máquinas e equipamentos fabricados para condições e insumos existentes somente nos centros industriais do Norte. Era preciso importar combustíveis compatíveis com as máquinas, como carvão mineral de boa qualidade e derivados de petróleo, ou contentar-se com desempenho e rendimento menores, usando combustíveis locais.

Soluções imediatistas concentravam-se em esforços de adaptação, ainda insuficientes. As chefias do Catete, nas duas décadas que se seguiram ao fim da II Guerra, viveram as fortalezas e as fraquezas de governo tentando dominar e resolver definitivamente a questão do conhecimento, controle e exploração das riquezas energéticas do país.

Ao tomar posse do governo em 1951, Vargas lançou-se sobre a questão do petróleo tentando, ao mesmo tempo, apaziguar as tensões políticas que sobre ela rondavam. Instalado então no Catete pelo voto, acabou enviando ao Congresso um projeto de lei que previa a constituição de uma sociedade por ações chamada Petróleo Brasileiro S/A. O projeto não estabelecia o monopólio, mas determinava que o acionista majoritário fosse o Estado. O caráter ambíguo do projeto, que era composto de uma mensagem com fortes tons nacionalistas e de uma proposta regulatória que estava longe de agradar os grupos sociais portadores do mesmo nacionalismo, saltava aos olhos até mesmo de correligionários

Figura 9 | Campanha de Getúlio Vargas para as eleições presidenciais de 1950, Rio Grande (RS)

de Vargas. O deputado Eusébio Rocha, do PTB, adiantou, por exemplo, uma proposta regulatória que estabelecia o monopólio estatal com a justificativa de que buscava contemplar os desejos expressos na mensagem presidencial.[11] O tom da comunicação vinda do Poder Executivo permitia, de fato, tal interpretação nacionalista, como é possível claramente depreender deste trecho:

> A análise da situação internacional e de todo o problema do suprimento regular de derivados do petróleo de que dependem o desenvolvimento econômico e a segurança da Nação levou o Governo a concluir que se impõe um grande esforço no sentido de acelerar e ampliar os empreen-

[11] *Diário do Congresso Nacional*, 6 jun. 1952. Sobre o debate, ver Chaloub (2015).

> dimentos nacionais nesse setor de atividade. [...] Ao Poder Executivo afigurou-se imperioso, em face dos interesses nacionais, apelar para os recursos financeiros e humanos da Nação com o Fim de reduzir, em prazo relativamente curto, o grau de dependência em que se encontra o país quanto ao seu suprimento de derivados do petróleo. [...] O crescimento das importações de derivados de petróleo processa-se, aliás, quanto a volume e valor, em ritmo mais acelerado que o das outras mercadorias que adquirimos no exterior. A percentagem das divisas despendidas com a sua cobertura tende a aumentar, no tempo, de forma a causar apreensões em relação à regularidade futura de suprimento, ao país, de tais produtos [...] Somente a produção interna em volumes compatíveis com o consumo permitirá assegurar o desenvolvimento da economia nacional naquilo que dependa de combustíveis líquidos. Para esse fim torna-se indispensável adotar medidas econômicas de amplitude correspondente à extensão e à complexidade do problema [Vargas, 1952].

O debate energético expunha a tensão constitutiva do segundo governo Vargas, tão bem exposta na já clássica obra de Maria Celina D'Araujo (1992). Longe de terminar com a polêmica, essas ideias apresentadas pelo presidente apenas renovariam os ânimos e aprofundariam as discussões, levando em conta, segundo José Luciano Dias e Maria Quaglino (1993:102), "a segurança e soberania nacionais, a defesa dos recursos naturais do país e o perigo representado pelas grandes multinacionais".

A questão produziu um dos maiores movimentos políticos da história brasileira, com enormes passeatas e uma organização nacional de militância, estruturada a partir do Centro de Estudos e Defesa do Petróleo (Cedpen) e com significativa participação de militantes comunistas (Cohn, 1968). Como consequência dessa mobilização, que ultrapassava o simples e tradicional engajamento isolado das elites, a "Campanha do Petróleo" enfrentou incessantemente um forte controle e perseguição policial, que não hesitava em recorrer à Lei de Segurança Nacional para contê-la (Reznik, 2004).

Os clamores populares abriram uma oportunidade política para a oposição, que propôs, para a surpresa de muitos, um projeto de lei substitutivo de autoria do deputado Bilac Pinto prescrevendo o monopólio

Figura 10 | Artur Levy e Getúlio Vargas, entre outros, por ocasião de visita às obras da refinaria de petróleo de Cubatão e da estação de bombeamento do oleoduto, 1952

estatal do petróleo. A UDN, tradicionalmente antinacionalista, roubava então das mãos varguistas uma das principais bandeiras do ideário nacionalista. Depois do protagonismo de alguns líderes desse movimento, como Odilon Braga, no projeto do Estatuto do Petróleo, o partido assumia outra posição, apesar da oposição de personagens como Carlos Lacerda, e defendia que, à época, apenas o monopólio garantiria o interesse nacional. A Petrobras, por sua vez, deveria assumir a feição de uma moderna empresa pública.[12]

[12] O modelo é proposto por Bilac Pinto (1953:1) em conhecido artigo jurídico.

O clamor das ruas e o movimento dos liberais levaram o governo a reconsiderar a natureza da futura empresa. Gustavo Capanema, então líder do governo na Câmara, levou aos deputados mais ligados à Campanha do Petróleo a decisão de Vargas de aceitar o princípio do monopólio estatal já em finais de 1952. Apesar da manutenção da estrutura da empresa como de capital aberto e do *status quo* quanto às refinarias mantidas pelo setor privado, não somente o monopólio na exploração e produção venceu, mas também outras garantias quanto à composição acionária da futura Petrobras e de suas subsidiárias.

O surgimento da companhia de petróleo no Brasil e, posteriormente, o pesado investimento na exploração *offshore* encaixam-se em um movimento internacional de rápidas transformações, com muitos paralelos em outras economias profundamente baseadas no setor primário. O presidente Vargas, na ocasião da tomada final de decisão, declarou:

> Constituída com capital, técnica e trabalho exclusivamente brasileiros, a Petrobras resulta de uma firme política nacionalista no terreno econômico [...]. É, portanto, com satisfação e orgulho patriótico que hoje sancionei o texto de lei aprovado pelo poder legislativo, que constitui novo marco da nossa independência econômica [Vargas apud Lamarão e Moreira, s.d.].

Sobre as repercussões desses marcantes traços formadores nas décadas futuras e para as gerações de colaboradores da Petrobras, sobretudo no que se refere à parte de intangível do interesse nacional e daqueles trabalhando para concretizá-lo, e que este livro tenta retratar, Adauto Pereira, engenheiro e antigo gerente da companhia, testemunha em depoimento:

> A curiosidade é que ela [a Petrobras] foi criada durante o movimento "O petróleo é nosso". Então existe sempre essa vertente, como existe até hoje, de nacionalismo: "Nós não trabalhamos em uma companhia de petróleo. Nós trabalhamos em uma companhia de petróleo do Estado brasileiro". A minha vida profissional não foi nem iniciada aí. Eu comecei trabalhando em uma multinacional, mas eu percebo isso, nitidamente, que sempre houve essa vertente. Parte desse intangível estava por aí. O espírito do corpo técnico da companhia – não só o corpo técnico, mas principalmente o corpo técnico – é que estamos trabalhando para

PESQUISA DE OPINIÃO PÚBLICA

Não serão divulgadas as opiniões aqui expendidas. A finalidade desta pesquisa é conhecer o que pensam os brasileiros sôbre o poblema da indústria do petróleo.

Por indústria do petróleo entende-se aqui: a pesquisa, a lavra, a refinação e o transporte especializado do petróleo e seus derivados em oleodutos e navios-tanques.

1. O Brasil possue petróleo em seu subsólo?

   Sim [ ] Não [ ] Ignoro [ ]

2. Pode o país desenvolver a indústria do petróleo com seus próprios recursos?

   Sim [ ] Não [ ]

   (Em caso negativo)

3. Por que?

   [ ] Falta-lhe capital [ ] Faltam-lhe técnicos [ ] Faltam-lhe capital e técnicos

4. Serão os brasileiros capazes de administrar a indústria do petróleo?

   Sim [ ] Não [ ]

5. O Conselho Nacional do Petróleo teve papel preponderante na descoberta de petróleo no Brasil?

   Sim [ ] Não [ ] Ignoro [ ]

6. Como acha que deve ser explorada a indústria do petróleo?

   [ ] Pelo Govêrno (Monopólio Estatal) [ ] Cia. mista de capitais do Estado e de brasileiros [ ] Cia. mista de capitais nacionais e estrangeiros [ ] Concessões a Cias. estrangeiras

7. Acha que a Petrobrás conseguirá industrializar o petróleo no Brasil?

   Sim [ ] Não [ ]

   (Em caso negativo)

8. Por que?

   [ ] Incapacidade técnico-administrativa [ ] Intromissão indevida da política [ ] Falta de cambiais p/ compra de equipamentos, etc. [ ] Desinterêsse de cooperação estrangeira [ ] Impossibilidade de se obter técnicos no estrangeiro

9. Julga que a contribuição compulsória dos proprietários de automóveis para a formação de parte do capital da Petrobrás é um imposto ou uma inversão de capital em títulos negociáveis?

   [ ] É um imposto [ ] É uma inversão

10. Que acha da contribuição compulsória?

    Justa [ ] Injusta [ ]

11. A que atribue a campanha derrotista contra a Petrobrás?

    [ ] Falta de esclarecimento sôbre o que é a Petrobrás [ ] Falta de confiança nas iniciativas do Govêrno [ ] Influência estrangeira

12. Queira assinalar abaixo as realizações do Conselho Nacional do Petróleo de que tem conhecimento:

    [ ] Pesquisas geólogicas e geofísicas [ ] Descoberta de campos produtores de óleo na Bahia [ ] Instalação das refinarias de Mataripe e Cubatão [ ] Construção do Oleoduto Santos - S. Paulo [ ] Aquisição de uma frota de navios-tanques

Figura 11 | Pesquisa de opinião pública sobre a indústria petrolífera no Brasil, 1954

> o bem do Brasil. Então estamos procurando petróleo porque isso faz parte da independência nacional. Utilizar os recursos nacionais. Principalmente na época do monopólio isso era muito forte. Até quebrar o monopólio, teve essa barreira. De como permitir companhias estrangeiras virem operar no Brasil, explorar petróleo no Brasil.

Já o antigo diretor João Carlos De Luca lança mão do exemplo de outra importante empresa nacional, a Vale do Rio Doce (estatal quando da criação da Petrobras), para ressaltar os diferenciais da petrolífera e de como ela se confunde com mais intensidade com a vida pública brasileira, tendo claramente um significativo valor sentimental, imaterial e intangível, para além do econômico, do financeiro e do estratégico. Sem diminuir o significado e o peso da mineradora na história do país, De Luca, em depoimento, comenta que a Petrobras

> nasceu em um governo popular... "O petróleo é nosso" e o movimento todo sempre foi muito forte, muito presente. E aquilo, então, fazia da Petrobras uma empresa diferenciada das demais. A Vale é uma empresa também importante [...], mas ela não tem o mesmo apelo popular que tinha a Petrobras. Eu acho que esse apelo popular, essa motivação que foi o que fez a criação dela, eu acho que isso fez e faz dela uma empresa diferente. Podem ver, agora mesmo as discussões do operador único estavam prontas para passar a votação, mas tem senadores lá que estavam a favor. E depois ficam pensando: "Poxa, mas a Petrobras...".

Entretanto, pouco tempo após a criação da companhia e de seu monopólio, a instabilidade política no país e pressões pela renúncia de Getúlio fizeram derrapar um relance imediato da indústria energética.

Como sabido, Vargas não aceitou a renúncia, mas decidiu tirar a própria vida no dia 24 de agosto de 1954. Entre as muitas palavras que ele deixou na carta-testamento, algumas são dedicadas às empresas nacionais:

> Quis criar a liberdade nacional na potencialização das nossas riquezas através da Petrobras, e mal começa esta a funcionar a onda de agitação se avoluma. A Eletrobras foi obstaculada até o desespero.

> Não querem que o trabalhador seja livre. Não querem que o povo seja independente.[13]

Apesar desses turbulentos episódios, a questão da independência energética, das capacidades brasileiras para alcançá-la e da necessidade de um horizonte real para tanto não passariam para o segundo plano entre as prioridades da vida nacional. Os elementos que estavam influenciando as disputas de poder naqueles anos foram, de um lado, a defesa da nacionalização dos serviços, do conhecimento e das tecnologias ainda atrelados a matrizes estrangeiras, e, do outro, a presença constante dos Estados Unidos, potência então incontornável para a América Latina, sobretudo econômica e financeiramente. A era da presidência de Juscelino Kubitschek (JK) já se anunciava, assim, polêmica e com uma viva discussão, tendo o nacionalismo como divisor de águas antes mesmo de o novo chefe do Catete lançar seus planos de crescimento.

Na segunda metade da década de 1950, JK e sua equipe de governo dariam nova face ao esforço de modernização através do Plano de Metas, uma das maiores e mais duradoras experiências de desenvolvimento que o país conheceu. Para os mais otimistas, sobretudo da elite comandando a política e a economia do país,[14] o Brasil então surgia em uma posição privilegiada para enfrentar o longo caminho do desenvolvimento que prometia transformar a sociedade.

Entretanto, dada a dimensão das ambições, que se iguala à dimensão continental do Brasil, os ganhos e os saldos positivos só podem ser verificados se as análises se concentram em determinados grupos sociais ou em específicos setores da economia ou da indústria. Apesar das esperanças, o país logo reconheceria as limitações que a escassez de insumos internos, tanto materiais quanto humanos, imporia a uma rápida industrialização.

Pode-se, ainda assim, afirmar que o presidente Juscelino determinou um momento-chave na história econômica do país. Ele não somente delineou um plano de intervenção na economia, como o projetou para um

---

[13] Ver carta-testamento de Getúlio Vargas, 1954. Acervo FGV/CPDOC. Arquivo Getulio Vargas. GV c 1954.08.24/2.

[14] A já mencionada obra de Rafael Ioris (2014) traz importante contribuição sobre as vozes esquecidas ou marginalizadas nesse processo.

decisivo impulso de crescimento (Lafer, 2002). Um conhecido instrumento dessa política foi a implantação de uma "administração paralela", na qual foram amplamente utilizados o Banco Nacional de Desenvolvimento Econômico (BNDE), o Grupo Executivo da Indústria Automobilística (Geia), a Carteira de Comércio Exterior (Cacex) e a Superintendência da Moeda e do Crédito (Sumoc), com uma ênfase adicional sobre a formação e o treinamento em áreas técnicas. Deve-se ao governo JK, por exemplo, a criação da Campanha Nacional de Formação de Geólogos (Cage), em 1957, a fim de diminuir a importação de mão de obra especializada do exterior e tendo como objetivo "uma urgente e vigorosa tomada de posição para o melhor conhecimento da Geologia brasileira [pois] muito se vangloriava das riquezas do território brasileiro e ainda muito pouco dele se conhecia" (Barroso, 1996:144). Nesse sentido, comenta Adauto Pereira, em depoimento:

> Os primeiros geólogos que trabalhavam na Petrobras eram formados em história natural, ou muitos engenheiros que fizeram cursos especiais para se adaptar e virar geólogos, pois não existiam esses cursos no Brasil. Para um curso de geologia no Brasil, para a primeira turma, foi necessário esperar 1961. Ou seja, já bem depois da própria criação da Petrobras. Mas isso deu estofo para a companhia, um foco extremamente técnico. Abordagem de um sistema muito técnico... que permitiram chegar a operações no *offshore*.

Os pretendidos grandes passos de JK coincidiram com os primeiros da Petrobras. Seu modelo empresarial, à época, era pautado por um comando centralizado e sedes menores em áreas próximas aos principais pontos de exploração. Em seus primeiros dois anos, a empresa preocupou-se sobremaneira com a consolidação de seus setores administrativos, sendo operada, em razão da falta de qualificados nacionais, a contratação de um grande número de profissionais estrangeiros e especializados na prática da extração de petróleo.

Um desses foi Walter Link, nome que se tornaria emblemático nas primeiras décadas da Petrobras e em sua aventura *offshore*. Contratado pelo então presidente da companhia Juracy Magalhães, Walter norteou seus primeiros esforços de exploração. Nessa fase inicial, a maioria das práticas exploratórias estava voltada para o recôncavo baiano, sobretudo para a Bacia do Espírito Santo e para a Bacia do Médio Amazonas, áreas onde muito se especulava sobre a existência de petróleo. Ao mesmo tempo, a prática da "varredura geológica" também buscava reservas em outras localidades.

Os resultados encontrados com as varreduras foram, contudo, desanimadores. A experiência seria consolidada em um documento transformado, anos depois, em um marco da necessidade de mudança de estratégia da companhia, fosse na manutenção da aposta no refino ou na exploração – o Relatório Link.

Nesse documento, destacava-se o baixo índice de produção das bacias do recôncavo baiano e da Bacia do Espírito Santo, pondo, então e por ora, por terra o mito ou sonho de um Brasil com abundância de petróleo. Do documento abaixo apresentado, o resumo de Walter Link sobre suas conclusões em agosto de 1960, assinala-se o seguinte trecho:

> Após o término das discussões e o consenso de opiniões verificado e proporcionalmente dividido, tornou-se óbvio a todos que as Bacias Paleozoicas Brasileiras, em particular, eram zonas de pouco valor para exploração [...] não podemos recomendar programas de exploração em áreas cujas possibilidades petrolíferas são escassas.

Ao apontar para a baixa potencialidade das reservas *onshore*, o Relatório Link, como lembra em depoimento o antigo diretor Wagner Freire, dava a entender que, no futuro, só haveria dois horizontes:

> Link gastou muito dinheiro aí... quer dizer, não dele, da Petrobras, e sempre... as pessoas ficam com certa frustração de não ter feito nenhuma descoberta significativa. Então, o relatório do grupo era um pouco... não vou dizer pessimista, mas dizendo assim: "Olha, é melhor você ir para o *offshore* ou o internacional". O internacional acabou sendo bem-sucedido. "Mas, aqui no Brasil, vai ser complicado." E, de fato, foi. Porém, como as bacias sedimentares se estendiam para o mar, foi natural que rapidamente a gente começasse a atividade no mar...

Na realidade, como ainda ressalta Wagner Freire, os grandes custos da empreitada se justificavam pela mobilização de ampla equipe, que

Figura 12 | Carta de apresentação do Relatório Link, 1960

DEPEX-1032/60 — 22 de agôsto de 1960

AO: General Idálio Sardenberg
Dr. Heitor Lima Rocha
Dr. Humberto Moletta
Dr. Manoel Pinto de Aguiar

DE: Walter K. Link

Senhores:

Na semana compreeendida entre 15 e 19 de agôsto, tivemos discussões preliminares sôbre os programas de trabalho para 1961. Todos os geólogos de distrito, seus assistentes e o "staff" técnico do DEPEX estiveram presentes às reuniões. Um total de 6 geólogos brasileiros e 8 estrangeiros tomaram parte nas reuniões.

Anteriormente, o missivista endereçara cartas aos geólogos de distrito e memorandos ao "staff" do DEPEX solicitando a avaliação das respectivas bacias, baseada em dados puramente geológicos, disponíveis. As duas primeiras páginas do memorando anexo a esta carta descreve as bases em que a avaliação seria feita. As avaliações finais das bacias, designadas como A, B, C e D, acham-se sintetizadas na primeira fôlha anexa a esta carta, e consiste em duas médias. A primeira inclue a avaliação de todos os técnicos e a segunda exclue a do missivista.

Uma bacia "A" indica produção comercial, e a exploração deverá continuar.

A bacia "B" apresenta todos os requisitos necessários e os fatores geológicos indicam que se deverá encontrar óleo em quantidade comercial, garantindo a continuação da exploração ativa.

A bacia "C" é uma bacia marginal em que foi feito grande esfôrço exploratório sem sucesso comercial. Tais bacias pedem diminuição de exploração sem necessàriamente exigirem completa cessação da mesma.

A bacia "D" não apresenta possibilidades e a exploração deverá cessar.

Nesta base, julgamos que a área terrestre de Sergipe tem uma avaliação B½ e a exploração deverá continuar em larga escala. O Médio Amazonas tem avaliação C½ e a exploração deverá continuar em escala reduzida. Barreirinhas, Maranhão, a área terrestre de Alagoas e o Sul do Brasil podem ser classificadas tanto em "C" como abaixo, porém mais do que "D". As possibilidades de óleo não se mostram favoráveis e as oportunidades de se encontrar o "Óleo Bonanza" que o Brasil necessita são muito poucas. O Baixo e Alto Amazonas, Acre, São Luiz e a faixa terrestre do Espírito Santo, são tôdas D½ ou menos e a exploração não é aconselhável.

DEPEX-1032/60

Após o término das discussões e o consenso de opiniões verificado e proporcionalmente dividido, tornou-se óbvio a todos que as Bacias Paleozóicas Brasileiras, em particular, eram zonas de pouco valor para exploração, e que o prosseguimento dos trabalhos exploratórios nestas zonas de pouca possibilidade dependeria da Diretoria.

A 19 de agôsto tivemos uma entrevista com o Dr. Sobral, Consultor Economico da Companhia, e lhe expusemos nossas conclusões técnicas. Depois de apresentarmos êsses fatos, o Dr. Sobral informou-nos que os Diretores Dr. Lima Rocha, e Pinto de Aguiar haviam-lhe solicitado entrar em contato com o DEPEX para tratar de futuras reuniões sôbre o assunto. A Superintendência do DEPEX acha-se pronta a fazê-lo, pois estamos certos de que não podemos recomendar programas de exploração em áreas cujas possibilidades petrolíferas são escassas. O DEPEX acha-se preparado e à disposição para tratar do assunto assim que fôr solicitado a fazê-lo.

Sinceramente

Walter K. Link

Arq. C2-2.2

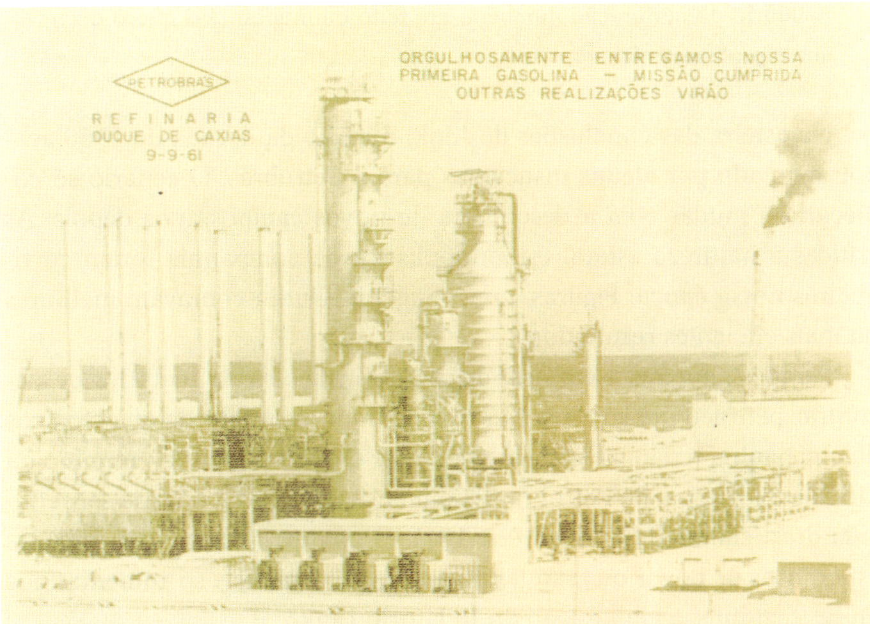

Figura 13 | Refinaria de petróleo em Duque de Caxias (s.d.)

não apenas incluía geólogos estrangeiros, mas também envolvia um bom número de técnicos nacionais, todos a serviço de Link para concluir um mapeamento das reservas brasileiras. As polêmicas em torno das conclusões de Link não estariam ligadas, para Freire, a interesses escusos dos estrangeiros, ainda que uma das conclusões do relatório fosse a necessidade de o Brasil continuar investindo em importação de petróleo e derivados.

> Há o famoso Relatório Link em que, digamos assim, os pseudonacionalistas, os ideólogos metem o pau; mas, na verdade, o Relatório Link foi feito por um grupo de geólogos. O Link era o líder desse negócio, mas tinha um monte de geólogo dando palpite. Brasileiros, inclusive. Porque, observe, eu comecei... nós começamos nessa atividade de geologia de petróleo, mas eu entrei efetivamente na área de trabalho em 1960. O Link, se eu não me engano, saiu um ano depois, em 1961. E o Link tinha um *staff* de alto nível aqui no Rio de Janeiro. Aliás, a quantidade de gringos era enorme. Os relatórios eram todos feitos em inglês, por exemplo.

> Relatório de perfuração, também, era feito em inglês, mas quero dizer que o problema não era esse.

Na esteira das conclusões de Link, o início da década de 1960 acabou marcado por alguns insucessos para a Petrobras. O cenário só começaria a mudar com a descoberta de novos campos anos depois. As críticas à natureza estatal e monopolística da companhia foram corriqueiras nessa época. Figuras como Eugênio Gudin cobravam melhores ou mais eficientes resultados.

Para o economista carioca, diante do insucesso na tentativa de encontrar petróleo *onshore* no país, e amparado pelo fato de que técnicos da companhia teriam alegado, à época, ter chegado "à vista o término da tarefa exploratória da Petrobras", a dimensão da estatal deveria ser reduzida drasticamente (Gudin, 1961:101). O contexto de esgotamento das esperanças de novos ou grandes poços em terra parecia só aumentar nos meses seguintes à elaboração do Relatório Link.

Apesar de o famoso documento ter deixado muitas dúvidas em relação às potencialidades do território brasileiro, a companhia não arrefeceu seus esforços e continuou à procura de mais reservas, inclusive em territórios inóspitos como a Amazônia, qualificando uma geração de novos engenheiros e técnicos, ainda que importando e assimilando a tecnologia estrangeira necessária.

"Serendipite", a descoberta de Guaricema e as primeiras lideranças no *offshore*

Desde quando os militares assumiram o poder à força, em 1964, constitui-se (ou consolidou-se) no Brasil um governo identificado com forças nacionalistas, que tinham na Petrobras um de seus grandes símbolos. Apesar do choque político sobre o país, a companhia não registrou grande descontinuidade em suas rotinas e diretrizes, em que pese a troca de quadros de comando, que marcaria grande parte das instituições nacionais nos primeiros momentos do regime, ignorando o estado de direito e abusando da violência mais bruta. Nem mesmo as mudanças no imaginário desenvolvimentista no pós-1964 abalariam de maneira significativa as estruturas do que, durante a República de 1946, tinha sido um importante instrumento da industrialização nacional (Bielschowsky, 2003).[15]

De acordo com depoimento do engenheiro de minas e geólogo Carlos Walter Marinho Campos (1988:126-127), o início turbulento dos anos 1960 daria lugar a certa prosperidade e crescimento para a Petrobras no final da década, em razão da continuidade e sucesso de diversos projetos. Na sequência da descoberta do campo terrestre de Carmópolis, por exemplo, em 1963, as elevadas estimativas de suas dimensões, sua produção e sua proximidade com a costa de Sergipe acabaram fazendo amadurecer, alguns anos mais tarde, a ideia de levar a exploração para as águas próximas, para a plataforma continental. Novas iniciativas e estudos passavam a se acumular e se seguir na esperança de que existissem bacias petrolíferas em águas brasileiras. Em meio a tais esforços, 1968 acabaria por tornar-se, então, um ano-símbolo, assim como 1953 tem sido, dada a criação da companhia. Descobriam-se, finalmente, reservas sob o mar no campo de Guaricema, na plataforma continental Sergipe-Alagoas, inaugurando uma nova fase para a Petrobras.

Carlos Walter Marinho Campos atuou na indústria de óleo no Brasil desde os tempos do Conselho Nacional do Petróleo e tornou-se testemunha privilegiada dos avanços da Petrobras desde sua criação até quando as importantes descobertas da Bacia de Campos foram realizadas nos anos 1970. Em 1988, deixou na Fundação Getulio Vargas (FGV), através do Centro de Pesquisa e Documentação de História Contemporânea do Brasil (FGV/CPDOC), um longo registro de suas experiências profissionais, com interessantes comentários sobre a fase de transição entre terra e mar e sobre os esforços empregados. Já à frente da exploração, em finais da década de 1960, ele destacou:

> Estávamos na transição de terra para o mar, estávamos começando a dar ênfase no mar. E a pessoa não precisa ser muito sábia para entender

[15] Sobre o amplo processo de depuração instalado pelos militares, ver, entre outros: Arquidiocese de São Paulo (1985); Alves (1985); Santos, Monteiro e Caillaux (1990).

> que não se cobre uma plataforma dessas com geofísica suficiente para botar poços, basta dizer que os primeiros poços foram furados em estruturas mapeadas muito precariamente – não se pode furar em grande massa, fazer um programa de exploração agressivo, sem boas informações técnicas, principalmente geofísicas. E essas informações demoram algum tempo a serem colhidas no campo, processadas e interpretadas, e o equipamento necessário para perfurar também não aparece assim [estala os dedos], são coisas que têm uma certa demora [Campos, 1988:126-127].

Mencionado por muitos de seus colaboradores como um homem de enorme competência e seriedade, mas também de dureza no trato, Carlos Walter brinca com seu chamado "autoritarismo" ao dar detalhes do que estava em jogo naquele ano de 1968 e de como esses pontos de viragem, como foi Guaricema, são construídos:

> Eu estava brincando [outro dia] que, em Guaricema também, por um ato de autoritarismo, eu mandei furar o poço, embora houvesse uma ata da egrégia Comissão de Coordenação dos Geólogos do Distrito de Maceió – naquele tempo a sede era em Maceió – afirmando que aquela locação não tinha prioridade. Não que eu seja algum adivinho, ou um grande geólogo, muito sabido e tal. Não é nada disso. Em tudo na vida, em primeiro lugar, é preciso você estar em busca de novas ideias. E naquele tempo eu estava apaixonado pelos deltas, estava sendo descoberto *óleo* no delta do Níger! Então achei que o delta Vaza Barris podia ser uma área promissora e tratei de furar lá. Evidentemente, o sujeito pode dizer que isso foi uma *serendipite*: atirou no que viu, acertou no que não viu. Em primeiro lugar eu contra-argumento: se qualquer dono de companhia de petróleo arranjasse um sujeito que pudesse indicar onde achar petróleo, qualquer geólogo ou geofísico estaria dispensado imediatamente. O objetivo é achar petróleo, o objetivo não é fazer geologia nem geofísica. Mas isso também é um exagero, não é bem assim, estou falando por absurdos, não vai acontecer isso. O fato é que a história de Guaricema foi esta. Foi a primeira descoberta [Campos, 1988:147-148, grifos no original].

O antigo presidente da Braspetro e membro da diretoria executiva da Petrobras, Jorge Camargo, lembra os primeiros contatos com Carlos Walter e os traços (e razões) de sua forte personalidade:

> Conheci Carlos Walter quando era geofísico estagiário numa equipe sísmica na Bahia. Em razão do alvoroço que antecedeu sua visita, pude perceber a reverência, e mesmo o temor, que inspirava nas pessoas. A inspeção correu bem. O chefe Marcos Amaral mantinha a equipe nos trinques. Sem nada a reparar, Carlos Walter já se preparava para voltar a Salvador quando resolveu perguntar ao grupo de computadores – como eram chamados os que computavam coordenadas topográficas usando nos cálculos antigas máquinas Facit de manivela – como estava indo o serviço.
>
> – Doutor, estamos com algum atraso na topografia, mas trabalhando firme para colocar o serviço em dia.
>
> Carlos Walter crispou os lábios, estufou as veias jugulares, avermelhou a face e, com um murro na mesa, explodiu em fúria:
>
> – Vocês botem a topografia em dia imediatamente ou eu chego amanhã no Rio e fecho esta merda!
>
> Muitos anos depois, já com alguma intimidade com Carlos Walter, perguntei a razão dessas explosões, desproporcionais e constrangedoras.
>
> – Camargo, a Petrobras é muito grande e espalhada. Por mais que eu viaje, tenho poucas oportunidades de visitar cada uma das unidades operacionais. Sei que uma bronca minha mantém o pessoal na ponta dos cascos por bastante tempo. Portanto, eu não perco, às vezes até invento, oportunidade para um esculacho. Nunca quis ser popular; eu quero que a Petrobras funcione [Camargo, 2013:22-23].

Para além da preparação técnica e dos estudos, a presença do intangível no avanço *offshore* fica clara nas passagens acima, mas também nas próprias palavras de Carlos Walter:

> O sujeito vê. Tem gente que vê as coisas – aí é que eu me batia com meus geólogos –, aquilo entra na cabeça e o computador não funciona! O que o sujeito vê, sente, ele tem que transformar em ideias, tem

> que usar aquelas informações. E a coisa fundamental para o geólogo de petróleo, o prospector, é ter observação e transformar essa observação em ação na sua atividade de buscar novas acumulações [Campos, 1988:148].

O diálogo e a fusão dos rumos da companhia com os projetos e os esforços de desenvolvimento nacional só se aprofundariam nos anos que conheceriam o general Ernesto Geisel como presidente da Petrobras e, logo em seguida, dirigindo o regime militar no Brasil. Já tendo acumulado experiência na área de energia após ter dirigido a refinaria de Cubatão, em São Paulo, Geisel insistia em declarar que o Brasil deveria buscar o crescimento através da autossuficiência energética. Guaricema, nesse contexto, ainda uma esperança, tornar-se-ia um símbolo.

O antigo diretor Guilherme Estrella, à época já trabalhando como geólogo, lembra em depoimento o diálogo de colegas com o então presidente da companhia quando Guaricema foi descoberto:

> [Os geólogos] foram ao Geisel, que era o presidente da companhia, e disseram: "Olha. A gente pode estar tratando de um campo que vai produzir alguns meses e vai depois se esgotar; ou podemos [estar] tratando de um campo grande. Mas isso é uma interpretação. A técnica diz o seguinte: esse campo é um campo pequeno, que vai se esgotar em poucos meses". Isso, eu estou contando o que me disseram, não participei da reunião. Disseram que o Geisel replicou: "Negativo. Nós vamos completar. Pode encomendar tudo para esse poço, porque nós vamos produzir, porque isso vai ser um símbolo, Guaricema vai ser um símbolo da exploração de petróleo na plataforma continental brasileira".

O engenheiro Zephyrino Lavanère Machado Filho, membro importante da equipe que desenvolveria a produção nos primeiros poços da Bacia de Campos em finais da década de 1970, já estava presente nos trabalhos em Guaricema. Em seu depoimento ao programa Memória Petrobras, fica claro o papel dos marcos e das conquistas da companhia na construção da trajetória de cada colaborador:

Eu cheguei a participar da exploração e produção de Guaricema, essa primeira descoberta em mar, no primeiro campo que entrou em produção. Guaricema foi uma marca muito grande na Empresa, porque nós tínhamos produção no mar, mas no campo de Dom João, que é um campo dentro da Baía de Todos os Santos. Quer dizer, é uma coisa um pouco diferente, a profundidade é mais rasa. Já em Guaricema e Dourado, nós tínhamos a produção no mar aberto e era uma profundidade bem maior. Já era em torno de 30 ou 40 metros de profundidade.

Foi um momento de muito entusiasmo, todo mundo estava muito entusiasmado para poder botar em produção esses campos no mar e aprender essas tecnologias todas de produção no mar, porque era uma coisa nova. Havia uma exploração no mar, já no mundo todo, no Golfo do México e alguma coisa, talvez, na Inglaterra, mas era muito pouco o que havia. Naquela época, nós já éramos pioneiros nesse tipo de trabalho. Já havia um certo pioneirismo, mesmo.

Figura 14 | Aspectos da construção do edifício-sede da Petrobras, no Rio de Janeiro, entre 1969 e 1970

Novas descobertas nos anos seguintes continuariam a incentivar e consolidar o movimento da Petrobras rumo ao mar, mudando decisivamente a história da companhia. O Relatório Link, ainda hoje cercado de polêmicas quanto às suas reais recomendações e à presença de influências estrangeiras em suas linhas, revelar-se-ia ao menos parcialmente consistente. De fato, campos terrestres continuariam a não se mostrar pródigos em petróleo, ao menos não quando em comparação aos campos gigantes que ainda dormiam sob as águas.

A ausência de menção explícita ao petróleo no mar no documento produzido por Link, para o qual Carlos Walter também contribuiu, mostrava-se não ser o ponto final da questão. De fato, a ida para as águas costeiras dava novas esperanças de que o Brasil poderia ter um futuro diferente daquele dependente da importação de óleo e da priorização do refino. Seriam, entretanto, os incentivos nacionais suficientes para continuar a empreitada?

O choque de 1973, poucos anos depois de Guaricema, acabou sendo um determinante nesse processo.

O aumento dos preços internacionais e dos custos de refinamento tornavam dramática a situação da balança de pagamentos brasileira, comprometendo enormes parcelas das reservas internacionais. Resistia-se a declarar o fim do "milagre econômico", fazendo com que uma sociedade em rápida urbanização e lançando-se sobre o consumo de massa mantivesse alta tanto a pressão sobre as contas externas quanto a demanda por energia. O mar se afirmava, nesse contexto, como divisa que poderia mudar o reduzido patamar da produção petrolífera nacional, ainda que outras tentativas fossem lançadas.

O Programa Nacional do Álcool, popularmente conhecido como Pró-Álcool, por exemplo, apresentou-se como uma das principais apostas do poder público e da Petrobras. Tratava-se de uma tentativa de se reduzir a demanda e a dependência nacional por petróleo na medida em que se estimulava o uso e a produção de álcool combustível. Entre as principais iniciativas, o Pró-Álcool previa um aumento da produção de automóveis movidos à base do combustível de fonte renovável.

A conjuntura também estimulou o aumento de investimentos nas áreas de *downstream* (setores responsáveis por refino de petróleo e outras partes secundárias de sua produção), inaugurando nova fase na história da companhia com a consolidação de várias subsidiárias, como a

Petrobras Distribuidora (e lançamento de linhas próprias de lubrificantes, como os da *Lubrax*) ou a Braspetro (destinada a atuar fora do país, sobretudo na exploração e produção de petróleo). A experiência internacional, a ser melhor examinada no capítulo 2, renderia frutos para muito além da simples importação de barris de petróleo. Treinamento, intercâmbio de conhecimento e importação de tecnologia também foram priorizados e contribuiriam para o salto sobre o mar brasileiro.

Na transição entre Guaricema e Campos, lembra Carlos Walter enquanto ri uma vez mais de sua reputação de durão, a passagem prévia do pessoal da Petrobras pelo Iraque, pelo Irã, pelo Egito, por Madagascar e por Angola apresentou-se como fundamental no processo de tomada de decisões:

> Já tinha sido descoberto o poço de Guaricema... Dessas coisas, modéstia à parte, eu participei direto com a minha mão autoritária [risos]. Eu me lembro bem que o general Geisel achou que eu, como chefe da exploração, devia conhecer as outras partes do mundo, conversar com outras pessoas, e me mandou fazer uma viagem com o diretor da Braspetro José Inácio Fonseca. Partimos eu, ele e um geofísico chamado Muhamad Amin Baccar – até por sinal um rapaz muito competente, dedicado. Fomos ao Iraque, se não me engano fomos a Teerã, fomos ao Egito e depois para Madagascar. Lá embarcamos, passamos por Johanesburgo e voltamos ao Brasil. Nesse longo périplo, eu fiquei impressionado, no Iraque, com a produção de óleo de calcário em profundidades da ordem de 4, de 5 mil metros, quando geralmente o arenito, que é o nosso produtor tradicional, abaixo de 2.500, 3 mil metros, já vai ficando com uma porosidade e permeabilidade reduzidas. Praticamente não se conhecia produção de petróleo nessas profundidades e aquilo me impressionou. Quando cheguei aqui, o [então] gerente-geral da Braspetro em Angola, o geólogo Jeconias Queirós, que era o chefe da geologia de subsuperfície, portanto o homem que controlava os poços, pioneiros em perfuração, pôs em cima da minha mesa um telex dizendo: "Abandonar o poço Rio de Janeiro nº 7". E eu achei que não, que se devia furar mais 200 metros. Furaram-se mais 200 metros e houve uma indicação magnífica de petróleo no topo do calcário Macaé, que é um calcário produtor de petróleo na Bacia do Rio de Janeiro. Nos testes com esse

> poço não se conseguiu produzir petróleo: era microporosidade..., não era..., discute-se e tal..., não se conseguiu. Mas houve o primeiro show de petróleo realmente bom na Bacia de Campos. Em vista disso, a sonda, que já estava abandonando o poço para mudar de bacia, porque já era o sétimo poço, foi para a locação Rio de Janeiro nº 9, que foi o poço descobridor... [Campos, 1988:147-148].

Em meio às repercussões do choque do petróleo, a exploração *offshore* avançava no Brasil mesmo se ainda via o *onshore* no encalço. Enquanto descobriam-se campos com grandes concentrações de petróleo e gás, como Ubarana, mas especialmente Garoupa e Enchova, na Bacia de Campos, transformados, em pouco tempo, em novos marcos para a companhia e para a história *offshore* no país, em terra houve grandes achados, como São Matheus, fazenda Cedro e Remanso.

As barreiras submersas, entretanto, colocavam desafios antes desconhecidos para os técnicos da Petrobras. Enquanto a ambição pela autossuficiência ganhava novo fôlego, e ainda que a cabeça de poços como a de Garoupa estivesse somente a 124 metros de profundidade (hoje uma metragem fácil de ser transposta), os avanços tecnológicos se apresentavam como urgentes para dar conta de fronteiras ainda inalteradas no mundo do petróleo.

Enquanto a persistência da companhia levaria a uma mudança de paradigma no longo prazo acerca da própria exploração de reservas em águas profundas, seus laboratórios de pesquisa, ao longo dos anos 1960 e 1970, entretanto, ainda não tinham encontrado a capacitação e a sinergia para tornarem-se protagonistas desse processo. Como exposto no capítulo 3, tais mudanças viriam a partir da década de 1980, sobretudo em torno da herança da Divisão de Exploração e Produção (Depro) e das novas dinâmicas dentro do Cenpes.

O antigo presidente da Braspetro e membro da diretoria executiva da Petrobras, Jorge Camargo, lembra a importância e o pioneirismo dos trabalhos no campo durante os primeiros anos de exploração e produção *offshore* no Brasil:

> Tudo começou com o descobrimento de Guaricema, em 1968, no litoral de Sergipe. Garoupa, em 1974, foi a primeira de uma série de descober-

tas que, gradualmente, descortinaram a generosidade da Bacia de Campos – depois vieram Namorado (1975), Enchova (1976), Bonito (1977) e Cherne (1978). À medida que avançávamos mar adentro, em águas cada vez mais profundas, maiores eram as descobertas, como Albacora (1984) e Marlim (1985) – esses já folgadamente na categoria de campos gigantes, com reservas da ordem de vários bilhões de barris.

Descobrir petróleo era importante, mas não suficiente. A fim de atenuar o impacto dos choques do petróleo da década de 1970, que elevaram o preço do barril de US$ 2 para US$ 14 em 1973, e depois para US$ 40 em 1979 (isso em dólares da época!), era preciso colocar as descobertas em produção. E rápido. Aí residia o problema; a tecnologia *offshore* engatinhava. Não fazia sentido desenvolvê-la num mundo de petróleo farto e barato.

Os sistemas de produção *offshore* da época, desenvolvidos no Mar do Norte e Golfo do México, eram baseados em plataformas gigantescas, que se assentavam no assoalho oceânico e levavam muitos anos para serem construídas. O Brasil tinha pressa, era preciso acelerar a produção, qualquer barril de petróleo que substituísse um barril importado ajudava.

Em 1975, nos chegou do Mar do Norte a notícia de uma experiência pioneira, no campo de Argyll, em que uma plataforma de perfuração fora transformada em plataforma de produção, de forma a permitir que o poço recém-perfurado fosse completado para produzir diretamente para um navio-cisterna. Alguns técnicos da Petrobras foram ver como a coisa funcionava e voltaram dispostos a testar a ideia no campo de Enchova. Foi o nosso primeiro "sistema de produção antecipada", uma forma de acelerar a produção enquanto os sistemas definitivos eram construídos.

Outras ideias e inovações iam surgindo, permitindo conectar diretamente poços a navios, ou a "sistemas flutuantes de produção", e eram avidamente testadas pela Petrobras. Essa foi a grande contribuição da empresa ao desenvolvimento da tecnologia *offshore*. Nem tanto na geração de inovações tecnológicas, mas pela coragem em testar as que surgiam e a capacidade de adaptá-las para fazê-las funcionar [Camargo, 2013:24-25].

O antigo diretor de exploração e produção José Miranda Formigli Filho dá também seu testemunho sobre esse mesmo processo ao logo dos anos 1970, destacando a importância da ação humana e do imaterial em sua motivação, para além das máquinas:

> Cem metros de lâmina d'água era água profunda no mundo. Esse mundo era o Mar do Norte. Não era nem Golfo do México; era muito mais Mar do Norte. Quando a gente conseguiu colocar o primeiro sistema em produção, depois da descoberta de Garoupa em 1974, o primeiro sistema em produção, em 1977, que já foi um sistema flutuante, que foi o segundo do mundo, ali já demonstrou o seguinte: aquele time que tinha trabalhado na Bahia e em Sergipe implantando atividades em terra e com o início do mar, ele se transportou para colocar em produção o que os geólogos e os geofísicos tinham descoberto em Garoupa e Enchova de uma maneira extremamente rápida – tudo em três anos, de 1974 a 1977. Essa característica de conseguir fazer rapidamente a materialização em produção do que era descoberto, ela se repetiu no ciclo de águas profundas de mil metros, que foram Marlim e Albacora, depois ele se repete com Roncador, no limiar de 2 mil metros, e ele se repete no pré-sal em meados da década de 2000 e com a colocação em produção do TLD [teste de longa duração] em 2009.

Com a série de descobertas na segunda metade da década de 1970 vieram a ambição e a angústia de chegar o mais rápido possível à produção. As limitações, entretanto, eram várias, e os recursos e a tecnologia em mãos pareciam incapazes de responder à altura. Esse é o momento-chave da construção de um novo pioneirismo na Petrobras e no ambiente *offshore*. A engenhosidade daqueles trabalhando em torno do poço, forçando limites e criando alternativas quase que de imediato diante das dificuldades, seria o motor do desenvolvimento da Bacia de Campos.

O engenheiro Salim Armando, juntamente com colegas como Zephyrino Lavenère, foi responsável pelo desenvolvimento do campo de Enchova, elaborando um inovador sistema de produção, dito "antecipada". Em depoimento ao programa Memória Petrobras, ele conta assim o feito:

> [O campo] tinha que entrar em produção em 77 e não entrou. Resolveram criar um outro grupo, que foi justamente o grupo especial que eu fui chefe. Isso foi em março de 77. Eu disse: "Isso não pode demorar quatro, cinco anos não, quanto tempo a gente pode fazer isso?". E aí nós, em praticamente três meses, colocamos o poço em produção. No dia 13 de agosto de 1977 colocamos o primeiro poço da Bacia de Campos em produção. Acredito que esse tenha sido um momento marcante, não para mim só, mas para a própria Petrobras. Quando saiu a primeira gota de petróleo, vamos dizer, eu estava presente. Era Anchova 1. Na época teve fotografia na revista *Manchete*, página inteira...

Alfeu Valença, que assumiu a Superintendência da Bacia de Campos nesse momento, destaca em depoimento o trabalho do pessoal de campo e a construção da duradoura liderança:

> O Salim Armando criou o que se chama de produção antecipada e juntou um grupo de engenheiros nosso lá em Macaé. Isso fez uma sinergia muito boa, então partiu para um sistema de produção antecipado, que era o quê? Era uma plataforma de perfuração adaptada pra produzir, mas aquilo é para produzir enquanto as grandes plataformas ficavam prontas... Hoje todos os grandes campos do mundo estão numa linha aí, tem plataforma de 1.300 metros, 1.400 metros e nada mais é do que aquele primeiro modelo que Salim bolou, adaptado, que foi aumentando de 100 metros para 120, 150, 200, 300, 400 e hoje está em mil e tantos metros e ninguém mais questiona nada daquilo. Aquilo hoje é uma tecnologia que a Petrobras desenvolveu por necessidade, não tinha em canto nenhum e evoluiu, desenvolveu. O Cenpes entrou no circuito, e vamos dizer, aquilo que foi feito de modo mais empírico começou a coordenar melhor as coisas, arrumar pacotinho. Então virou tecnologia, na verdade é uma tecnologia que a Petrobras tem – a tecnologia de água profunda. Na verdade ela tem a tecnologia de água profunda em sistema flutuante, que é um troço que não existia e o mundo hoje todo faz também, né?

Armando ressalta, em sua entrevista, os detalhes da empreitada e das escolhas feitas para adaptar os meios disponíveis e as necessidades em alto-mar. As soluções para os problemas que surgiam não estavam embarcadas; tiveram de ser encontradas a cada nova barreira:

> A produção em Enchova 1 foi realmente uma odisseia. Nós pegamos uma sonda que vinha lá do Mar do Norte, alugamos os equipamentos na França. Eu disse: "Manda vir a sonda". E quando ela passou perto da França, mandamos enfiar os equipamentos em cima da sonda, que era separador, aquele negócio para tratar e processar o óleo. Pusemos um punhado de soldadores em cima e eles vieram trabalhando. Demorou 45 dias para chegar aqui rebocada. Quando chegou, mais ou menos no mês de junho, estava quase toda pronta [...].
>
> E, de cara, começamos produzindo mil barris. Naquela época era um número fabuloso. No Brasil, poucos poços tinham conseguido mil barris por dia. Mas, foi só no primeiro dia. Depois passou para 2 mil, 3 mil e 5 mil. Os problemas iam aparecendo e a gente resolvendo. Conseguimos produzir 10 mil barris. Recorde absoluto no Brasil. A curva que estava em 166 mil barris, em queda, começou a virar. Com esse poço, nós começamos a aprender como é que se devia trabalhar. Como é que o mar funciona. Como é que as unidades trabalhavam. E tivemos a ousadia de continuar. O outro sistema de câmara submersa estava ainda sendo feito. Quando fomos ver, era o segundo sistema que tinha sido feito no mundo. Era o recorde mundial de ancoragem. Recorde mundial de um navio recebendo petróleo ancorado em quatro pontos [...] lá começou o desafio. Isso fazia com que a gente tivesse uma outra conscientização. A maioria dos equipamentos não existia. Nós tivemos que desenvolver, trazer ou copiar e melhorar.

Ao comentar, em 1988, as descobertas e os feitos realizados em Campos desde 1974, mas também sobre o potencial da costa brasileira, Carlos Walter já dava pistas para aqueles curiosos que, no futuro, quisessem entender o que significaria a exploração e a produção *offshore* no Brasil, de Guaricema ao pré-sal:

> Na costa do Brasil, o pouco que se identificou até agora [1988] com maior exuberância em termos de condições adequadas para geração e acumulação de petróleo foi na Bacia de Campos. Tanto em águas até

> 200 metros como em águas de 200 metros para profundidades maiores. Se bem que as águas mais profundas, vamos dizer assim, a partir da borda da plataforma continental, ou seja, no *slope* continental, no talude continental, ou no sopé continental, essas águas no Brasil não estão muito bem avaliadas ainda: há um poço ou dois em Sergipe e o resto e só na Bacia de Campos. Ainda há a Bacia de Santos e as outras áreas da plataforma continental brasileira, do *slope* e do sopé continental brasileiro. [...] Pelo menos nos dias atuais torna-se inconveniente fazer exploração nessas áreas tão profundas – digo fazer exploração com poços, poços pioneiros. A prospecção geofísica não apresenta grandes dificuldades, mas a perfuração fica mais difícil e menos objetiva, porque se é difícil produzir a 600, 800 metros de profundidade, será muito mais difícil produzir a 2.500, 3 mil metros. [...] Não estou querendo dizer com isso, repito, que não existam outras áreas na plataforma continental do Brasil capazes de gerar e acumular petróleo como costuma acontecer em Campos... [Campos, 1988:150-152].

Apesar das descobertas animadoras ao longo da década de 1970, a situação não permitia maior vagar. Interessado em aumentar o conhecimento sobre as reservas e, consequentemente, a exploração e a produção nacional do petróleo, o que, em cenário de crise, somente poderia ser feito com investimentos estrangeiros, o nacionalista econômico Geisel abre as portas de parte do setor petrolífero para o capital vindo de fora. Surgem os contratos de risco, que permitiam a exploração de diversas regiões do território brasileiro por empresas estrangeiras.

Os contratos de risco, sem evitar um ferrenho embate político em torno de suas motivações, foram a maneira encontrada pelo regime militar para conseguir atrair mais investimento, mão de obra qualificada e tecnologia para a exploração dos campos de petróleo no país sem que, contudo, se perdesse a supervisão e o controle pela Petrobras. Para tanto, foi escalada a Superintendência de Contratos de Exploração (Supex). Uma série de empresas estrangeiras (como Shell, Exxon, Texaco, British Petroleum, ELF, Total, Marathon, Conoco, Hispanoil, Pecten e Pennzoil) e mesmo algumas nacionais (como a Paulipetro e a Camargo Corrêa) adentraram a empreitada. Os opositores à ideia, como lembram José Dias e Maria Quaglino (1993:132), diziam tratar-se de um "claro indicador de que o governo brasileiro curvava-se a pressões externas e pretendia 'entregar' o petróleo do país".

Nesse contexto, dentro da empresa ocorreu uma disputa ferrenha. Em depoimento, o antigo diretor Wagner Freire, entusiasta de uma abertura maior ao capital estrangeiro, atribuiu aos contratos papel fundamental para o posterior desenvolvimento da companhia:

> Essa passagem para os contratos de risco, ela foi muito importante para a própria companhia, para ela aprender a negociar. Eu acho muito interessante, porque alguns gerentes da Petrobras tinham uma alta experiência, digamos, em produção, em exploração, mas, quando sentavam à mesa para negociar com a companhia estrangeira, não sabiam nem o que falar, nem como se comportar. E essa é uma outra característica importante da indústria de petróleo. Há anos, há muitos anos, as companhias trabalhavam sozinhas; cresceram sozinhas, desenvolveram-se sozinhas, tinham suas reservas sozinhas. Mas eu diria que, a partir de uma certa ocasião – e, eu diria, o Mar do Norte foi fundamental para isso –, as companhias passaram a se associar.

No balanço final, os resultados concretos em termos de descobertas estiveram longe de ser satisfatórios. O antigo diretor de exploração e produção Guilherme Estrella, à época geólogo membro da equipe de seleção das áreas a serem concedidas, via a questão com outros olhos. Como um importante representante da ala mais nacionalista da empresa, ele assim relata as resistências dentro da Petrobras e as razões do insucesso das empresas estrangeiras na empreitada:

> Então o governo disse para os geólogos da Petrobras (eu participei disso intensamente): "Olha. Escolham áreas para a gente colocar nas licitações dos contratos de risco". Aquilo era um baque, era uma pancada que, para nós, era difícil de aceitar, porque quebrava o monopólio... E nós fomos. Eu fiz parte do grupo de geólogos. E fomos. Extremamente cuidadosos, demos o nosso melhor esforço intelectual e conhecimento científico para escolher as... piores áreas [risos]. Mas aí é que está. As empresas estrangeiras... Com objetivo também político, claro, que era uma quebra de

monopólio; se eles achassem alguma coisa, o monopólio estaria quebrado, mas, por desconhecimento geológico eles furaram, eles perfuraram o poço, sem a menor chance de achar, de ter uma descoberta. Sem a menor chance. Na Bacia de Campos, de Santos então, sem a menor chance.

Novamente Carlos Walter, que se recusou a chefiar a Supex, trouxe à luz dinâmicas importantes de bastidores, de forma ainda mais explícita que Guilherme Estrella, enquanto registrando seu depoimento na FGV/CPDOC em finais dos anos 1980. Ressaltando que nunca quis "sabotar" o contrato de risco (a Petrobras é quem decidia quais áreas seriam submetidas aos contratos de risco e, dentro da companhia, Carlos Walter era quem comandava esse processo), ele afirma:

> Eu era contra o contrato de risco não como uma medida de rebeldia, porque sempre fui muito disciplinado. Depois que o presidente Geisel implantou o contrato de risco, eu tratei de trabalhar e conviver com ele [...] e, naturalmente, tratei de escolher as áreas melhores para a minha exploração – acho que não cometi nenhuma rebeldia com isso aí. E lhe digo: se esse contrato de risco não teve maior sucesso, sem vaidade imbecil, eu contribuí muito para isso. [...] Eu assimilei o contrato de risco da seguinte maneira: as empresas estrangeiras vieram aqui para complementar o que não podíamos fazer, então tinham que explorar petróleo nas áreas mais difíceis. Porque, na Bacia de Campos, evidentemente, não precisava. Acho que foi uma grande contribuição que elas deram, porque se fôssemos gastar dinheiro para obter as informações que elas obtiveram, os dados que elas têm, seria muito ruim e não teríamos o mesmo resultado [Campos, 1988:165-169].

Enquanto os contratos de risco tinham vida difícil, a Bacia de Campos surgia como a grande esperança para o petróleo nacional. A exploração nas águas passou a ter tanto sucesso que, em 1978, a maior parte dos campos de prospecção já se encontrava no mar. A tendência se consolidaria com a descoberta do campo gigante de Albacora, em 1984, e com a meta de produção diária de 500 mil barris alcançada no mesmo ano. Conforme o gráfico a seguir, a indústria do petróleo no Brasil atingia um novo patamar.

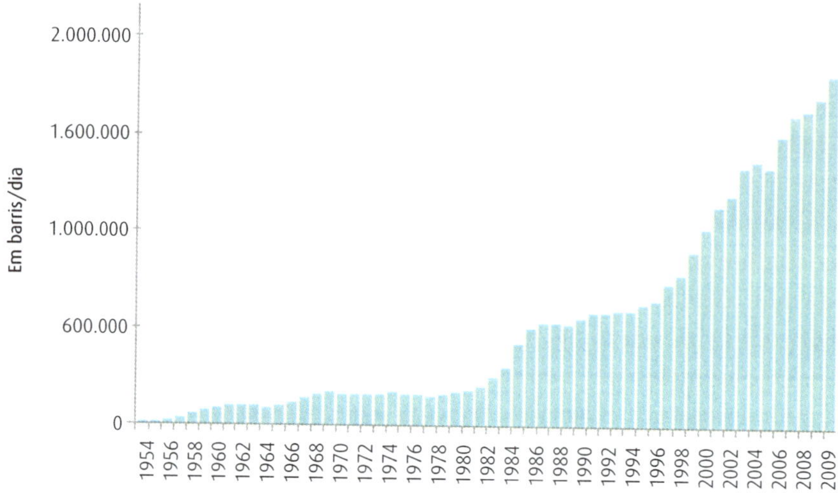

Gráfico 1 | Produção de petróleo no Brasil: 1954-2009

Como se pode observar, entre 1980 e 1985 houve não somente um aumento significativo da produção em razão dos frutos da Bacia de Campos, mas a própria consolidação das operações *offshore* e da identidade da companhia como operadora nesses territórios. Apesar de campos terrestres continuarem a existir e ser explorados, poucos apresentavam a capacidade extrativa que as bacias detinham.

Pode causar estranheza que tais feitos, que demandam esforços colossais de investimento, tenham ocorrido exatamente na sequência do segundo choque do petróleo e do agravamento da crise econômica no Brasil. Na realidade, a estratégia da Petrobras não seguiu uma linha de contenção dos gastos, mas, ao contrário, apostou forte na possibilidade de o aumento da produção ajudar exatamente a aliviar os problemas que assolavam o país.

O antigo diretor de exploração e produção João Carlos De Luca assim descreve, em sua entrevista, o contexto das decisões tomadas na época:

> Nós estávamos já em uma crise econômica... naquela época. Com o segundo choque, em 1979, nós passamos a pagar 11 bilhões com importações de petróleo. A gente importava quase 1 milhão de barris por dia para atender a demanda. Então aumentar a produção interna era, como

> diz o espanhol, *sí o sí*. Ou seja, tem que fazer ou fazer. Não tem jeito. Essa... foi a principal vertente que fez com que a Petrobras começasse a tentar antecipar produções. Por que antecipar? Porque se fosse fazer o projeto completo, com plataforma fixa, construir, colocar os módulos... Essas plataformas começariam a ser construídas, mas levariam cinco, seis, sete anos para ficarem prontas. Começaram a entrar em produção em 1981, 1982, 1983. Foram as primeiras sete grandes plataformas. [...] Quando caía o preço do petróleo, as outras companhias internacionais paravam de produzir. Como agora. O preço do petróleo caiu pela metade agora, então todo mundo tira o pé do acelerador, começa a rever seus projetos. Mas ali, não. Nós tínhamos uma questão estratégica de aumentar a produção.

Consolidando a Petrobras: a E&P *offshore* e a redemocratização

A redemocratização não transcorreu em terreno tranquilo. Os novos governantes receberam uma herança bastante turbulenta, em um cenário no qual o otimismo econômico do milagre dos anos 1970 dava lugar à imagem, posteriormente consolidada, da década perdida. A década de 1980 foi uma fase conturbada, tendo como um de seus símbolos o fracasso do Plano Cruzado, em 1986, que deu lugar a uma nova escalada da inflação, com uma política fiscal de maior controle dos investimentos.

Para a Petrobras, entretanto e como visto, os tempos não foram de tão más notícias. A descoberta de novas bacias com alto potencial exploratório e a construção do caminho para as águas ultraprofundas foram possíveis graças a novas dinâmicas gerenciais e aos esforços do pessoal de campo. O vanguardismo das operações *offshore* conseguiria alcançar patamares ainda maiores com o domínio da fase de criação de tecnologia sensível e pioneira, a ser analisada mais adiante, quando a interação com os setores de pesquisa da companhia acabou repensada ao longo dos anos 1980.

Transformações na Petrobras acabaram acompanhando o novo momento político, como a restauração de transparência e controle da sociedade civil sobre as instituições e sobre o patrimônio público.

A consciência ambiental e investimentos em segurança ganham também novos fôlegos com, por exemplo, as enérgicas reações aos acidentes ocorridos no final da década de 1980. Mais sofisticados equipamentos de controle de poluição atmosférica foram instalados, e foram adquiridos materiais para o tratamento de resíduos líquidos em refinarias e terminais. Além disso, uma revisão de procedimentos de segurança e controle foi realizada, juntamente com uma série de estudos de impacto ambiental e também uma intensa campanha para a transição do uso de petróleo em termoquímicas para o de gás natural.

O antigo diretor João Carlos De Luca testemunha sobre a gravidade de um desses acidentes, acontecido em uma das plataformas no campo de Enchova do qual era, à época, o responsável. Nota-se, em seu depoimento, também, a importância de novos controles e como a transparência sobre os fatos ligados à exploração, mesmo que a dezenas de quilômetros da costa, ganhava centralidade:

> Nós embarcamos rapidamente. Estava vazando muito gás em cima da plataforma. Nós embarcamos com as equipes aqui do Rio, de segurança, de técnico de posto... mas o helicóptero não pôde nem chegar muito perto da plataforma, porque... a fagulha do helicóptero podia fazer explodir o poço. Estava vazando gás e esse gás não estava queimando ainda. Então nós tínhamos que parar em uma plataforma vizinha, passar para um barco e vir para o barco para poder descer lá... Do lado da plataforma de Enchova, estava uma outra plataforma, que a gente chama flotel, que é só para acomodação de pessoas. Pintores, mecânicos, entre outros, que estavam fazendo manutenção da plataforma. Cabiam 400, 500 pessoas no flotel... que tem uma passarela ligando a plataforma com uns 20 metros. Então nós descemos no flotel e [...] fomos fazer uma inspeção lá. Botamos máscara, um equipamento apropriado, olhamos na cabeça do poço, vimos como é que estava a situação e, rapidamente, voltamos. Porque o poço estava produzindo e ele jogando fagulha. Qualquer fagulha daquela podia dar uma faísca e explodir. Bom, aí nós voltamos correndo para a plataforma... Quando estávamos tirando a roupa, explicando. "O que é que vocês viram lá?", "Olha, está cheio de cascalho... na cabeça do poço, os equipamentos estão todos aos pedaços lá"... [...], nós só escutamos... Deu uma fagulha qualquer

> lá e explodiu! Deu a ignição e... *boom*! Imagine gás daquele jeito. Um fogão em casa, quando a gente abre o gás e vai acender um pouquinho depois já dá um *boom*, não é? Imagina um gás em uma quantidade... Rapaz, a plataforma balançou... Aí nós olhamos lá para fora, labaredas de 20, 30 metros de altura. Aí demos ordem de abandono na plataforma [...]. Aliás, eu tenho um edema de mácula por stress. Edema de mácula é um vazamento na região dos vasos sanguíneos do olho por stress. Por um mês eu fiquei embarcado. Daí eu era superintendente da unidade, tinha que descer, falar com a imprensa, conseguir conquistar a imprensa. Então todo dia a gente fazia uma entrevista de manhã às nove e outra às quatro da tarde para dar tempo de o pessoal vir para o *Jornal Nacional*. Vir de Macaé para cá [Rio de Janeiro]. Eu lembro gente que vinha de carro para editar a matéria... foi um período de muito stress...

Enquanto a promulgação da Constituição de 1988 dava novos contornos à vida política nacional, pouco se alterava no contexto regulatório de atuação da Petrobras.

Em que pese o crescente prestígio de alguns intelectuais liberais no debate público que, como Roberto Campos, mostravam-se incansáveis críticos da empresa (apelidada mesmo por Campos de "Petrossauro")[16] e do monopólio estatal, não houve grandes ameaças à situação monopolista na Constituinte, que até mesmo reforçou essa condição, dando *status* constitucional ao que antes era regulado por lei ordinária.

Os anos seguintes à nova Carta constitucional seriam marcados, todavia, por significativas alterações nesse cenário, reflexos de profundas mudanças na sociedade brasileira e nos debates internacionais sobre formas de governo e de organização das comunidades políticas. Iniciava-se uma fase de transição, representada pela implementação de uma agenda liberal avançando sobre a economia política e tendo como protagonistas as experiências britânica, com Thatcher, e americana, com Reagan. Já no governo Fernando Collor, a partir de 1990, foi possível notar o reflexo desses novos tempos, com a venda de algumas subsidiárias da Petrobras, entre elas a Petroflex e diversas empresas do sistema da Petrofértil.

[16] Para as críticas de Roberto Campos à empresa, ver Campos (1990).

Após a queda do primeiro presidente eleito depois do fim do regime militar, a estabilidade política somente ganharia contornos mais sólidos no governo de Fernando Henrique Cardoso. Amparado na popularidade de um plano de estabilização monetária, que buscava superar as longevas mazelas inflacionárias que assolavam o país, o sociólogo implementou uma série de reformas liberalizantes, que buscavam mudar o perfil do Estado brasileiro, privatizando diversos serviços e reduzindo o espectro, e consequentemente os custos, da ação governamental. O mote de superação da hipertrofia estatal havia sido dado em seu célebre discurso de despedida do Senado, quando declarara como grande objetivo do seu futuro governo acabar com o "legado da Era Vargas"[17] que, para ele, não se mostraria condizente com as feições do país de então:

> A divisão histórica entre apoiadores e opositores do regime de 64, que de algum modo sobreviveu ao pacto da Aliança Democrática, também não vigora mais. Não polariza as forças políticas nem o eleitorado. As tentativas de restabelecer esse divisor de águas no processo eleitoral frustraram-se. [...] Eu acredito firmemente que o autoritarismo é uma página virada na história do Brasil. Resta, contudo, um pedaço do nosso passado político que ainda atravanca o presente e retarda o avanço da sociedade. Refiro-me ao legado da Era Vargas – ao seu modelo de desenvolvimento autárquico e ao seu Estado Intervencionista [Cardoso, 1994].

O plano de superar a era Vargas iria impor, entre outras medidas, a remodelação de uma das mais emblemáticas realizações do gaúcho de São Borja: a Petrobras. Em meio a um processo profundamente conflituoso, Fernando Henrique fez então valer sua maioria parlamentar e colocou fim ao monopólio estatal da produção, exploração, pesquisa e refino do petróleo. Em 1995, era aprovada a Emenda Constitucional nº 9. Finalmente, em poucos anos, seria criado o órgão de regulação da competição que se estabelecia. Com base na Lei nº 9.478, de 1997, nascia assim a Agência Nacional do Petróleo (ANP).

[17] Uma interessante análise do discurso encontra-se em Barboza Filho (1995).

Mesmo para o setor de distribuição, que já se encontrava aberto à concorrência havia anos, outras medidas foram lançadas, como as alterações na regulamentação de compras com a criação, por exemplo, do Repetro – regime aduaneiro especial de exportação e importação de bens destinados à exploração e à produção de petróleo e de gás natural, com a finalidade de desonerar impostos federais. Tudo isso para aprofundar e salvaguardar o nível de concorrência transparente no país.

Tais mudanças não aconteceram sem novas polêmicas e ferrenhos debates econômicos e políticos. Enquanto um balanço definitivo encontra-se ainda em aberto, sobretudo devido aos problemas enfrentados pela companhia nos últimos anos, os sucessos alcançados no médio prazo foram mais promissores do que aqueles previstos nos cenários pessimistas.

Profunda conhecedora das bacias sedimentares brasileiras, a empresa teve grande vantagem na competição e conseguiu ótimos resultados no embate com as gigantes mundiais que, no mais das vezes, passaram a preferir estabelecer parcerias com a Petrobras. Um dos resultados mais claros foram aqueles advindos dos Programas de Inovação Tecnológica e Desenvolvimento Avançado em Águas Profundas e Ultraprofundas (os Procaps, inaugurados nos anos 1980 e examinados mais adiante) e a produção pré-sal.

O fim do monopólio acabou por estimular a empresa a apostar em novas estratégias e aumentar seus investimentos. Nesse contexto, por exemplo, a Petrobras passou a apostar em uma diversificação da matriz energética brasileira, com um aumento na produção de gás natural, uma forma de evitar os enormes riscos assumidos pelo país quando da crise de 2001 (conhecida como "apagão"). Houve também uma preocupação crescente com consumo mais consciente, em que a experiência com os biocombustíveis voltou a ganhar protagonismo, além do novo fôlego na internacionalização da Petrobras, tendo como uma das iniciativas mais emblemáticas a construção do gasoduto ligando Brasil e Bolívia.

Como mostra dessas novas dinâmicas desde o final da década de 1990, encontra-se um aumento exponencial de investimentos no setor, liderados pela companhia brasileira, que seguiu como empresa líder em virtude, sobretudo, de sua competência tecnológica na atuação em águas profundas. Esses esforços acabaram sendo coroados com a concretização de um histórico objetivo: a autossuficiência (volumétrica) de combustível, anunciada pela primeira vez em 2006, mas que se mostraria difícil de garantir ainda por muitos anos.

Uma definitiva boa notícia para a história do *offshore* no Brasil, na verdade, veio logo em seguida ao anúncio do primeiro momento de autossuficiência. O ano de 2007 acabou despontando como talvez outro dos mais simbólicos, como os de 1953 e 1968, em razão dos anúncios em torno das reservas ultraprofundas do pré-sal (Morais, 2015:165).

Os avanços, entretanto, não afastam os comentários críticos e os debates em torno das estratégias de economia política para o país e para a companhia. Diversas discussões têm sido lançadas publicamente com o intuito de avaliar os impactos da abertura de mercado sobre o *ethos* da empresa, para muitos, elemento intrínseco de suas operações e central em seu sucesso. O antigo diretor de exploração e produção Guilherme Estrella, por exemplo, faz os seguintes comentários sobre o tema:

> O nosso compromisso com o Brasil, eu vou falar uma coisa que é o meu sentimento, mudou um pouco depois da quebra do monopólio. Quer dizer, eu passei oito, nove anos aposentado, retornei... Eu me aposentei no Centro de Pesquisa ainda com o monopólio e retornei depois, já com o monopólio quebrado, a gente já nessa nova realidade... e esse compromisso com o desenvolvimento nacional estava atenuado. Na própria diretoria, enfrentamos alguns problemas. Estava atenuado. Quer dizer, o cunho empresarial, de empresa privada visando o lucro e uma empresa... Repito, eu estou constatando fatos, na minha visão... valores de uma empresa privada, eles prevaleciam na gestão da companhia.

Essas reflexões encontram eco na identificação das empresas estatais, e sobretudo na Petrobras, como pilares da história nacional ao funcionar não somente como ferramenta de vários governos na gestão político-econômica do país, mas sobretudo como indutores de desenvolvimento. A perenidade, ou mesmo ajustes, da missão pode, entretanto, atravessar a quebra de paradigmas, como no caso do monopólio. O antigo diretor de exploração e produção João Carlos De Luca lembra, nesse sentido, que o antigo regime teve sua importância, mas que mudanças de conjuntura demandaram reformas como as que foram feitas. Segundo ele, em depoimento, "a Petrobras cumpriu todo seu papel, mas acho que não dá mais para ter monopólio, operador único é prejudicial a ela".

O intangível e o desenvolvimentismo

Ainda que inúmeros atores políticos, acadêmicos e intelectuais venham, há muito, disputando o conceito de desenvolvimento, ao examinar a experiência da exploração e produção *offshore* no Brasil, o presente livro procura reconstituir a forma como importantes personalidades e processos de tomada de decisão dentro da indústria do petróleo nacional criaram suas próprias, e algumas vezes divergentes, definições e agiram para tornar concreta a missão da companhia de contribuir para o enriquecimento da sociedade.

Se um ponto comum emergiu nessas longas décadas que viram a busca por óleo sair das terras e ganhar o mar, foi o da consciência de que, apesar dos diversos caminhos, era vital alimentar a industrialização do país com abundante energia. Se tal energia pudesse vir das próprias riquezas brasileiras, de forma ainda mais segura existiram condições para viabilizar um projeto de desenvolvimento.

O relativo atraso do Brasil quanto aos processos tidos como modelo, em curso há longo tempo, na Europa ocidental e nos Estados Unidos, empresta uma singularidade à busca de um balanço da atuação das diversas estatais criadas entre os anos 1930 e 1950, em especial a Petrobras.

Diversas questões inspiradas no caso brasileiro têm respostas difíceis de alcançar. Quais seriam as chances de obter uma próspera economia de industrialização tardia? Quais seriam as chances de integrar cadeias de produção internacionais dominando processos de alto valor agregado? Quais seriam as chances de ultrapassar dependências econômico-financeiras com o estrangeiro, desenvolvendo espaços de soberania para o capitalismo nacional e contribuindo para a acumulação dos agentes privados nacionais? Quais as chances de a exploração e produção *offshore* passar da fase assimilacionista para a de desenvolvimento estratégico de tecnologia e, ao mesmo tempo, fazer o Brasil passar de importador a exportador de petróleo, gás e derivados?

No campo da teoria econômica e política, por exemplo, considera-se a geração de Raúl Prebisch como fundadora para o desenvolvimentismo na América Latina. Tentativas de resposta para os questionamentos acima expostos são oferecidas desde que as campanhas pelo petróleo ganharam as ruas no Brasil. Sem que uma ainda possa ser eleita como definitiva, mesmo porque a história da Petrobras é atravessada por correntes de pensamento muitas vezes contraditórias, uma narrativa unânime na explicação de seus sucessos e dos da exploração e produção *offshore* talvez seja possível de ser encontrada no aspecto humano, no *ethos* e no sentido de missão que sustentam a companhia.

Considerada essa perspectiva, novas questões podem ser colocadas. Que papel tem desempenhado o intangível? Para além das reservas e do maquinário, pode ele explicar como uma empresa nasce nos anos 1950 e, em poucas décadas, se coloca ao lado de outras gigantes que datam, muitas vezes, do século XIX? Por que a empresa, inicialmente de pequeno porte, não ficou permanentemente à mercê de fontes externas de conhecimento? Sobretudo, para os curiosos leitores destas linhas, pode o intangível oferecer lições ou exemplos?

Para a literatura especializada, tais núcleos diretores do "Estado empresário" moldam-se com uma dupla face, podendo ser expressa como na metáfora de Jano Bifronte, a estatal e a empresarial. Para Edelmira Contreras, essa natureza cria um ambiente único, em que dirigentes, na trajetória de crescimento da empresa, podem também se transformar em "um centro processador de decisões, articulando, agregando e intermediando – num complexo processo de negociação – interesses advindos de atores da esfera estatal, do governo, do setor privado nacional e do setor multinacional" (Contreras, 1994:14).

O projeto estratégico próprio da Petrobras, os recursos para ela mobilizados, a condição monopolística da companhia, a consolidação da transição da matriz energética mundial na segunda metade do século XX, a renovação contínua do nacional-desenvolvimentismo em associação com as inúmeras e cada vez mais diversas descobertas de novas reservas, tanto em terra como em mar, criaram condições para que a racionalidade econômica não fosse a única a imperar quando das tomadas de decisão estratégicas sobre exploração e produção.

Ao mesmo tempo, por se tratar de uma empresa em crescimento constante, com uma institucionalização vivendo com a mesma dinâmica e com uma altíssima demanda por quadros qualificados, tanto nas atividades-fim quanto nos trabalhos de gestão administrativa e de pesquisa, significativa parte da explicação dos resultados alcançados, sobretudo depois da descoberta de Guaricema, em 1968, não se encontra nas condições acima enumeradas, nem mesmo nos decretos-lei, nas sondas, nos navios petroleiros ou nas reservas a quilômetros de distância da lâmina d'água.

O intangível, que faz parte do sucesso da companhia e que também resume a história do desenvolvimento do país, encontra-se nas personagens que operaram e comandaram a companhia, em cada uma de suas decisões tomadas, sobretudo quando enfrentavam a falta de experiência ou o desconhecido das operações. A construção dos sucessos na Petrobras e na atividade *offshore* só é, assim, possível de ser entendida quando se identificam os meios pelos quais se superou a deficiência-chave de ambientes em desenvolvimento: os escassos recursos humanos capacitados e motivados.

Antes que uma reorganização nas relações entre o pessoal dos "poços" (do campo, trabalhando na exploração e produção), as equipes dos laboratórios e as gerências pudesse proporcionar novo salto de liderança, foram as pessoas reagindo ao imediato, utilizando o material e o imaterial de que dispunham, que criaram os primeiros pioneirismos da Petrobras no *offshore* mundial. Os testemunhos de agentes desse momento, entre os anos 1970 e 1980, apresentam-se como interessante forma de entender o processo em sua completude, para além das máquinas. Assim relata, por exemplo, Salim Armando:

> Começamos a produzir onde nunca ninguém tinha ido. Duzentos metros, 300, 400. Tudo isso era recorde mundial, um atrás do outro. Tem até uma historiazinha, com um diretor que eu admiro demais, doutor Orfila Lima dos Santos. Ele sempre me deu um apoio fabuloso. Eu acho que era meio maluco, também. Ou meio ousado. Ele chegou e disse:
>
> – Salim, você está propondo pôr esse poço em produção?
>
> Eu disse:
>
> – É, mas ele está a 400 metros de lâmina d'água, o máximo que nós chegamos foi 230.

– Quem já fez isso no mundo?

Eu disse:

– Doutor, olha, ninguém.

– Salim, não é melhor esperar os outros fazerem primeiro?

Eu disse:

– É só esperar. Só que nós vamos ter que esperar 15 a 20 anos.

– Por quê?

– Porque nós estamos na frente deles uns 15 anos, só isso. Se o senhor quiser, a gente espera 15 anos. Que é o [o tempo] que devemos estar na frente deles.

Ele foi e:

– Salim, vai em frente. Mas vai com cuidado.

Também Zephyrino Lavenère Machado Filho, engenheiro trabalhando com Armando na Bacia de Campos, faz seu relato:

Nós tivemos muita sorte. A maioria dos nossos projetos deu certo... Nós nunca tivemos um acidente, um problema maior em todos os nossos sistemas que nós instalamos. Isso foi uma coisa muito interessante, porque nós tínhamos uma filosofia de trabalho bem diferente: nós tínhamos sempre uma maneira de fazer se as coisas não dessem certo desse jeito, nós tínhamos um outro caminho. Sempre procurávamos abrir uma outra opção, nunca trabalhar, digamos: "Se aqui não der certo, não há como ser feito". Nós tínhamos sempre uma outra opção. Por exemplo, no caso das árvores de natal, nós tínhamos uns controles que nós usamos, controles sofisticados chamados controles eletro-hidráulicos, que gostaríamos que funcionassem, mas nunca funcionaram. Mas nós tínhamos um sistema mais simples, menos complexo, chamado válvula sequencial, que sempre funcionou. Não dava aquela facilidade de trabalho que daria o sistema eletro-hidráulico, mas funcionava. Então, se não podia funcionar com o eletro-hidráulico, nós utilizávamos a válvula sequencial e tínhamos uma maneira de botar em produção, de qualquer forma, o campo ou o poço. Então, sempre houve esse interesse em fazer alguma coisa extra, em sempre deixar uma alternativa válida e capaz de ser usada se fosse preciso. Isso nos ajudou muito. O aprendizado era ali e na hora. Sempre na hora. Primeiro, sentíamos bem o chão para dar o passo e depois é que dávamos o outro passo. Isso foi sempre assim. Uma característica desse nosso projeto foi essa.

Como detalhado mais adiante, um novo ponto desencadeador fundamental, após os sucessos das equipes de campo ao longo dos anos 1970, deu-se na década seguinte, tendo como um protagonista importante José Paulo Silveira, superintendente do Cenpes entre 1985 e 1989. Para o antigo diretor Guilherme Estrella, apesar de ter encontrado alguma resistência interna, Silveira apostou no diálogo para construir pontes mais sólidas entre o chamado pessoal de "poço", então carregando as láureas dos sucessos conquistados em Campos, e o grupo do "laboratório", conquista-chave para fazer da companhia uma imensa criadora de tecnologia estratégica.

Na verdade, os anos 1980 iniciavam-se tendo ainda como marca os engenheiros do Cenpes a trabalhar somente por encomendas vindas dos setores de operação. E de forma pontual e isolada. Ademais, como lembra Estrella, ainda não havia no mundo a competência para a exploração e produção em águas profundas que estava sendo ensaiada no Brasil. No novo contexto em que a companhia entrava, devido ao potencial crescente da Bacia de Campos, em que novos limites para exploração e produção deveriam ser vencidos, "visão estratégica" e o que Estrella chama de "visão tecnológica", além de ousadia, de acordo com Alfeu Valença, foram fundamentais para lançar a Petrobras para uma posição consolidada de liderança internacional.

Seria nesse contexto, por exemplo, criado o já mencionado Procap, a fim de viabilizar operações com óleo e gás em profundidades cada vez maiores. Tal iniciativa, de fato, criou novas e mais fluidas condições para o trabalho de equipes mistas e acelerou a evolução do conhecimento e da capacitação dos engenheiros permitindo que, em pouco tempo, segundo depoimento de Estrella, "eles já apresentassem, eles mesmos, inovações". Aquilo que para o antigo diretor aparecia como um resultado "natural" fora, na verdade, fruto de uma visão da companhia distinta daquela que se verifica em outras grandes do setor, que conjugavam, à época, muito menos esses mesmos recursos. Ainda para Estrella, até hoje a Petrobras conserva esse perfil, constituindo "uma vantagem competitiva absolutamente essencial". Carlos Tadeu da Costa Fraga, que atuou na gerência no Cenpes entre 2003 e 2012, reforça a ideia em seu testemunho:

> Na verdade, a indústria de petróleo e gás é uma indústria bastante complexa, tanto sob o ponto de vista geopolítico como sob o ponto de vista operacional, tecnológico, financeiro... de capital intensivo que lida com atividade de risco, risco físico. Você lida com produtos inflamáveis, poluentes, cargas elevadíssimas, como também risco empresarial. Você lida com a probabilidade de sucesso de realizar uma descoberta que demanda um investimento muito alto. Para que você possa ser bem-sucedido nesse tipo de negócio, você tem que contar com pessoas extremamente preparadas. Muito bem selecionadas e atualizadas tecnologicamente, empresarialmente, ao longo das suas carreiras. E tem que ser capaz de, mais do que desenvolver, conhecer as tecnologias que podem te permitir não só a viabilização dos projetos como a otimização desses projetos. Esse é um traço marcante na história da companhia [...]. Então, falando no capital humano e no capital tecnológico, esses são, certamente, dois fatores que diferenciam a Petrobras ao longo do tempo e que colaboraram para perenizar a companhia. Colaboraram, por exemplo, para que a companhia tenha um reconhecimento internacional amplo quanto à sua competência técnica e à capacidade de superar as barreiras tecnológicas que essa indústria apresenta. Combinação das pessoas adequadas e capazes de conhecer e se aprofundar nos temas técnicos que são fundamentais para a indústria. [...] E ela valoriza como comportamento... trabalho em equipe, comprometimento, superação e sabe, sabe claramente distinguir os bons comportamentos dos comportamentos inadequados. Esses laços são muito fortes ao longo de toda a história da companhia.

Outro aspecto constitutivo desse capital intangível da companhia brasileira revela-se através de um profundo conhecimento da realidade social e cultural em que a atividade se desenvolve, para além das condições econômico-financeiras mais imediatas. Trata-se, uma vez mais, da assunção de uma missão em nome da sociedade brasileira e de lançar mão das riquezas naturais e de seus traços culturais mais aptos na busca de soluções para os desafios do dia a dia. Esse elemento torna-se ainda mais central em uma indústria tão internacionalizada, competitiva e global como é a do petróleo. Assim testemunha Guilherme Estrella:

> Vou utilizar uma expressão absolutamente antiga [para ilustrar esse ponto]. Porque nós trabalhamos com o solo pátrio, quer dizer, aquela coisa que a gente pega... o pessoal da geologia, em geral, o geólogo é muito mais politizado, e ele desenvolve em grande parte essa coisa ligada ao seu chão... onde ele pisa. Numa companhia monopolista, claro que isso se intensificou, porque nós tínhamos no nosso ambiente de trabalho a realização disso. [...] Na geologia, o índice de sucesso na atividade exploratória é 1 para 10, 1 para 12. Então, o geólogo, ele tem que enfrentar melhor o insucesso, claro. Ele tem que ter uma postura, uma abordagem de tudo muito mais aberta, muito mais. Porque insucesso, para nós, não é um insucesso, ter um poço em que você obteve informações absolutamente preciosas para você melhorar o seu conhecimento científico sobre aquela área é um passo importantíssimo para você descobrir petróleo mais adiante.

Para além do *vestir a camisa* e da perfeita medida de sinergia entre o "poço", o "laboratório" e a "gerência", seria também preciso bem formar e dar condições para a criação e a engenhosidade daqueles perseguindo as reservas sob as águas da costa brasileira.

Ao contrário de atividades industriais em economias mais desenvolvidas, as capacidades brasileiras de produzir inovação estavam longe de serem presumidas ou significativas. O papel da própria Petrobras em estimular pesquisa tornava-se, assim, vital para tirar a companhia da posição de mera assimiladora e, portanto, dependente de conhecimento estrangeiro, enquanto a comunidade acadêmica e científica nacional encontra-se ainda em estágio de desenvolvimento perante seus pares no exterior.

Sobre essa questão, antes de serem analisadas as iniciativas lançadas a partir dos anos 1980, registros importantes emergem do contexto monopolístico em que a Petrobras operou até 1997, desfazendo a ilusão de que tudo operava em autarquia e de que não havia estímulos para o crescimento e a inovação.

De fato, apesar de um ambiente de ausência de competitividade, e para além de pressões econômicas e políticas, as transações comerciais, as relações logísticas e a necessidade de compra de tecnologia não produzida no país impulsionavam constantemente a companhia a se manter integrada à cadeia produtiva internacional. Já a circulação do conhecimento e a partilha de experiências tinham o Brasil como parte do jogo através de uma conexão possível graças aos homens e mulheres a serviço da Petrobras no exterior. O testemunho sobre a trajetória do antigo diretor Wagner Freire ilustra bem esse ponto:

> A indústria de petróleo está sujeita, portanto, a uma evolução tecnológica impressionante. E nós participamos disso. A indústria internacional é também, evidentemente, uma mola mestra desse negócio. Eu diria que um dos eventos mais significativos da indústria foi um seminário, ou um congresso, que houve em Mônaco em 1965. Em 1965, os países do Mar do Norte – Noruega, Reino Unido, Dinamarca, Holanda, Alemanha – chegaram a um acordo sobre como dividir suas fronteiras. Uma vez feita a divisão, entraram em um processo intenso de exploração. E o que é mais interessante é que [para além dos acordos políticos] foi também baseado em novas tecnologias. Porque, até então, a área *offshore* que tinha mais relevo era o Golfo do México, nos Estados Unidos. A partir dessa atividade no Mar do Norte, as companhias deram um salto de qualidade. [...] A forma de obter dado sísmico no mar através de um cabo chamado *streamer*... porque até então usavam-se duas coisas: um navio puxava um cabo no fundo do mar, parava, puxava de novo, parava e atirava uma carga de dinamite. Esse negócio todo desapareceu da noite para o dia. Deixou-se de usar dinamite no mar, para causar onda sísmica, e passou-se a usar *air gun*, que é uma explosão de ar dentro d'água. Ao mesmo tempo, começou um processo de digitalização. Inclusive, o projeto espacial americano, principalmente o americano, foi motor de toda essa coisa chamada digitalização, foi quando começaram a aparecer os computadores de grande porte. E, por acaso, eu diria, quase que por acaso, eu fui convidado pelo presidente da Petrobras para comparecer a esse congresso em Mônaco. [...] Foi um dos eventos mais importantes que eu já assisti, porque o debate era impressionante, e as companhias de petróleo começaram a buscar novas oportunidades para produzir petróleo. [...] Isso aí provocou uma revolução na indústria. Eu tive a sorte de participar desse congresso e procurar introduzir essas coisas no Brasil o mais rápido possível. E eu fiz isso. Nós tínhamos geofísicos de alta competência, geólogos de alta competência, e, assim, foi possível introduzir isso, rapidamente, aqui no Brasil.

Ainda sobre o período monopolístico e a circulação do capital humano, Adauto Pereira, tendo acumulado importante experiência internacional dentro da companhia, recorda em entrevista:

> Nós conseguimos chegar no *offshore*, a águas profundas, porque, no começo dos anos 1960, praticamente todos os engenheiros de petróleo e grande parte dos geólogos foram fazer mestrado ou doutorado no exterior. Esse foi o marco do conhecimento que é adquirido pela companhia para vencer esses desafios.

Finalmente, ainda para além do produto final de alta tecnologia, o desenvolvimento de pesquisa avançada dentro da companhia aperfeiçoa sua capacidade para eventualmente avaliar e negociar compras de equipamentos estrangeiros (Dantas e Bell, 2011:1571).

Nessa trajetória, o nacional se realiza também através do exógeno, que é devidamente filtrado e recriado pela sensibilidade local. O intangível, em seu diálogo e através de sua afinidade com o imaginário nacionalista, precisa, por vezes, ultrapassar as fronteiras brasileiras para se realizar. Esse é o tema que será abordado no próximo capítulo.

CAPÍTULO 2

O intangível para além das fronteiras nacionais: a trajetória da Braspetro e a internacionalização da Petrobras

As forças globais da economia e da política e os interesses brasileiros diante das novas fronteiras da exploração e produção de petróleo

Ainda que o fortalecimento do nacionalismo e do Estado-nação tenha sido uma das grandes marcas do século XX, as fronteiras políticas e econômicas nacionais seguiram insuficientes para definir e conter a totalidade dos processos sociais que essa época conheceu. No novo milênio, advoga-se mesmo que a humanidade teria entrado em uma fase de relativização geral dos "fatos nacionais" (Frank, 2012), ou seja, haveria agora uma pluralidade dominante de dinâmicas e relações entre diferentes culturas e sociedades, independentemente de determinada ou construída ideia de nação ou de traçado de fronteira política. Nesse contexto, tanto a capacidade de tradução global de eventos locais quanto a articulação transnacional de atividades econômicas passam a constituir marcas de destaque ainda maior, o que demanda novas ferramentas de macroanálise para alcançar a complexidade de eventos de grande escala.[18]

Para além de uma inegável revolução quanto à noção de limites espaço-temporais, novos temas (como o papel das multinacionais, das cadeias produtivas multipolares, de um sistema financeiro integrado globalmente ou da proteção ao meio ambiente) fazem com que o enten-

---

[18] Assim como já defenderam autores como Giovanni Arrighi (*O longo século XX*), Antonio Negri (*Império*) ou Immanuel Wallerstein (*The modern world-system*, v. 1-3).

dimento de decisões tomadas no âmbito político e econômico brasileiros se enriqueçam quando a unidade de análise do historiador, do economista e do cientista político não se restringe ao quadro nacional. Neste capítulo, as reflexões avançadas buscam justamente contribuir para uma melhor compreensão do grau de influência do contexto internacional e transnacional sobre decisões, práticas e processos que levaram a Petrobras a tornar-se uma líder global, e o Brasil, pioneiro na exploração de águas ultraprofundas.

Na verdade, o desafio ou a minimização das fronteiras nacionais parece ter estado presente desde a gênese da indústria petrolífera no globo, ainda no século XIX, dadas as distâncias entre os meios financiadores, os consumidores e os produtores de derivados de petróleo, sem mencionar as reservas da matéria-prima, cujas descobertas ininterruptas por todos os continentes têm contribuído para moldar cooperações ou provocar conflitos.

Finalmente, considerando a ainda incipiente literatura sobre o tema,[19] este capítulo se propõe identificar e encontrar conexões entre eventos tidos, muitas vezes, como exclusivamente internacionais, mas, na realidade, influenciando dinâmicas brasileiras e sendo transformado por elas. De certa forma, arrisca-se um exercício inicial de construção de uma história global da companhia e da exploração *offshore*, que certamente ainda merecerá diversos outros estudos.

O mundo pós-Grande Depressão: entre retomada e inauguração de projetos de industrialização

Os anos que se seguiriam ao epílogo da I Guerra, apesar de certo otimismo reinante nos anos 1920 no eixo Atlântico norte através da Pax Americana e da implementação de um fluxo contínuo de investimentos fluindo entre os antigos beligerantes (Cohrs, 2006), não somente trariam ao mundo um novo momento de instabilidade, mas iniciariam um

[19] Para além da produção institucional, como o livro *O tatu saiu da toca: histórias da internacionalização da Petrobras* (Petrobras, 2007), há menção esparsa sobre a internacionalização da Petrobras e sobre o mercado mundial *offshore* em obras como Goldstein (2010) e Shenkar e Luo (2007).

período de recessão econômica culminando com uma piora na grande maioria dos indicadores sociais no Ocidente, fenômeno ainda lembrado como a "Grande Depressão".

Os Estados soberanos de então, abalados por contínuas disputas no plano geopolítico, passaram a perseguir, com prioridade e urgência, planos que saneassem as recessões abruptas que estavam vivenciando. Frente a essas exigências, imerso em um novo ambiente político em que a economia ganhava proeminência e inspirado pelas teorias keynesianas, o presidente norte-americano Franklin Roosevelt lança o conhecido New Deal. Diante das pressões causadas pelas crescentes taxas de desemprego, seus planos previam uma reforma profunda nas instituições norte-americanas e no papel do Estado na organização da vida econômica e social. Tratava-se de uma experiência inspiradora, de forte simbolismo e portadora de importante legitimidade a propostas antiliberalizantes de gestão da economia (Reischauer e Aaron, 1998:5), ainda que o cenário de crise generalizada, para além das fronteiras norte-americanas, fosse apenas se agravar quando da deflagração da II Guerra Mundial (Reischauer e Aaron, 1998:12).

Esses turbulentos anos não deixariam de afetar a emergente indústria mundial de energia. O petróleo, que ganhava cada vez mais fatias no mercado de combustíveis e derivados, conhecia grande volatilidade em seu preço internacional, afetando planos de investimento e de desenvolvimento por todo o globo. Ao longo da década de 1930, o avanço do militarismo na Ásia e do fascismo na Europa, além de novas tensões em torno de interesses espalhados pelo globo, como os representados pelo Império britânico e pelos Estados Unidos, acabou diretamente ligado ao suprimento de petróleo para uma eventual, mas cada vez mais provável, guerra. Ademais, para além do impacto das sucessivas crises políticas, econômicas e de segurança, diversas descobertas de jazidas nos Estados Unidos, no Oriente Médio e na Rússia aumentavam a oferta de óleo e a instabilidade de seus valores (Yergin, 1991:259).

Considerando que um novo conflito de larga escala poderia afetar de forma direta, abrupta e por tempo indeterminado a matriz energética cada vez mais imperante, diversos Estados prepararam medidas para garantir seu abastecimento. Somente considerando os efeitos da crise de 1929 aliados a um horizonte internacional distante da estabilidade é que se podem entender, por exemplo, as diversas medidas reguladoras das atividades de exploração, de produção e de comercialização de petróleo que a América do Norte conheceu nesses anos (Yergin, 1991:376).

Apesar de tais regulações terem se provado vitais durante a II Guerra Mundial, permitindo que os mercados internos dos principais produtores seguissem bem abastecidos durante os combates, as amarras por eles causadas e a consequente interdependência revelavam-se como fraquezas a serem remediadas em tempos de paz (Yergin, 1991:390).

De fato, o mundo pós-1945 não conheceria uma fácil transição para a estabilidade e a prosperidade. Ao contrário, o momento de reconstrução que se seguiu foi marcado por uma tendência à austeridade econômica, ocorrendo de forma notória na Europa, mas que conheceu também crises sociais no hoje chamado sul global, como a série de protestos e greves que ganhou o Brasil em meados de 1946 (Costa, 1995), ou a falta de mantimentos na Ásia nos anos seguintes (Cullather, 2010). O choque da reconversão das economias de guerra abalava a retomada ou o lançamento de projetos de industrialização em geral, afetando claramente o mercado de óleo, em particular.

Nesse cenário de paralisia, fizeram-se especialmente sentir os efeitos colaterais da Guerra Fria, tão centrada na rivalidade entre dois modelos de modernidade e progresso quanto na oposição geoestratégica entre Washington e Moscou. A eles somou-se um processo acelerado de urbanização em diversos países do sul global, como o Brasil, o que determinaria a nova fase de crescimento econômico. Inauguravam-se, a partir dos anos 1950, os "anos gloriosos" (Judt, 2007) nos Estados Unidos e na Europa, e o desenvolvimentismo na América Latina.

As economias ocidentais transformavam-se nos mercados mais competitivos e demandantes de energia do mundo, sobretudo aquelas no referido eixo Atlântico norte (Yergin, 1991:567). A retomada do crescimento, entretanto, caracterizava-se como um movimento complexo e longe de ter, em suas fileiras e de forma hegemônica, o livre mercado ou princípios liberais de gestão.

A realidade da economia brasileira e de suas indústrias de base e de energia nos anos 1950, já mencionada, não seria condicionada exclusivamente por dinâmicas internas ao país. O modelo majoritário de gestão do pós-guerra, baseado em forte agência estatal, na indução de investimentos por meio de barreiras tarifárias sobre as importações e financiamentos subsidiados para determinados setores da indústria, além de melhoramentos nas infraestruturas com financiamento público, estava sendo implementado em lugares tão distantes do Brasil quanto Japão e, posteriormente, Coreia do Sul e Taiwan (Ioris, 2014:51).

Ademais, ainda que um intenso debate intelectual entre diferentes escolas de pensamento econômico existisse naqueles anos (Ioris e Ioris, 2013) (apesar da retração da participação pública de correntes mais progressistas ou de esquerda),[20] uma onda de "responsabilidade nacional" levou à implementação de medidas buscando preservar o interesse interno dentro de uma tônica conservadora em diversos países.

Tomando em consideração o contexto internacional, no respaldo de manobras de intervenção do poder público propugnadas pelo economista britânico John M. Keynes, a década de 1950 seria marcada pela forte agência estatal, inclusive quando a internacionalização das atividades de mercado público e privado estava eventualmente na ordem do dia (Badel, 2010). Foi essa uma época em que alguns dos grupos-chave do setor produtivo e de base foram nacionalizados em diversos países, enquanto outros instrumentalizaram o aparelho estatal para se lançar no estrangeiro, independentemente da orientação política imperando nos governos (Moffitt, 1984).

Apesar do *momentum* global de aceleração ou busca por industrialização e desenvolvimento, os resultados foram, sem surpresa, condicionados pela forma como cada sociedade assimilou, adaptou e transformou modelos de referência de acordo com a cultura local. O caso brasileiro, com a criação da Petrobras e, posteriormente, com a ambição lançada sobre as águas costeiras, constituiria um exemplo notório dos possíveis resultados de um contexto tão conturbado. Para além da efervescência de ideias e práticas internacionais adentrando o país, é preciso lembrar as já mencionadas preocupações geoestratégicas das Forças Armadas brasileiras, da campanha pelo petróleo, de pressões populares pela consolidação, respeito e expansão de direitos sociais, dos novos contornos do nacionalismo e da renovação do conservadorismo no Brasil.

[20] Segundo James Patterson (1997:11-12), para além da Guerra Fria, os resultados da Guerra da Coreia e da Revolução Húngara teriam sido determinantes no ritmo dessa retração no Ocidente.

Ademais, assim como o país inscrevia-se em um movimento de maior amplitude nas décadas do pós-guerra, sofreria também com as crises internacionais dos anos 1970, com o esgotamento dos modelos adotados (Reischauer, 1998:65-70) e com o ressurgimento das críticas liberais da década de 1980 à forte presença do Estado na economia, como através da Escola de Chicago e das lições de Friedrich van Hayek (Helleiner, 1996:178).

Nas duas últimas décadas da Guerra Fria e na esteira dos choques do petróleo, o país conheceu o colapso de um desenvolvimentismo renovado pelo regime militar, com graves repercussões sobre a balança de pagamentos, culminando com uma moratória internacional e a disparada da inflação. Enquanto desenfreadas reformas liberalizantes veriam a luz do dia somente na década de 1990, o investimento na exploração e produção *offshore* ganhava preferência e, na mão contrária da indústria mundial, ganhava vulto e despontava como esperança em preservar de forma sustentável as contas externas do país.

Como lembra em depoimento José Miranda Formigli Filho, antigo diretor de exploração e produção da Petrobras, sobre tal período, que coincidiu com seu início de carreira:

> Eu acho que ela [Petrobras] foi muito braço e cérebro em alguns momentos do governo. [...] naquela época, é verdade, havia essa ambiência de dar uma diminuída nesse impulso econômico, mas tinha um fator crítico para o país, que era a balança de pagamentos, e que a Petrobras, por conta do peso do petróleo nesse déficit de balança de pagamentos que o país enfrentava, tinha uma missão clara: depois daquele período 1960-1970... aliás, eu diria de 1950 a 1960, de implantação do refino, para diminuir a nossa dependência de derivados, passar para diminuir nossa dependência de importação de petróleo. E esse drive, essa tração nas quatro rodas, ela contaminava os empregados de tal maneira que a gente tinha uma aceleração diferente da aceleração do resto do país, por conta da economia em estagnação.

Uma vez mais, não somente as urgências materiais e a missão histórica da companhia emergiam na direção das atividades, mas uma força dos colaboradores, do intangível, que Formigli chama de "tração nas quatro rodas" e de "aceleração diferente".

Levar em conta essa multiplicidade de variáveis é fundamental não somente para entender os sucessos em terra e mar da exploração e produção em território nacional, mas também a experiência fora das fronteiras do país.

A Braspetro, materialização concreta desse processo como braço internacional da Petrobras, apresenta-se, então, como estudo incontornável e que será aqui examinado. Sua missão também era dual, como havia sido a gênese e a evolução da controladora: contribuir direta e indiretamente para a industrialização do Brasil, ou seja, tanto controlar e, quando possível, reduzir a dependência em relação ao mercado externo de energia quanto expandir os conhecimentos que o país detinha até então nessa indústria. A decisão pela sua criação veio do então presidente da companhia, o general Ernesto Geisel, em 1972, quando o Brasil ainda se encontrava marcado por um sistema de abastecimento baseado no refino de óleo importado (Petrobras, 2007:17).

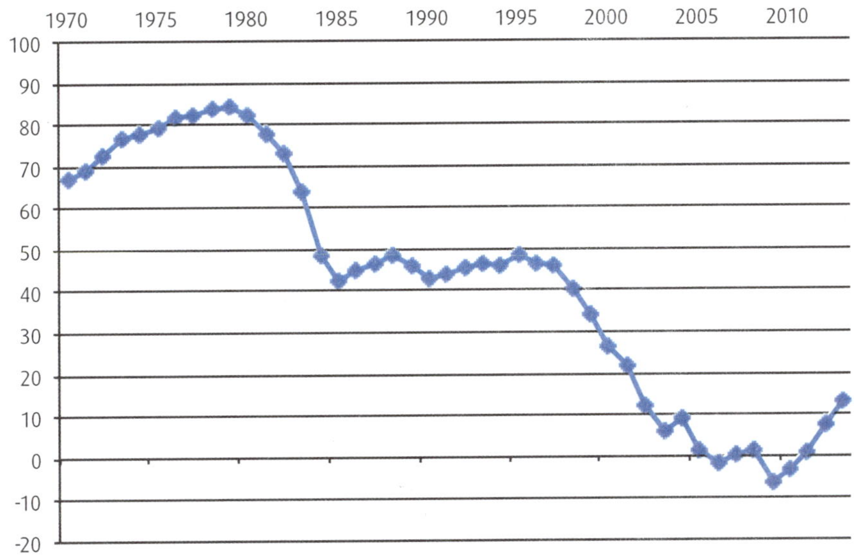

Gráfico 2 | Dependência externa de petróleo: 1970-2013

Iniciava-se um processo que, para Geisel, ambicionava claramente aumentar a segurança do abastecimento do país:

JORNAL DO COMMERCIO — MANAUS — Quarta-Feira, 1.º de Setembro de 1976

Seringais na Amazônia

Documentação rara, completa e em perfeita ordem, dispondo, inclusive, de minuciosa planta da área.

Preço a combinar.

Tratar com o Sr. Castello Branco, residente à rua Barta Ribeiro 658 ap. 502 — Copacabana — Rio Tel. 243-7075 (trabalho) e 256-2105 (residência).

ESTADO DO AMAZONAS
SECRETARIA DE ESTADO DE SAÚDE

— AVISO —

EDITAIS DE TOMADAS DE PREÇOS N.os 36 e 37/76.

A COMISSÃO DE LICITAÇÃO da Secretaria de Estado e Saúde, comunica aos interessados que nos dias 09 e 10 de setembro de 1976, respectivamente às 10:00 horas, em sua sede no Edifício Tartaruga à Praça Adalberto Vale, n.º 18, serão abertas propostas relativas as Tomadas de Preços n.º 36 e 37/76, referentes a Medicamentos, Material Cirúrgico, Químico, Farmacêutico, Material Permanente e Consumo, destinados a Maternidade Ana Nery e Coordenadoria de Assistência Hospitalar.

Os Editais completos e demais informações, poderão ser obtidos no Núcleo Setorial de Material.

JOÃO SANTIAGO DE ALMEIDA FILHO
Agente de Material — Responsável

VISTO:

JOSÉ ROGÉRIO CORDEIRO ANTONY
Diretor da Divisão de Administração

ANDRADE SANTOS & CIA. LTDA

Rua Marechal Deodoro, 32/40
Telefones: 32-3076 e 32-3160
Endereço Telegrafico AVANTE

ARTIGOS SANITARIOS — MATERIAIS ELETRICOS — TINTAS YPIRANGA — MATERIAIS DE CAÇA E PESCA — ARTIGOS PARA PRESENTE — CUTELARIA — MUNIÇÕES — FERRAGENS EM GERAL

J. A. CASTRO & CIA.

SAL — WHITECAL — CIMENTO COMUM E BRANCO — CERAMICA VERMELHA E ESMALTADA — SACOS DE PAPEL E POLIETILENO — TANQUES — TELHAS E CAIXAS DE DESCARGAS DE CIMENTO AMIANTO.

Porto & Comércio

Descoberta no Iraque

A descoberta de petróleo na área de Basrah, Iraque, com produção de 4.000 b/d testado no poço Majnoon, anunciada recentemente pela Petrobrás, está situada numa das três áreas onde a Braspetro opera sob a modalidade de contrato de serviço com a empresa estatal daquele país — Iraq National Oil Company — INOC.

As outras áreas são Ali Gharbi e Baghdad — Falluja, que, juntas com a primeira, totalizam 7.600 km2 de extensão.

O contrato firmado entre a Braspetro e a INOC provê um período de 7 anos para exploração e de 20 para produção. Toda a produção de óleo pertence à companhia estatal iraquiana, garantindo-se à Braspetro a aquisição de certo percentual do volume de petróleo obtido a preço favorecido e de um aporte a preço de mercado.

O contrato estipula, ainda, que na fase de exploração onde a Braspetro é a operadora, os investimentos são de responsabilidade da empresa brasileira e serão considerados empréstimos se houver descoberta comercial.

A descoberta no Iraque (poço Majnoon) ocorreu entre as profundidades de 2.108 e 2.136 metros. A perfuração prossegue e já se prevê encontrar novos intervalos com possibilidades promissoras de acumulação de óleo.

Esta é a terceira descoberta da Braspetro no exterior verificada este ano: a primeira, de gás ocorreu no Deserto Ocidental do Egito, a 250 km a sudoeste de Cairo e a segunda na Argélia (área Chott Melrhir), Bacia Sudeste de Constantine, nos Saara argelino, revelando produção de .... 3.465 barris de óleo por dia. Na Colômbia a Braspetro já exerce atividade de produção. Somente no primeiro semestre a empresa brasileira produziu, naquele País (região do Alto Magdalena), cerca de 216.462m3 .... (1.363.710 barris) com a média diária de 7 mil barris.

PRODUCÃO DE DERIVADOS

As refinarias da Petrobrás produziram mais 9,5% de derivados no primeiro semestre deste ano em comparação com o mesmo período de 1975, passando de 163.911 mil barris para 174.936 mil barris.

"BARÃO DE JACEGUA" ZARPA HOJE

Entre os navios que operam no porto de Manaus, podemos notar a presença do cargueiro "BARÃO DE JACEGUA", operando em embarque de carga geral, devendo zarpar hoje com destino ao sul do país.

Este navio fará parada em Belém, para embarque de cerca de 500 toneladas de produtos regionais, em seguida prosseguirá viagem sem previsão de regresso a capital baré. Segundo fontes da agencia maritima Verameur, o navio "MANSUR ... MÃO", que possui as mesmas caracteristicas do "JACEGUA", está sendo esperado em nosso porto, trazendo carga geral e ainda 70 mil sacos de cimento para incrementar as construções civis.

Arroz da Transamazônica já está embarcando

FEPASA COLICA EM TRAFEGO 155 VAGÕES GRANELEIROS

SÃO PAULO — Devido a excepcional safra agrícola de 76, em todo o Estado de São Paulo, o Governador Paulo Egydio Martins determinou o reequipamento da FEPASA — Ferrovia Paulista S. A. — que já liberou ao tráfego, em caráter de urgência, 155 dos 230 vagões graneleiros, adquiridos na Alemanha Ocidental, para atender à grande demanda de transporte.

Os vagões graneleiros, do tipo FAD — se caracterizar por permitir descarga lateral e possuem teto móvel e revestimento anticorrosivo — foram montados e pintados na fábrica Santa Matilde, localizada na cidade fluminense de Três Rios. Os outros vagões, do tipo Hobies, cobertos e com laterais corrediças, ainda estão na linha de montagem brasileira e deverão ser postos em circulação até o fim do ano.

Os primeiros vagões FAD entraram em fase de testes no ... semestre desse ano, nas linhas da .... FEPASA. Além de se mostrarem adequados ao transporte de cereais, as unidades de tráfego serão utilizadas também para movimentar cargas de cimento a granel e em sacos, gesso, clinquer, enxôfre e mono-amônia, quando estiver concluído o ramal Juquiá-Cajati, no Vale do Ribeira.

Adquiridos na Alemanha, através de crédito de 100 milhões de cruzeiros do "Kreditanstalt Fur" Wiederaubfau" — Instituto de Crédito para a Reconstrução — os vagões foram transportados para o Brasil pela Lloydbrati. Para não congestionar a linha de montagem da fábrica, chegaram, gradativamente, e os demais deverão ser desembarcados no porto do Rio de Janeiro, nos dois próximos meses.

JONASA

JOAQUIM FONSECA, NAVEGAÇÃO, INDÚSTRIA E COMERCIO S/A.

PROGRAMAÇÃO DE NAVIOS

Barco Pesqueiro Apreendido Nas Águas Japonesas

SEUL — Canhoneiros da Coréia do Norte dispararam contra um pesqueiro sul-coreano, apreendendo-o em seguida depois que a embarcação aparentemente se perdeu, entrando em suas águas territórias, no mar do Japão, mas os dois lados não deram grande importancia ao incidente.

O comunicado sul-coreano sobre a apreensão da conta de que os comunistas dipararam contra o pesqueiro. Mas não especificou se algum elmento da tripulação de 23 membros foi morto ou ferido. O Governo de Seul declarou que o barco aparentemente se perdeu, adentrando em águas norte-coreanas, em meio forte nebleno.

Numa nota incomumente suave, a Coréia do Norte afirmou apenas que "uma embarcação não indetificada foi detida após se ter recusado a se identificar ou abandonar a área".

A preensão ocorreu na véspera de uma reunião da Comissão Militar Coreana de Armistício, para discutir um meio de reduzir a tensão provocada pela morte, no último dia 18, de dois oficiais do Exercito norte-americano por guardas norte-coreano na aldeia de Pan Mun Jon.

PROGRAMAÇÃO DA FROTAMA ..

O navio "Solimões" da Frota Amazon... s/A, dentro de sua programação, suspendeu âncora do porto de Belém no último sabádo com destino a portos europeus, conduzindo grande carregamento de madeira, pimenta e castanha, recebidos em diversos portos da região. Outro navio desta emprêsa, o "Tocantins", já se encontra operando na capital paraense no serviço de carga para portos da América Inclusive Recebendo peixe Fiburticados, com saida prevista para amanhã do porto de Belém, às 03,00 horas.

No porto de nosso Manaus encontra-se o "Tapajós" descarregando uma grande quantidade de carga em diversos tipos variados para o abastecimento do nosso mercado. Sua saida está prevista para amanhã rumo os seguintes portos: Óbidos, Santarém, portos das ilhas e Belém para carregar, enquanto que ontem ao meio dia atracou, também na capital baré o cargueiro "Santo Amaro" que entre outros tipos de cargas traxe 1.000 toneladas de sulfato de sódio, para industria local.

Transporte em Container

O uso de container veio beneficiar a cabotagem para a Zona Franca. Hoje circulam entre Rio/Santos-Manaus, cerca de 320 cofres de aço desta natureza.

O contanier veio, inclusive, beneficiar a indústria local, que passam a remeter as suas mercadorias (televisores em geral, bicicletas, detergentes e etc.) Os gêneros alimenticios são bem transportados e alguns dos muitos tipos de carga que vem sendo acondicionadas nos containeres da NORTEMAR.

Devido as facilidades de manuseio tanto no porto de origem como no destino, o custo do frete sofre uma boa redução, hoje para o retorno de mercadorias produzidas na Zona Franca, também, conta-se com um frete mais baixo, que vem poupar as nossas divisas estaduais

NORTEMAR COM 320 CONTAINERS

O uso do containers veio não só para transportar, mais para beneficiar o transporte de cabotagem para a Zona Franca. Hoje circulam entre Rio/mão.Santos-Manaus, cerca de 320 containers. Estes cofres de aço veio, inclusive beneficiar a indústria local ...

Figura 15 | Notícias sobre perfurações da Braspetro no Iraque em 1976

> As medidas preliminares em curso para estender a atuação da Petrobras ao exterior se dirigem notadamente ao setor de exploração e produção de óleo cru, com base no exame de áreas favoráveis, quanto à sua geologia e localização geográfica, e tendo em conta, também, a potencialidade de nosso mercado consumidor. Assim, sem deixar de considerar a real possibilidade do desenvolvimento de nossa produção no próprio País, em nossos campos, particularmente na plataforma submarina e com os resultados que podem ser propiciados pelo aproveitamento do xisto betuminoso, procura a Empresa aumentar a segurança de nosso abastecimento, dispondo de outras fontes próprias no exterior. Por outro lado, esses empreendimentos, além de serem financeiramente lucrativos, serão excelente campo para o aprimoramento técnico e administrativo da Empresa [Petrobras, 2007:18].

Energia e mercado entre o final da Guerra Fria e a emergência de uma nova ordem internacional

Enquanto a Grande Depressão e a II Guerra marcaram o ritmo e a forma da industrialização da segunda metade do século XX e confirmaram a transição da matriz energética mundial para o petróleo, o fim da Guerra Fria e a emergência de grupos como os não alinhados ou a Organização dos Países Exportadores de Petróleo (Opep) marcariam, por sua vez, o clamor pelo declínio do Estado, a gestão dos choques petrolíferos, a multipolarização do sistema internacional e a transposição das barreiras mais inacessíveis até então conhecidas e ligadas à exploração e produção dos hidrocarbonetos.

O Brasil, por seu turno, deparava-se com sérios dilemas quanto à posição política e econômica que pretendia ocupar no mundo. Se, de um lado, o choque do petróleo era combatido com investimentos em exploração e produção (E&P) *offshore* e diversificação da matriz energética para diminuir a dependência externa, um total não alinhamento pareceu sempre distante das tomadas de decisão, ao menos quanto à questão energética. O regime militar, apesar de ter ensaiado uma contestação às ingerências sobre a agenda nacional, patrocinadas por interesses se cruzando em Washington, acabou por adotar novo alinhamento entre os dois países (Vizentini, 2004).

Treinamento, suprimento técnico e maquinário continuavam vindo do bloco liderado pelos Estados Unidos. Mesmo durante o programa Pró-Álcool, a relação de proximidade bilateral para suprir demanda por tecnologias, e até mesmo de etanol, seguia sendo a regra. O antigo diretor Wagner Freire testemunha sobre tais propósitos:

> Eu estou lembrado, eu fui responsável pela compra do primeiro grande supercomputador que veio aqui para o Brasil. O que era um supercomputador? O supercomputador era usado nos sistemas espaciais americanos para lançamento de satélites. Então, havia um acordo dos Estados Unidos dizendo o seguinte: não, não, não! Vocês não podem comprar um supercomputador sem que o governo americano tenha um representante independente e credenciado para dizer que vocês não estão fazendo armas nucleares. Hoje em dia, isso parece brincadeira, mas ocorreu na ocasião. Enfim, nós compramos um supercomputador, para processar dados sísmicos.[21]

Ao falar sobre treinamento e intercâmbio com o exterior, em especial com os Estados Unidos, e sobre o que representou para a companhia atuar fora do Brasil, o mesmo Wagner Freire lembra:

> Nos Estados Unidos, a pessoa está em um mercado competitivo, então ela tem uma noção – além de entender de geologia ou de geofísica, ela tem uma noção de que ela tem que ser melhor que as outras. Para começo de conversa, o pessoal profissional da Petrobras, da área do *upstream*, ia estudar, mestrado e doutorado, nos Estados Unidos, ou na Inglaterra, ou na França. Mas a maioria ia para os Estados Unidos. Então você voltava aqui culturalmente bem preparado para o desenvolvimento da indústria. A pergunta é: e a inovação da companhia, existia? Talvez. Eu diria o seguinte. Na medida que você começa a aplicar esses elementos básicos, você sempre inova uma coisa e outra. Mas o objetivo básico para inovação é a competição. É um cara que está fazendo,

[21] Sobre o regime nuclear internacional e as questões relacionadas a essas referidas restrições vindas do governo dos Estados Unidos, consultar a tese de doutorado de Carlo Patti (2012), bem como a obra de Carlo Patti e os trabalhos de pesquisa liderados por Matias Spektor no Centro de Relações Internacionais da FGV (como o projeto Brasil e Argentina na Ordem Nuclear Global). Disponíveis em: <http://ri.fgv.br/pesquisa/brasil-e-argentina-na-ordem-nuclear-global/apresentacao>. Acesso em: 31 out. 2015.

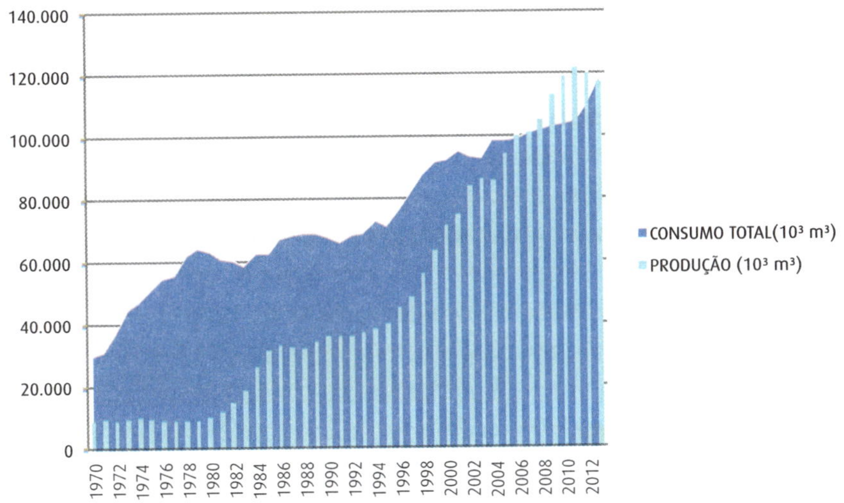

Gráfico 3 | Produção e consumo no Brasil: 1970-2012

do lado ali, uma coisa parecida com a sua e faz melhor que você. Foi essa cultura que, de algum modo, foi trazida para a Petrobras e absorvida por ela. Note bem. A Petrobras tinha uma atividade no exterior. E, nessa atividade, ela estava em confronto com as outras companhias de petróleo, então ela estava aprendendo, e ensinando também. Porque o pessoal da Petrobras tinha um certo prestígio. Quer dizer, eram pessoas com um bom *background* técnico e usando as melhores tecnologias, elas sabem tanto quanto um cara da BP... Então, eu penso que foi isso que provocou um certo, digamos assim, desenvolvimento da Petrobras, essa presença – volto a dizer – essa presença no exterior.

Ainda segundo Freire, a indústria de petróleo está sujeita "a uma evolução tecnológica impressionante". "E nós participamos disso", diz ele, afirmando que "a indústria internacional, evidentemente, é a mola mestra desse negócio". Um rápido balanço das operações das últimas décadas indica, na verdade, que estar internacionalmente integrada a uma indústria de escala planetária, ainda que operando nacionalmente dentro de um regime de monopólio, revelou-se vital para que as atividades *offshore* da Petrobras pudessem evoluir e chegar, hoje, à conquista de prêmios como o Distinguished Achievement Award for Companies,

Organizations, and Institutions, na Offshore Technology Conference (OTC) 2015, em reconhecimento ao conjunto de tecnologias desenvolvidas para a produção da camada pré-sal (Petrobras, 2015). O ambiente submarino inóspito, que hoje não causa mais temor à exploração e produção *offshore* brasileira, formava, em outros tempos, um conjunto de desafios que a Petrobras e sua operadora internacional, a Braspetro, conheciam de perto antes mesmo de o mar ter ganhado prioridade na E&P brasileiras. Os brasileiros aprenderam muito, por exemplo, com os avanços da indústria no Mar do Norte entre os anos 1960 e 1970, ainda que lá presentes como não operadores (Petrobras, 2007:15-16).

Wagner Freire, com longa experiência internacional no currículo, acompanhou de perto também esse processo e recorda:

> O Mar do Norte era uma área extremamente inóspita. Para se ter uma ideia, mesmo quando se iniciaram as atividades de perfuração, no inverno, não se perfurava, porque era impraticável. E as águas do Mar do Norte não são muito profundas – 100 metros, 50 metros, 200 metros. A diferença em relação ao Golfo do México é que, nessa última região, as águas eram tranquilas; a profundidade era mais ou menos a mesma, mas as águas eram tranquilas; enquanto que, no Mar do Norte, a agitação era muito grande. Isso provocou uma revolução na indústria.

Figura 16 | Plataforma da Braspetro produzindo gás no Golfo do México em 1989

Freire completa seu relato mencionando que, quando chegou a hora do *offshore* brasileiro e de aplicar o conhecimento acumulado lá fora, "nós tínhamos geofísicos de alta competência, geólogos de alta competência e, realmente, conseguiu-se introduzir isso rapidamente aqui". As poucas centenas de metros da lâmina d'água do Mar do Norte eram, até os anos 1970 e até os primeiros passos da Petrobras na costa brasileira, o que se considerava como águas profundas no mundo, lembra o antigo diretor José Formigli Filho. A grande façanha da companhia, ainda segundo Formigli, foi conseguir simultaneamente dois importantes resultados: (a) chegar a um curto espaço de tempo entre descobertas e a produção de óleo; e (b) impor (vencendo) uma nova definição de águas profundas, como com Marlim e Albacora, aos mil metros, em seguida com Roncador, próximo dos 2 mil metros, e agora com as camadas do pré-sal onde, além dos 2 mil metros da lâmina d'água, é preciso vencer às vezes 5 ou 6 mil metros de subsolo ao mesmo tempo.

Enquanto se desenrolavam as últimas tensões geopolíticas envolvendo a Guerra Fria, com um claro fortalecimento do bloco ocidental, as acima mencionadas conquistas passavam a ser colecionadas ano após ano. Os avanços vinham graças aos esforços internos, mas também em razão da experiência e do intercâmbio internacionais em todos os seus aspectos. Sobre a sociedade que se construía no Brasil e para a qual buscava-se incessantemente prover energia, viveu-se, no país da segunda metade do século XX, um momento particular para aquelas elites políticas fortemente atraídas pelos centros do eixo norte-atlântico e preocupadas com a redefinição dos regimes representativos em sociedades em plena urbanização e progressivo crescimento do consumo de massa (Bastos e Britto, 2010:34).

Projetos para alavancar o desenvolvimento foram acompanhados e legitimados, mas muitas vezes também combatidos, por um vasto arcabouço teórico, simbolizado por vários, e muito diversos, receituários, como as visões estruturalistas da economia mundial, ou as reflexões expostas no manifesto de Walt Rostow[22] e nas teorias endógenas cepalinas

---

22 Rostow (1971) propôs uma teoria distinguindo cinco etapas para que uma sociedade tradicional chegasse ao desenvolvimento e à industrialização plenos: a sociedade tradicional, a etapa em que se reúnem as condições para o desenvolvimento, a etapa do início do desenvolvimento, a etapa da maturação e a era da sociedade em consumo em massa.

que se seguiriam (Bastos e Britto, 2010:12; Slater, 2004:62). Apesar da proximidade brasileira com a potência americana e das raras relações com o bloco soviético, a região e as companhias nacionais não puderam evitar os efeitos da construção de uma rivalidade Leste-Oeste também nos projetos de desenvolvimento, de forma geral, e nas motivações que levaram à fundação e ao desenvolvimento da Petrobras, em particular (Escobar, 1995:34).

No mundo que imediatamente sucedeu aquele dos choques de petróleo, e que entrava na última década das tensões da Guerra Fria, a corrida pela segurança energética fez-se ainda mais acirrada, criando repercussões que ignoravam fronteiras. Se, por um lado, as potências mais industrializadas viam na descoberta de novos campos de petróleo nos países em desenvolvimento uma possibilidade de manterem vivo seu próprio poder de barganha, além de satisfeitos seus consumidores/eleitores, de outro, exemplos como a revolução no Irã (de onde, por exemplo, a British Petroleum obtinha 40% de sua produção no mundo), abalavam as expectativas de acomodação do sistema internacional enquanto a demanda por energia parecia difícil de conter (Yergin, 1991:687, 691).

As escolhas preferidas ou preteridas pelos tomadores de decisão no Brasil em torno do petróleo, como procura desvendar este livro, são examinadas por motivos e condicionantes muitas vezes distantes do que poderia ser considerado de pura racionalidade econômica ou comercial. Nesse contexto, nacionalismo, busca por autonomia, bem como determinadas ideias sobre desenvolvimentismo ganham protagonismo. Vale considerar, também, a complexidade do meio global do qual não escapou, em nenhum instante, a evolução da indústria brasileira de energia e matérias-primas. De fato, ainda sobre a extensão da crise dos anos 1970 e sua repercussão na década seguinte, Daniel Yergin (1991:691) lembra:

> A prioridade máxima era manter os consumidores, que eram também eleitores, abastecidos. Os problemas ligados à energia tornavam-se, segundo um ministro de energia europeu, "um problema político de curtíssimo prazo". Diversos governos no Ocidente tornaram-se promotores e mesmo campeões de uma corrida mundial por compras, fosse indiretamente através de companhias ou diretamente através de acordos

celebrados diretamente entre Estados. O resultado foi desconfiança, acusações, denúncias e raiva entre aquelas que deveriam supostamente ser nações aliadas. Tanto para os países consumidores como para as companhias de petróleo, parecia valer a lei da selva.

Um dos caminhos escolhidos pelas grandes potências ocidentais para sair do impasse e da dependência de centro produtores em agitação foi concentrar esforços em explorações próximas aos centros consumidores, sobretudo nos reservatórios dos mares do Norte, mas também no Canadá, nos Estados Unidos, na Noruega e na Inglaterra. Assim, a partir do fim da década de 1970, a exploração de petróleo estava sendo concentrada nas novas bacias em proximidades do México e do Alasca, que tinham mostrado um altíssimo potencial e chamado a atenção das grandes companhias globais. Esse movimento provocou um assédio também sobre as companhias nacionais, como a Pemex e a British Petroleum, provocando pressões sobre os regimes mais protecionistas existentes no mundo (Yergin, 1991:680).

Outra consequência do fim das exportações de petróleo por parte do Irã, em 1978, e apesar de a produção de alguns países vizinhos ter sido definitivamente impulsionada, como na Arábia Saudita, o conflito entre Irã e Iraque ao longo da década de 1980 seria prova definitiva de que as explorações deveriam procurar campos em regiões mais estáveis politicamente. Se possível, dentro de casa, como fazia o Brasil ao investir pesadamente na Bacia de Campos.

Assim, nas vésperas do fim da Guerra Fria, todas as grandes companhias já tinham aglutinado a taxa produtiva de seus lucros no norte do planeta e reduzido fortemente as atividades ligadas ao Oriente Médio em seus portfólios de exploração.

O petróleo e seus derivados, entretanto, perderiam força no suprimento das demandas energéticas mundiais, assim como a bipolaridade perderia o monopólio das relações internacionais para um mundo multipolar. Nesse processo, as crises econômico-financeiras do início dos anos 1980 seriam outro golpe duro sobre a demanda por óleo nas nações industrializadas. Ainda de acordo com Yergin (1991:717-718), na matriz energética desses países, o petróleo cairia de 53%, em 1978 para 43% de participação em 1985, com importantes consequências para a indústria global.

Para além do jogo político: formação de cartéis, de grupos de interesse e crises na evolução da indústria internacional do petróleo

Ainda que o jogo político internacional entre guerras e processos tensos de paz tenha contribuído decisivamente para a formatação do regime internacional de exploração, produção e comercialização do petróleo, a compreensão das normas e práticas só ganha clareza quando consideradas outras forças envolvidas. Para além de sofrer o impacto das discussões sobre modelos de desenvolvimento ou organização social, o petróleo como *commodity* internacional, como produto cobiçado e de altíssimo valor, teve protagonismo próprio na cena global.

A centralidade do grupo Standard Oil na história dos Estados Unidos desde finais do século XIX, por exemplo, é há muito conhecida e importante exemplo. Entretanto, para além das narrativas puramente políticas que a consideram, existem aquelas que lembram suas ambições econômicas, mas também monopolísticas e de aposta em cartelização.

Desde o momento em que John Rockefeller assumiu a presidência da Standard Oil of Ohio na década de 1870, começa-se a traçar a trajetória petrolífera do país. As ações e repercussões das atividades da companhia não tardariam a se tornar verdadeira referência para práticas internacionalmente disseminadas no setor. Tendo um longo aprendizado em casa, a Standard Oil saberia como poucos intervir e moldar os interesses privados internacionais ligados a essa indústria emergente.

De fato, depois de conhecer seus primeiros passos nas atividades de refinamento, e entre acusações de abuso de poder econômico, redefinição de poder político a partir do domínio da matriz energética e busca de monopolização da atividade de exploração e produção, a empresa logo lançou seu processo de expansão para além das fronteiras nacionais (Marinho, 1970:81). Mesmo mantendo supremacia livre de freios por um (relativamente) breve período, o truste da Standard Oil conseguiu influenciar algumas importantes decisões em nível internacional já no início do século XX.

No prólogo da I Guerra Mundial, sobretudo quando os acordos de paz estavam sendo negociados e implementados, notou-se não somente certa influência, mas frequente e direta intervenção da companhia através (e por causa) de seus interesses no mercado de petróleo. Entre vários exemplos, as jazidas da Mesopotâmia e o futuro da Turkish Petroleum Company teriam desempenhado um papel estratégico central e se tornado motivo de atrito nas relações entre potências como os próprios Estados Unidos, mas também França e Inglaterra. A grande questão, então, era o destino das possessões e das condições de exploração dentro do Império otomano, que ruía.

No imediato pós-guerra, o que se via normalmente como interesse prioritário do conflito – aquisições territoriais adjacentes aos países (europeus) envolvidos –, na verdade, serviu como medida de compensação para quem perdera percentualmente algum direito de exploração de jazidas muito promissoras. No caso da França, por exemplo, houve acordos com a Grã-Bretanha nos quais o país francófono teria recebido um mandato na Síria e parte minoritária do petróleo na Mesopotâmia, podendo, em contrapartida, ditar como seria a segurança da Renânia. A Grã-Bretanha, por sua vez, ao se beneficiar dos resultados quanto às questões ligadas aos hidrocarbonetos, manteve as portas fechadas para os Estados Unidos, provocando reações através da Standard Oil e acusações de monopólio do velho imperialismo europeu sobre os louros da vitória na guerra (Yergin, 1991:195).

À época, Walter Teagle, então presidente da companhia, não escondia que "a atual política da Standard Oil Company é estar interessada em toda e qualquer área produtora, não importando em que país ela esteja situada" (Yergin, 1991:199). Seus interesses, entretanto, seriam combatidos por anos, mas acabariam por romper com zonas de influência exclusiva que as potências europeias reivindicavam para si. Em finais dos anos 1920, a atuação de companhias americanas acabou por ser finalmente acertada em cooperação com britânicos e franceses (Yergin, 1991:204).

Desde essa época, mas sobretudo a partir de meados do século, pode-se dizer que as palavras de Georges Clemenceau, primeiro-ministro francês nos tempos da Grande Guerra, de que "uma gota de petróleo vale uma gota de sangue" (Fontaine, 1956:24), não conheceriam outra realidade senão fortalecer-se enquanto transformando-se em natureza. Interesses privados e públicos em torno da energia iriam aprofundar sua concentração, criando uma indústria mundial em que a ausência do Estado poderia tornar-se barreira intransponível para novos atores. Esse contexto torna-se fundamental não somente para entender a fundação da Petrobras, mas todo o seu desenvolvimento e insistência em propor autonomia para o país indo explorar as águas costeiras.

As companhias americanas, com um forte protagonismo da Standard Oil, desafiaram grandes interesses europeus em um mercado de poucos atores, em que os interesses e os territórios a serem explorados eram decididos entre somente alguns e através de processos de rara transparência e longe de controles democráticos, como a leitura da obra fundamental de Daniel Yergin (1991) demonstra. De produto vital nos conflitos, o óleo passaria a base da construção das sociedades de consumo de massa na segunda metade do século XX e, nesse contexto, novo centro de instabilidade.

Entretanto, mesmo com o aumento das ambições (e conquistas) internacionais americanas, em grande parte impulsionadas pelos interesses privados de suas companhias, a maior economia industrial do mundo sofreria durante todo o século XX com enormes fragilidades ligadas ao abastecimento e ao regime internacional de comércio do produto. Um dos momentos mais críticos seria o choque da expansão da economia de guerra no início dos anos 1940. Com o fim do conflito, a reconversão dos processos sociais para os de tempos de paz no eixo Atlântico norte acabaria por reforçar o frágil equilíbrio energético no Ocidente e alimentar rivalidades. As décadas de 1950 e 1960 conheceriam novos desafios, como a mudança de eixo da região produtora líder mundial, que era o hemisfério ocidental, para o Oriente Médio.

Em 1948, por exemplo, como sinal desse processo, as importações de petróleo pelos Estados Unidos superaram o volume das exportações pela primeira vez, realidade que logo dominaria a Europa e o Japão, então em franco crescimento. Em uma época na qual o Oriente Médio estava aumentando rapidamente sua produção e que países da América Latina estavam começando a ter perspectivas de novas explorações, nos anos 1950, o então chefe da Casa Branca, Dwight Eisenhower, decidiu fechar o mercado norte-americano impondo cotas à importação. Buscava-se um aumento de preços e a eliminação da concorrência para estimular a indústria interna. Essa brusca manobra produziu, de fato, uma nova dinâmica nas atividades do país, não somente em campos tradicionais, como no estado da Califórnia e na região nordeste, mas também no Alasca e até no México, com quem Washington tinha estipulado um sistema excepcional de importação com cotas e por terra (Odell, 1974:31-45).

Mesmo que a negociação internacional do petróleo tenha começado a ser operada mais comumente dentro de sistemas de mercado organizado em finais do século XIX (como através das bolsas de valores), preocupações relacionadas a garantias de transações ganhariam importante significado internacionalmente apenas em meados do século XX. Nesse contexto, outro significativo marco foi a evolução do mercado da *commoditiy* quando da nacionalização das jazidas iranianas em 1951. Tendo enorme dependência dessa produção, a Grã-Bretanha tentou mobilizar forças econômicas, mas também políticas e jurídicas internacionais, no intuito de reverter a situação. Sua falta de sucesso – sobretudo pelas reticências da administração americana, ainda sob Harry Truman, mas também pela dificuldade em engajar instâncias multilaterais, como o Conselho de Segurança das Nações Unidas ou a Corte Internacional de Justiça – não deixaria de marcar um novo ímpeto de interesses privados sobre o futuro do comércio envolvendo o mercado internacional de energia.

Sem que a instabilidade nos preços internacionais pudesse ser rapidamente revertida, os efeitos dessa mobilização britânica acabaram por atingir interesses para além daqueles de Londres, evento que acabou tornando-se um dos marcos da mudança de paradigma nas relações comerciais internacionais envolvendo os hidrocarbonetos. Um mercado global, opondo interesses transnacionais e de grandes companhias aos dos Estados, passaria definitivamente a substituir as trocas que ainda se encontravam baseadas no binômio Estado exportador/Estado importador. A partir de então, para além de seu valor intrínseco e primário de produto ligado ao abastecimento energético, os hidrocarbonetos passaram a se encontrar no cruzamento de diversos interesses, justapondo poder político e econômico e assumindo um valor estratégico inédito.

Nesse novo contexto, importantes países produtores não permaneceram passivos e iniciaram negociações para, a partir da década de 1960, formar uma organização que visasse proteger seus interesses e tentasse preservar certo controle sobre a oferta e o preço do petróleo. Formava-se, então, um dos maiores cartéis da história econômica: a Opep. A fórmula encontrada não era inédita e, comumente, apresentava-se como arma do jogo.

Nesse cenário, planos para garantir autossuficiência ou a maior autonomia possível em termos de segurança energética não seriam exclusividade da América do Norte. Seus resultados, entretanto, seriam não somente frágeis e mitigados, como ameaçados pelo aumento de produção no Oriente Médio, pelo poder concentrado em grupos de interesse e cartéis, e definitivamente colocados à prova com os choques dos anos 1970. De fato, para um total de 7% da produção mundial de petróleo sustentado pelo Oriente Médio nos anos 1950, essa porcentagem aumentaria fortemente chegando a 42% momentos antes do primeiro grande choque mundial nos anos 1970 (Painter, 2014).

Ademais, o consumo das populações nos países industrializados, ao não mostrar sinais de diminuição, apenas agravaria a situação americana e europeia. A produção de óleo pelos Estados Unidos chegou mesmo a atingir um pico histórico em 1970, mas, paradoxalmente e simultaneamente, devido ao consumo, o país conhecia uma drástica diminuição em sua capacidade de fornecer petróleo para seus aliados em situações de interrupção devido a crises internacionais, como foi o caso durante Suez em 1956 (Painter, 2014). Desde essa época, na verdade, o consumo do petróleo continuaria a aumentar de forma constante e a agravar a balança comercial referente ao óleo. A dependência do produto estrangeiro em casos como o dos Estados Unidos passou de 21,5%, em 1970, para 37,3%, em 1980, e 42%, em 1990, tendo ultrapassado a barreira simbólica de 50% em 1998 (U.S. Energy Information Administration, s.d.).

Antes mesmo do acontecimento de 1973, regimes autoritários em Estados produtores, como na Líbia, e as ações da Opep já provocavam instabilidade nos preços internacionais, sobretudo da perspectiva dos países industrializados. Esse contexto colocava a questão da segurança energética em um quadro de mais longo prazo do que o imaginado, integrando questões políticas e econômicas internacionais. Um aumento dos preços, ainda que movido por crises, estava no radar de autoridades nos principais países consumidores, sem que temor ou pânico tivesse ainda se instalado. A crença, de acordo com o historiador David Painter (2014), era de que um aumento gradativo nos preços ao longo dos anos 1960 e 1970 poderia ser até mesmo saudável para as administrações em Washington, Tóquio e na Europa ocidental, pois tornaria viável a exploração em regiões como o Alasca ou o Mar do Norte, diminuindo a dependência crescente com relação a regiões distantes. Assim, crises pontuais, como as que estavam sendo provocadas por Muammar

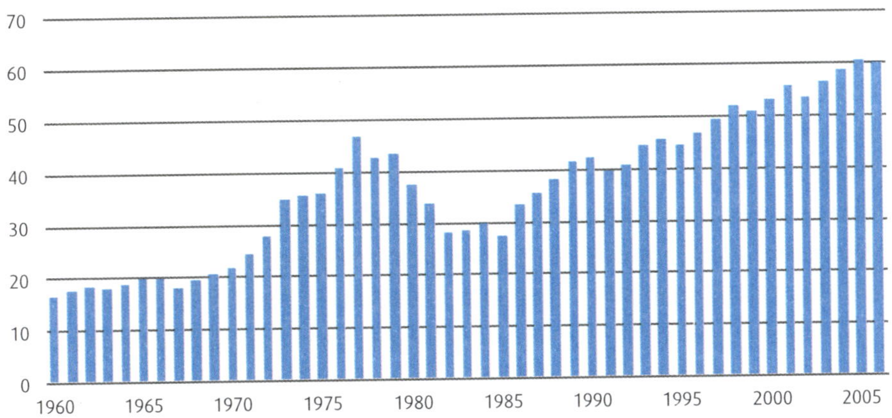

Gráfico 4 | Nível de dependência do petróleo nos Estados Unidos através das importações de petróleo entre 1960 e 2005 (proporcional ao consumo)[23]

al-Gaddafi na Líbia, não seriam surpresas, nem mesmo exigiriam uma resposta drástica. O que essas mesmas autoridades não esperavam era uma crise excepcional, uma guerra.

Na verdade, apesar de não provocar uma inédita evolução do comércio da *commodity*, que já se operava, foi a gravidade da guerra que fez de 1973 um ano-chave. A partir de então, o nacionalismo econômico, ao lado dos conflitos no Oriente Médio, conduziria o mundo para uma realidade de interrupções de fornecimento e agudo aumento de preços do óleo, especialmente entre 1973 e 1974, mas novamente entre 1978 e 1980 (Painter, 2014). Os mecanismos dos regimes de gestão reinantes seriam, então, afetados de forma definitiva. Os cartéis ganhariam um poder tão dramático e desproporcional a ponto de, paradoxalmente, ameaçar sua própria existência como grupo de interesse. O choque seria global, e não apenas regional, afetando ou reforçando políticas de gestão da indústria por todo o planeta.

O Brasil não seria exceção e teria de traçar seus próprios caminhos, conquistando oportunidades pelos seus méritos, pela sua sagacidade ou até pela confrontação com as decisões dos regimes políticos e econômicos internacionais. À época, não somente a Petrobras enfrentava seus

23 É importante notar, entretanto, que essa dependência externa americana diminuiu nos últimos cinco anos devido ao aumento da produção trazido pelo *shale/tight oil* e à melhoria de eficiência energética, além do uso de renováveis.

primeiros anos em um mercado onde as chamadas *majors* já atuavam havia décadas, mas o receituário que tinha em mãos para contribuir com o desenvolvimento nacional ganhava ainda mais complexidade devido a adicionais limitações impostas pelos novos e instáveis moldes do mercado de óleo visitados nas últimas páginas. Ademais, o debate econômico na região levantaria ainda novas críticas através da teoria da dependência ao atacar, devido ao baixo valor agregado, as escolhas de países em desenvolvimento de incentivar, de forma ostensiva, a produção e a exportação de bens de *commodity*. Esses países estariam, ao persisti no referido caminho, perpetuando sua dependência.

As decisões sobre avançar mar adentro na exploração e os resultados obtidos na década seguinte à descoberta de Guaricema, quando a Bacia de Campos começa a produzir e indicar a possibilidade de autossuficiência, desafiariam o processo de tomada de decisão do controlador da companhia, levando-a a um reposicionamento dentro da indústria internacional de energia.

Oportunidades, necessidades e a internacionalização da Petrobras

O ritmo de um mercado global, interconectado e instável não poderia deixar de afetar as ambições brasileiras. Na verdade, já as primeiras produções comerciais de petróleo no Brasil conheceriam o dia passando por duras provações enquanto crises se sucediam no cenário internacional. Essas atividades em território nacional surgiam no recôncavo baiano, é importante lembrar, nos poços de Candeias, poucos dias depois do ataque japonês a Pearl Harbor, em finais de 1941. Mesmo a descoberta histórica do poço de Lobato, na mesma Bahia, teria como marco o ano em que Hitler invadia a Polônia (Moura e Carneiro, 1976:191-212). A indústria brasileira, para além de ter o ritmo ditado por conjunturas nacionais, seguiria de perto, sofrendo as consequências, os fatores exógenos. A falta de agência diante dessa conjuntura em particular seria remediada com a internacionalização da Petrobras.

As acima mencionadas descobertas e atividades entre 1939 e 1941 pareciam fazer com que o Brasil pudesse sonhar com um garantido futuro no setor energético. Entretanto, as dificuldades em tirar proveito de seus frutos em razão do contexto externo foram os primeiros sinais de que a segurança de abastecimento deveria ser repensada. De fato, a entrada dos Estados Unidos na maior guerra de todos os tempos, e logo na sequência da produção em Candeias, causou, sem surpresa, atrasos na importação de equipamentos que pretendiam aumentar as perfurações e explorações de poços no país (Morais, 2013:46). Tratava-se de uma importante lição aprendida.

Se a ação externa brasileira passava a dar nova atenção às questões ligadas ao petróleo, ela não ficaria livre de velhas e novas condicionantes da vida nacional. Essa via de mão dupla e esse fino jogo de interações, muitas vezes sombreado por discursos destacando o pragmatismo ou o tradicionalismo da política externa, devem ser resgatados quando se analisa a principal iniciativa do país fora de suas fronteiras dentro da indústria do petróleo: o surgimento da Braspetro. Aumentando a complexidade desse processo, nota-se, ao mesmo tempo, a ação das forças que construíram internamente o sucesso da Petrobras e o legado *offshore*: o intangível e uma cultura gerencial singular. O antigo diretor Wagner Freire, testemunha importante dessa experiência, relembra:

> O petróleo, não há dúvida, como fonte de energia e de outros produtos, é muito importante para o país. E é uma história antiga a do desenvolvimento da área, passando até por algumas fases não muito boas, mas ela tem apresentado um desenvolvimento crescente até hoje; e isso se deve em grande parte ao preparo do seu pessoal técnico. O gerenciamento, também, foi bastante aperfeiçoado, na medida em que a companhia, apesar de estar sujeita a um regime de monopólio aqui no Brasil, aventurou-se para o exterior. E, no exterior, você competia com as majors. Eu diria que um dos grandes motivos do desenvolvimento da companhia esteve ligado à sua participação no exterior a partir de 1972, quando a produção no Brasil era ainda, digamos assim, incipiente.

Alguns aspectos incentivavam, prioritariamente, a guinada da empresa rumo ao exterior, cujos estudos de viabilidade já haviam iniciado em meados dos anos 1960. Por um lado, o Brasil vivia ainda nas sombras do Relatório Link, que colocava sérias reservas quanto a sucessos na exploração *onshore*. Por outro, o caminho do mar ainda parecia tímido, mesmo com a descoberta de Guaricema, em 1968, e de todos os potenciais envolvidos. Finalmente, a situação da balança de pagamentos alcançava patamar crítico, que já demandava, mesmo antes do primeiro choque do petróleo, ações urgentes. Seria esse o contexto do nascimento da subsidiária internacional da Petrobras, a Braspetro, em 1972.

Em uma das obras fundamentais sobre sua internacionalização, *O tatu saiu da toca: histórias da internacionalização da Petrobras*, produzida pela própria companhia, destacam-se cinco "razões de ser" da Braspetro:

- Existência, no exterior, de capacitação gerencial e tecnologia avançada para exploração e produção de petróleo.
- Bacias sedimentares brasileiras, em terra, sem perspectivas de poder abastecer o mercado nacional e inexistência de tecnologia para operações na plataforma continental.
- Grande mercado consumidor (Brasil), oferecendo à Petrobras (única importadora) grande poder de barganha nas importações e em operações de contrapartida.
- Oportunidade de diversificar riscos exploratórios e de garantir fontes de suprimento, com a consequente manutenção de reservas nacionais e redução do risco de desabastecimento do Brasil.
- Expansão da Petrobras e da indústria brasileira para o mercado externo [Petrobras, 2007:19].

Tratava-se da época em que o desenvolvimentismo repaginado do regime militar precisava de recursos externos para financiar a política de substituição de importações ainda em marcha. Para tanto, era necessário, aos olhos da política econômica vigente, concentrar a capacidade de importação em itens estratégicos, que permitissem incrementar o parque industrial brasileiro. O grande entrave, entretanto, encontrava-se no fato de que o país não apenas permanecia fortemente dependente do petróleo estrangeiro, como via a demanda crescer enquanto colhia os frutos da expansão da indústria nacional e da sociedade de consumo. Tratava-se, na verdade, da entrada em um ciclo vicioso, onde o sucesso inicial das medidas de estímulo aumentava a demanda por mais combustível, o que fustigava ainda mais o calcanhar de aquiles da economia nacional.

Nesse cenário, o capital acumulado com as exportações era quase que plenamente consumido com a importação de petróleo. Mesmo um desenvolvimento excepcional da indústria que permitisse acomodar a importação de certos bens não solucionaria o problema, já que o ritmo do desenvolvimento era necessariamente menor que o da importação de combustível fóssil. A saída era dominar ou, preferencialmente, reduzir a dependência do petróleo importado.

Para além das questões econômico-financeiras, em depoimento ao projeto Memória da Internacionalização da Petrobras, o antigo presidente da companhia Shigeaki Ueki, diretor comercial e financeiro à época da criação da Braspetro, lembra outras circunstâncias que levavam a estatal brasileira a buscar um relacionamento mais direto e próximo com as zonas produtoras:

> O Brasil tinha uma dependência enorme do petróleo importado. Importava 80% do que consumia e só das companhias multinacionais. Com a onda de nacionalismo no Oriente Médio, os países exportadores criaram suas próprias empresas estatais e passaram a procurar a venda direta ao mercado consumidor. [...] Diante do quadro preocupante, procuramos os países que tinham nacionalizado suas indústrias, a Argélia, a Líbia, o Iraque, o Egito etc. Isso, ainda em 1970. E a Petrobras foi a primeira companhia de petróleo do mundo a comprar o óleo nacionalizado desses países. O nosso objetivo era tão somente estabelecer a compra direta. Pois, se suspeitávamos que iria haver uma crise de oferta, não podíamos ficar nas mãos das companhias de outros países. À exceção dos Estados Unidos, onde o petróleo sempre esteve na esfera do setor privado, todos os demais tinham empresas estatais. Como esperar que, em caso de escassez, a British Petroleum, por exemplo, honrasse um contrato de suprimento com o Brasil? Primeiro ela iria abastecer o mercado britânico. Depois, se sobrasse alguma coisa, venderia para o Brasil [Petrobras, 2007:17-18].

Relembrando detalhes desses conturbados contextos nacionais e internacionais, o antigo diretor Guilherme Estrella resume os fatores determinantes desse passo em direção ao exterior:

> A criação da Braspetro foi uma resposta brasileira. Nós escancarávamos a nossa dependência energética de importações de petróleo. Isso era

uma deficiência absolutamente inaceitável para um país que tinha o Plano Nacional de Desenvolvimento, o PND do governo militar. Nós identificamos logo algo muito claro: nós precisamos garantir o suprimento de combustíveis. A primeira fase, a grande fase de crescimento da Petrobras, foi a de construção das refinarias, pois importávamos combustível. Eu sou nascido e criado na Ilha do Governador, havia um terminal da Esso ali na Ribeira. Prova de que a gente importava combustível, mas com a crise do petróleo, com a formação da Opep, e todos aqueles acontecimentos, o governo brasileiro identificou que o problema não estava na refinaria, não estava no fato de termos refinaria, mas no suprimento de petróleo. E criou-se a Braspetro.

Figura 17 | Atuação da Braspetro no Egito

Estrella destaca o mesmo e grave problema estratégico apontado por Ueki e relacionado ao mercado global da *commodity* no pós-crise do Irã dos anos 1950, como a formação de cartéis e grupos de interesse e a emergência do Oriente Médio como grande produtor mundial entre as décadas de 1950 e 1960. Em seus relatos, percebe-se que sua trajetória pessoal seria marcada pela atuação da nova subsidiária da Petrobras:

> A Braspetro foi criada justamente porque os nossos tradicionais, mais tradicionais supridores disseram: "A gente está separando os nossos clientes em clientes preferenciais e clientes não preferenciais. Os clientes preferenciais serão aqueles a quem nós venderemos... nós garantiremos, a longo prazo, o suprimento de petróleo. E os não preferenciais são aqueles para os que, se houver petróleo nosso sobrando, a gente vende; se não houver, a gente não repassa. E para ser cliente preferencial é necessário que o país comprador invista em exploração e produção em nossos territórios". Imediatamente, a Petrobras fundou a Braspetro com o Geisel tomando uma decisão absolutamente corajosa. Com a queda da monarquia iraquiana, eles nacionalizaram as duas grandes companhias iraquianas – a Basra Petroleum e a Mosul Petroleum – que eram da British Petroleum, inglesas (havia interesse da Shell também) e a Corte de Haia decretou o embargo do petróleo iraquiano, pela Corte Internacional de Haia. Geisel então disse: "Vejam, o Brasil, infelizmente, não atenderá a decisão da Corte de Haia". E quebrou-se o embargo. Foi o país que quebrou o embargo do petróleo iraquiano. E isso... enfim, fez com que, logo em seguida, o Iraque, nessa política de separação e de definição de clientes preferenciais, elegesse o Brasil como cliente preferencial, porque havia quebrado o embargo. As relações então estreitaram-se muito, muito mesmo, entre o Brasil e Iraque, e eles então nos cederam as áreas... Fomos nós e os franceses da Elf que tivemos as áreas cedidas pelo governo iraquiano para investimento, exploração e produção. Os franceses numa área pequena, e nós com três grandes áreas, produto dessa decisão política brasileira. E foi aí que eu entrei, que fui para Bagdá. Então, a gente sentia já uma estratégia nacional: aprofundar a investigação, os investimentos em exploração e produção no Brasil e buscar petróleo onde houvesse.

A coragem em ignorar o embargo por certo decorreu da urgência que a questão inspirava e do perfil pragmático do governo brasileiro à época, mas também expunha a estratégia adotada pela empresa, que seguiria a diretriz de adentrar os maiores polos de produção mundial do combustível fóssil, em termos de desenvolvimento tecnológico e volume. A escolha da Petrobras, e do Brasil, de atuar internacionalmente não foi de modo algum casual, passando por um plano cuidadosamente formatado. Sua presença em países que já então integravam o seleto grupo dos maiores produtores de petróleo fez de sua experiência em campo um dos diferenciais em uma época muito complicada para o mercado de hidrocarbonetos.

O antigo diretor Wagner Freire, também envolvido nessas novas incitativas, lembra os desafios, dos ocorridos e da busca por óleo e conhecimento enquanto os passos fora do país tornavam-se ainda mais ambiciosos:

> Eu trabalhei também na área internacional, quando saímos dos negócios no Oriente Médio. Nós fomos para a Noruega, nós fomos para os Estados Unidos e nós fomos para o Reino Unido. Lá, você entrava nas licitações e ganhava, com outros sócios, ou não. E foi essa experiência que também desenvolveu a cultura da companhia. Era uma major como outra qualquer [...] na Noruega e no Reino Unido, os baluartes, digamos assim, da atividade de exploração, em termos mundiais. E depois, no Golfo do México. Então, nós pusemos a companhia nos lugares-chave do desenvolvimento da indústria de petróleo. Foi essa, talvez, digamos assim, a base que fez essa alavancagem.

As experiências no Oriente Médio, no Mar do Norte e nas Américas

Se fosse possível desenhar as principais linhas que dirigiram as atuações internacionais da Petrobras, nota-se que os países produtores de petróleo no Oriente Médio e na África não foram os únicos escolhidos. Outros dois caminhos também foram traçados, resultando, assim, em três principais eixos: o primeiro, já mencionado, inclui anos turbulentos e dificuldades extremas tanto nos países árabes quanto nos africanos; o segundo, o Mar do Norte, onde acompanhar a atividade em condições naturais difíceis no *offshore* e conhecer a sofisticação gerencial e legal das operações foi uma grande lição; e o terceiro, as Américas, não somente propiciando um importante aprendizado, além de frutos na exploração e produção em alto-mar, mas igualmente oportunidades interessantes de cooperação bilateral em operações de logística, pesquisa e gerenciamento.

Já em seus primeiros anos, o braço global da empresa brasileira começou a funcionar em operações importantes na África e no Oriente

Médio, como na Líbia em 1974 e no Egito em 1975. Foi, entretanto, no Iraque, alguns anos antes do segundo choque petrolífero, que a Braspetro, com sua equipe cada vez mais experiente no campo oriental de óleo leve, descobriu a maior reserva da área nesse país. Trata-se de uma das maiores descobertas não só da empresa, mas da história da exploração de petróleo mundial, o campo gigante de Majnoon, com reservas que poderiam conter entre 8 bilhões e 50 bilhões de barris de óleo.

Figura 18 | Comboio da Braspetro na Líbia

Segundo Kazumi Miura, à época gerente de geologia da Braspetro no Iraque, "foi realmente a maior descoberta que já participei da minha vida". E completa: "Pra mim, ali tem uns 25 bilhões de barris de reservas de óleo recuperável. Cada teste que se fazia eram 5 mil barris de óleo, óleo muito bom, leve, de 39/40 graus API. Foi realmente a maior descoberta dessa década de 1970, a maior do mundo todo". Para Guilherme Estrella, também presente quando da descoberta, aquele havia sido "um trabalho muito bom de geologia de superfície. A Braspetro mandou para lá dois dos melhores geólogos da Petrobras, o Airton Northfleet e o Celso Pontes. Eles viram a grande figura de Majnoon refletida muito suavemente na superfície. Foi uma interpretação brilhante. Depois a sísmica confirmou a estrutura e nós perfuramos o poço" (Petrobras, 2007:32-34).

O bem-sucedido empreendimento no exterior trouxe uma importante dúvida ao outrora presidente da Petrobras e então chefe do Poder Executivo, Ernesto Geisel, sobre como seriam melhor empregados os recursos técnicos e humanos da empresa. Wagner Freire explicita bem o drama daquele momento apesar do extraordinário feito:

> Nós estamos falando aí em meados dos anos 1970. Nessa época, a Petrobras fez uma descoberta gigantesca no Iraque: o campo de Majnoon, mais precisamente em 1976. A grande dificuldade então era: para onde é que a gente manda os nossos técnicos, para a Bacia de Campos ou para o Iraque?

O controle do campo foi finalmente cedido de volta ao governo iraquiano sem poder contar com quase nenhuma produtividade. Diversos foram os motivos para tal resultado no conturbado final dos anos 1970. O regime nacionalista iraquiano, ainda que considerando o Brasil um país amigo, viu tal decisão com bons olhos, sobretudo pelo altíssimo potencial e pela proximidade do campo com a fronteira iraniana. Ao mesmo tempo, com as descobertas e os avanços da Bacia de Campos, no Brasil, e as crises financeiras assolando o país, a Petrobras se viu obrigada a fazer escolhas estratégicas.

Uma série de controvérsias ainda hoje cerca as explicações sobre a descontinuidade da ação da Petrobras em Majnoon. Enquanto críticas são endereçadas à presidência da companhia na época, Guilherme Estrella, então gerente de exploração da Braspetro no Iraque, lembra que se cogitou até mesmo montar uma operação de exploração e produção com um horizonte de 50 anos e extração de 2,5 milhões de barris por dia. A região onde se encontravam as reservas gigantes iria posteriormente conhecer uma sucessão de guerras e conflitos que se estendem até os dias de hoje, como a guerra Irã-Iraque, que decretou a retirada emergencial dos últimos brasileiros no país em 1980, e também a primeira e a segunda guerras do golfo (Petrobras, 2007:42-43).

Para além de 11,25 milhões de barris de óleo que o Brasil receberia pela sua retirada do Iraque, somados ao compromisso de Bagdá de fornecer um suprimento adicional de outros 20,75 milhões de barris a preços oficiais, além de um contrato de fornecimento de 160 mil barris/dia de petróleo por 13 anos, Wagner Freire lembra o aprendizado gerencial, que também iria impactar a exploração no Brasil e facilitar a concentração de esforços da Petrobras sobre o *offshore* da Bacia de Campos: os contratos de risco.

> Porque [...] o contrato que nós tínhamos no Iraque era um contrato chamado de risco. O que é um contrato de risco? A companhia de petróleo gasta dinheiro em exploração, perfura poços, faz geofísica e tal. Se ela tiver sucesso e fizer uma descoberta, ela desenvolve o campo e ele entra em produção no fim de algum tempo. Quando ele entra em produção, o país que fez a concessão recebe o campo e paga à companhia descobridora tudo que ela gastou mais um prêmio. Eventualmente, ela pode continuar operando o campo, sendo remunerada por isso. Foi esse modelo que foi introduzido no Brasil nos chamados contratos de risco.

O aprendizado no campo tecnológico, técnico e gerencial também marcaria a atuação da subsidiária internacional em outras regiões do mundo. Os estudos conduzidos ou acompanhados pelos engenheiros e geólogos da Petrobras no Golfo do México, na Noruega e na Grã-Bretanha foram importantes para os sucessos que a companhia conheceria nas décadas seguintes à da descoberta em Campos. A sofisticação do conhecimento geológico em território brasileiro e o desenvolvimento de equipamentos adequados à realidade e às condições do país, hoje mundialmente reconhecidos, também ganharam com as experiências internacionais.

A experiência no Mar do Norte seria especialmente importante para reforçar um entendimento que já existia nas atividades no Brasil, o de encurtar o tempo entre exploração e produção. Atuando na Noruega como parte de consórcio, e não como operadora direta, a Braspetro conheceu uma realidade natural de condições extremas nas águas agitadas e frias, além de acompanhar o que era uma operação em que, em média, o tempo entre uma descoberta e o início da produção era de 11 anos.

Segundo o geólogo Raul Mosmann, gerente dessas operações, em depoimento ao projeto Memória da Internacionalização da Petrobras,

> perder dinheiro é parte do negócio. Você não ganha em todas. Alguns lugares dão resultado, outros não. Nos que não dão, você sai. [...] O que você fazia era muito mais acompanhar, participar dos comitês das operadoras, para que no final desse período estivéssemos preparados [Petrobras, 2007:117].

Mosmann completa suas lembranças ao ressaltar que se tratou de "uma experiência da época, daquela fase que a empresa estava vivendo". Para Wagner Freire, a experiência que outras *majors* tinham no Mar do Norte foi absorvida ao máximo pela Petrobras, sobretudo no campo do processamento geológico.

Figura 19 | Plataforma a serviço da Petrobras no setor britânico do Mar do Norte, onde a companhia entrou em 1989

Outro salto importante, também dos anos 1980, foi o do início da presença da companhia nos Estados Unidos, mais precisamente no Golfo do México. Para Wagner Freire, então diretor da Petrobras, tratava-se de aumentar e aproveitar o contato da companhia com o mundo exterior, com o "mundo civilizado" segundo ele, para maximizar os resultados internos e reforçar a segurança energética:

> Nos Estados Unidos, nós éramos operadores. Quando eu deixei a diretoria da Petrobras em 1990, eu fui para Houston, para ser presidente da Petrobras American. E lá nós tínhamos operação. Nós não chegamos a ter operação na Noruega porque ficamos muito pouco tempo lá. Também, no Reino Unido, não chegamos a ser operadores porque ficamos pouco tempo. Porque não se chega em um país assim e torna-se operador no dia seguinte. Mas, nos Estados Unidos, nós somos operadores até hoje.

Em finais dos anos 1980, a Braspetro lá adquiriu participação em seis blocos exploratórios *offshore*. As missões eram, então, de buscar novos negócios, trabalhar por rentabilidade em um mercado altamente competitivo, aperfeiçoar sua capacitação gerencial e promover uma transição na história da companhia, tirando-a da era assimilacionista com relação a novas tecnologias e conduzindo-a à de criação estratégica e de exportação.

Alinham-se, ainda, a esses objetivos sua própria sobrevivência, para além da missão inicial da Petrobras de contribuir para o desenvolvimento brasileiro, sua industrialização e o equilíbrio de suas contas externas. Como lembra Wagner Freire, a internacionalização é fundamental para a consolidação de uma *major* na indústria mundial de petróleo:

> Podemos falar de um balanço, comparando com outras companhias estatais. Eu gosto muito de uma companhia chamada Petronas, na Malásia, que não tem ações na Bolsa e é 100% do Estado. [...] Eles produzem mais óleo fora, nos Estados Unidos, do que na Malásia. E o Brasil produz 95% de óleo aqui no Brasil e 5% no exterior. [...] A companhia de petróleo tem que ser internacional. Tem que ser internacional, não tem jeito. Tem que ir para a Rússia, tem que ir para a China. Por que não? Qual é o problema? Aliás, nós chegamos associados. Nós nos associamos com a BP quando houve a abertura na China. Mao Tsé-Tung promoveu a abertura lá do setor, o *offshore* chinês foi aberto, e nós conseguimos contrato com a BP, com o *offshore* chinês. Não fomos bem-

> -sucedidos, por razões que não vêm ao caso – petróleo você não acha em qualquer lugar –, mas foi um *boom* realmente significativo.

Qualquer sobrevivência, entretanto, não subsiste sem que renda diferentes frutos. Talvez o exemplo mais evidente, ainda que muitas vezes marginalizado nesse processo, foi o do impulso à exportação de produtos brasileiros através da conjugação da ação da Braspetro com a Petrobras Comércio Internacional (Interbras).

Essa experiência encontra-se retratada na já mencionada obra *O tatu saiu da toca*, quando, desde os primeiros anos de ação, a Braspetro "além de pesquisar e furar poços em nove países, comprava, vendia e transportava não só petróleo, mas também outros produtos, industriais e agrícolas, usados como moedas de troca sobretudo nos mercados árabes" (Petrobras, 2007:55). Eram oportunidades não somente ligadas à venda de tecnologia da indústria do petróleo, mas também a outros setores da economia nacional, em um claro movimento que favoreceria a balança comercial do país.

Josemar Nascimento, antigo vice-presidente da Interbras, também em depoimento sobre a história da internacionalização da companhia, lembra:

> Começamos exportando equipamentos da indústria petrolífera, que era o que a Petrobras sabia fazer. Mas, de repente, o Iraque dizia: "Espera aí, mas a Petrobras, brasileira, vendendo broca? Eu compro açúcar de uma empresa inglesa, compro frango, compro café. Por que vocês não me vendem isso também?" [Petrobras, 2007:55].

Já Carlos Sant'Anna, chefe de Josemar nessa subsidiária, lembra assim uma de suas operações mais emblemáticas:

> [...] a exportação de carne para a Nigéria, que só gente maluca é quem faz. Durante um ano, diariamente saía um avião 707 da Varig levando 35 toneladas de carnes para Lagos. Quando essa operação foi iniciada, o pecuarista Ovídio Miranda Brito já havia instalado, na Nigéria, o frigorífico Cotia. A fim de atender às autoridades nigerianas, Ovídio procurou a Braspetro para viabilizar o fornecimento de 10 mil toneladas de carne

Figura 20 | Exportação de tratores para o Equador

> correspondentes a US$ 22 milhões. Essa gigantesca operação consolidou a presença da Cotia na Nigéria e introduziu a Petrobras, através da Braspetro e, posteriormente, da Interbras naquele país [Petrobras, 2007:56].

Diretamente vinculada ao imaginário nacionalista, a Petrobras tem, nas atividades internacionais, importante capítulo de sua história. A ida para o exterior não apenas foi elemento fundamental para sustentar a economia brasileira como representou um impulso imprescindível para o sucesso global da companhia. Há, por um lado, o fato mais óbvio de que os recursos conseguidos nas empreitadas externas foram fundamentais para que a empresa financiasse suas operações em terras brasileiras. Não se deve esquecer, todavia, o papel central desempenhado pelo intercâmbio tecnológico e o impacto na sua cultura gerencial.

A experiência internacional da Petrobras e o aprendizado equivalente não se resumem, portanto, somente aos frutos concretos do trabalho de campo na fronteira entre o Irã e Iraque ou no Golfo do México, aos tantos barris de petróleo equivalente produzidos ou às brocas vendidas. Enquanto inovava em termos técnicos, tecnológicos e gerenciais, chegando a atingir estágios de desenvolvimento estratégico, os que trabalhavam para a companhia aplicavam ou propunham releituras das mais diversas lições aprendidas em culturas estrangeiras.

Ainda que, no próximo capítulo, volte-se a discutir o papel das máquinas e equipamentos, a formatação internacional das forças intangíveis que construíram o sucesso da Petrobras também será considerada. Nesse sentido, Guilherme Estrella, antigo diretor de exploração e produção, resgata em depoimento o aprendizado obtido a partir de uma forma de pensar e agir desenvolvida longe das fronteiras brasileiras, mas que, dentro da Petrobras, teve importante papel, o *kaizen*:

> A inovação se dá lá na frente. O japonês, ele chama de *kaizen*. Desculpe o comentário, mas eu acho importante. Ainda existe o conceito do [Thomas] Edison: o cara que inventou a lâmpada incandescente. Não existe mais isso... eu cito os japoneses, porque esse é o exemplo. Existem pequenos avanços, que eles chamam *kaizen*. Trata-se da melhoria contínua da qualidade total... e daqui a pouco você vê que você está com outro equipamento. Não é mais aquele com que você, há cinco anos, começou a trabalhar. Você está com outro equipamento, está com algo novo. A inovação, ela é um conjunto de pequenos passos para você conseguir uma coisa nova. Então você tem que levar. E isso eu, como superintendente do Cenpes, fiz. O [José Paulo] Silveira deu início ao Procap, mas eu intensifiquei isso. A gente botava o cara do Cenpes lá. Não vai esperar dar o problema para trazê-lo, vir o cara da operação – já se esqueceu de tudo, porque não se registrou nada; na operação não dá para registrar, como na universidade. E a Petrobras é das poucas empresas no mundo em que isso acontece...

Como bem mostrou o capítulo precedente e destacará o seguinte, o sucesso das atividades *offshore* da Petrobras se distinguiu ao longo das décadas de 1970 e 1980 pela sagacidade daqueles trabalhando em torno do poço, no campo, reagindo de forma imediata aos problemas enfrentados conforme as profundezas e a necessidade urgente de hidrocarbonetos aumentavam. Enquanto as experiências internacionais e o próprio contexto da indústria mundial do petróleo também influenciaram esse processo, consolidar a liderança global na E&P *offshore*, e mesmo mudar sua natureza, demandariam novas e amplas capacidades de inovação. Seria o momento da definição de um novo papel para instituições sediadas dentro das fronteiras nacionais, como o Cenpes.

O papel central da ciência brasileira para o desenvolvimento da empresa não se dá, entretanto, pela negação do externo, mas justamente por sua notável capacidade de compreender, absorver e adaptar, para as condições brasileiras, os avanços e as *expertises* cunhados em outras partes do globo.

A saída para o mundo é etapa fundamental para o sucesso dentro das fronteiras nacionais, justamente pela capacidade de reinterpretar essas experiências externas. O movimento se transformou, por sua vez, em círculo virtuoso quando as vitórias no território brasileiro se converteram em trampolim para a fama internacional da empresa que, dessa vez, aparece no exterior não como jovem iniciativa em busca de soluções, mas enquanto modelo a ser seguido.

Figura 21 | Construção de trecho do gasoduto Bolívia-Brasil

CAPÍTULO 3

Do intangível ao resultado: a construção da liderança brasileira no setor de exploração e produção de petróleo em águas ultraprofundas

A exploração e a produção de petróleo em águas profundas e ultraprofundas, sobretudo em distâncias da lâmina d'água antes nunca alcançadas, demandam, sem surpresa, uma conjugação singular de esforços e recursos. Homens, equipamentos e investimentos revezam-se como os protagonistas de uma intrincada história.

Como lembra José Mauro de Morais (2013:83), dadas as dificuldades em vencer, ao mesmo tempo, as distâncias da costa (em algumas localidades chegando a 300 quilômetros) e das lâminas d'água (em alguns poços chegando a 13 quilômetros até o fundo do reservatório), empresas petrolíferas formam extensas e complexas redes de colaboração já nos anos 1940.[24] Desde o início da exploração das reservas no Golfo do México, petroleiras, universidades, institutos de pesquisa e a indústria ligada ao petróleo cooperam. Se a receita da companhia brasileira não era original, não há dúvida de que a maneira de aplicá-la e as decisões estratégicas tomadas é que permitiram à Petrobras liderar o mercado. O conjunto não se restringe, entretanto, ao simples acúmulo de *expertises* técnicas, mas ao espírito peculiar que atravessa a Petrobras desde sua criação – o intangível –, que confere às ações uma lógica particular, fundamental para a trajetória da empresa.

Enquanto a literatura tradicionalmente dá valor à busca da autossuficiência ao se perseguir a descoberta de reservas de petróleo para diminuir a dependência do estrangeiro, este livro tem buscado valorizar

[24] Ver também Morais (2015).

Figura 22 | Folheto promocional produzido pela Braspetro em 1985 indicando o novo recorde de completação submarina a 383 metros no sistema de produção de Piraúna

outros elementos dessa trajetória que, com a mesma força, impulsionaram os resultados e os avanços tecnológicos da Petrobras. Porque imersa em um *ethos* e em um nacionalismo pungentes, sempre conjugados com sua missão de contribuir para o desenvolvimento nacional, a direção da companhia pode assumir e justificar riscos que cálculos puramente econômicos não conseguiriam explicar.

Os avanços conquistados nas plataformas, nos equipamentos e nos sistemas de produção de petróleo no pré-sal nos últimos anos, aliados ao investimento em pesquisa e desenvolvimento, foram decisivos para conferir capacitação técnica e humana à produção de petróleo em águas ultraprofundas, mas enriquecem quando vistas em conjunção com o lugar da empresa no imaginário nacional e em perspectiva histórica. Ainda segundo Morais (2013:19), "por trás da posição alcançada de líder mundial na produção em águas profundas, há uma longa e consistente história de perseverança brasileira".

Desde Guaricema até os primeiros anos da década de 1980, quando as descobertas da Bacia de Campos demandaram um esforço imediato e consequente daqueles operando os trabalhos de exploração para o mais rápido chegar à produção, os resultados colecionados já tinham transformado a companhia e a E&P *offshore* no Brasil. A partir de então, avançar, sobretudo na era pós-choques, em que a indústria mundial recuava, demandaria novas apostas e mais inovação tecnológica, mas também gerencial, reorganizando diversos setores da companhia e repensando seu papel diante da comunidade empresarial e científica do país. Esse seria o momento de adicionar novos pioneirismos que, apesar das dificuldades nacionais e internacionais da indústria do petróleo, ainda sustentam a posição de referência do Brasil e de suas atividades nas águas costeiras.

Os primeiros 30 anos: da criação do Cenap à barreira dos 400 metros de profundidade

A necessidade de formar um corpo técnico à altura dos seus desafios acompanhou a Petrobras desde seus primeiros dias. Apesar de contar em seus quadros iniciais com as equipes que compunham o CNP, rapidamente a escassez de recursos humanos ganhou importância em razão das urgentes necessidades operacionais. Havia, ademais, um ambiente diretivo desenvolvimentista, que via na qualificação de pessoal e na formação de uma elite gerencial e técnica uma etapa necessária para que o país continuasse sua caminhada rumo ao moderno em diversas frentes.

De acordo com José Mauro de Morais (2013:52),

> para cumprir sua missão a Petrobras iria desempenhar, em paralelo e como consequência de suas atribuições no setor de petróleo, o papel de agente indutor do desenvolvimento de uma rede de empresas fornecedoras de serviços petrolíferos, firmas de engenharia e fabricantes de bens industriais, essenciais às atividades produtivas do petróleo, como forma de reduzir a dependência de aquisições externas de bens de capital e de tecnologias necessárias aos pesados investimentos previstos no setor.

Como prova do impacto dos projetos nacionais de desenvolvimento no efervescente contexto dos anos 1950, o Conselho Nacional de Pesquisa (que mais tarde seria conhecido como Conselho Nacional de Desenvolvimento Científico e Tecnológico, o CNPq) havia sido criado, enquanto a Marinha, em iniciativa semelhante, mobilizava recursos para formar engenheiros navais. Assim surgiria também o Centro de Aperfeiçoamento e Pesquisas de Petróleo (Cenap) que, uma vez dentro da Petrobras e através da manutenção de convênios com instituições de ensino superior no país, daria origem ao que hoje se conhece como Cenpes (Caldas, 2005).

As expectativas surgidas após as eleições de 1955 certamente contribuíram para que uma prioridade maior fosse dada aos setores de investigação da empresa. Não somente um patrimônio de valor próprio, a Petrobras e a matriz energética do petróleo revelavam-se peças vitais para o novo futuro que se desenhava.

A estratégia, todavia, ainda marginalizava os poços nas bacias sedimentares brasileiras, com o investimento em pesquisa cercado e limitado por tal realidade. Somente no final dos anos 1960, com o regime militar instaurado e o mercado mundial de petróleo evoluindo rapidamente, é que a produção nacional do óleo cru iria superar, como objetivo e prioridade estratégica, o refinamento do petróleo estrangeiro. A pesquisa seguiria a mesma evolução.

De fato, revelando um aumento de escala de investimento e de prioridades, o Conselho de Administração da Petrobras aprovou, em 4 de dezembro de 1963, a criação do Cenpes. Se as atividades do Cenap, sobretudo de qualificação de pessoal para a companhia, continuariam a existir, nova energia seria emprestada a um centro de pesquisas e desenvolvimento tecnológico, com especial enfoque nas estruturas geológicas da plataforma marítima, no aprimoramento do conhecimento geofísico e geoquímico e nos estudos sobre processos e equipamentos de perfuração, produção e recuperação de reservatórios.

A criação do novo centro, apesar de emergir de conjunturas diversas, encontra, também, respaldo na trajetória e visão de figuras-chave, como as do engenheiro químico Leopoldo Américo Miguez de Mello, que hoje dá nome ao Cenpes.

Desde os tempos do CNP, Leopoldo Américo colecionava importantes contribuições para a indústria nacional do petróleo e já imaginava a criação de uma entidade de tal natureza (Ribeiro, 2010:109). Entre seus cargos de superintendente da refinaria Presidente Bernardes-Cubatão, representante da Petrobras na Associação Brasileira da Infraestrutura e Indústrias de Base (Abdib) e chefe da obra de construção e superintendente da Fabor, o engenheiro constantemente insistia na necessidade de aumentar a mão de obra qualificada e incentivar a pesquisa no Brasil (Ribeiro, 2010:122, 136, 148).

Finalmente, contratado como funcionário no quadro permanente da Petrobras em 1963, Leopoldo Américo ascendeu, já em 1964, ao cargo de diretor da empresa, tendo como um de seus objetivos-chave acelerar a implantação do centro. Seus planos, entretanto, tiveram de ser suspensos por mais de um ano devido ao regime de exceção instaurado. Finalmente, em 1965, o Conselho de Administração da Petrobras acabou por redefinir as atribuições do Cenap, com os cursos de especialização sob controle do órgão, sendo o Cenpes vinculado ao Departamento Industrial, que tinha como diretor responsável, na época, Leopoldo Américo e que lideraria o processo de consolidação da entidade até seu falecimento, em 1975 (Ribeiro, 2010:184,265).

Nesse conturbado contexto, ao iniciar seus trabalhos em 1966, no *campus* Praia Vermelha da Universidade do Brasil (transferido para a ilha da Cidade Universitária da UFRJ no início da década de 1970) e contando com uma área específica destinada à exploração e à produção,[25] o Cenpes permanecia marcado pela multiplicidade de desafios a enfrentar, com grande ênfase ainda em torno do refino e nas demandas dos engenheiros responsáveis pelos trabalhos de campo (Ribeiro, 2010:216).

No início dos anos 1970, as prioridades começariam a mudar, afetando o setor responsável pelas questões de E&P – rebatizado, em 1968, como Divisão de Exploração e Produção (Depro) –, sobretudo com o aumento gradativo de seus quadros, que passaram de oito, em finais dos anos 1960, para 30 em 1973 (Morais, 2013:60).

Apesar de o refino ainda receber parcela significativa dos investimentos em pesquisa (Dias e Quaglino, 1993:135), a priorização da E&P manteve seu crescimento constante e conheceria a sucessão do Depro, em 1979, pela Superintendência de Pesquisas de Exploração e Produção (Supep). A área passava, então, a contar com 91 especialistas apoiados por 80 técnicos (Morais, 2013:64).

Os desafios e as conquistas dos anos 1980 na plataforma continental brasileira só favoreceriam a E&P dentro da área de pesquisa da Petrobras e permitiram uma especialização dos trabalhos através da criação de uma divisão de exploração (Divex), outra de explotação (Diplot) e outra ainda de geologia e engenharia de reservatórios (Diger). Nesse contexto, destaca-se o que talvez tenha sido uma das decisões mais emblemáticas, tomada em 1983, de investir no desenvolvimento de plataformas de produção, sobretudo para atender às demandas vindas da Bacia de Campos (Dias e Quaglino, 1993).

Inaugurando um pioneirismo que viria a se aprofundar duas décadas depois, a Petrobras lançou mão do Cenpes para encontrar meios próprios de vencer o limite de 400 metros de profundidade abaixo da lâmina d'água em face da falta de tecnologia disponível internacionalmente na época. Tratava-se, então, do momento em que a companhia passava a incorporar riscos tecnológicos em suas decisões de investimento (Morais, 2013:64).

O Brasil, como país de industrialização tardia até meados do século XX, sofria com a baixa articulação entre as redes de conhecimento, o

[25] As demais áreas eram: Divisão de Refinação e Petroquímica, Análises e Ensaios, Documentação Técnica e Patentes, Programação e Processamento de Dados.

que afetava os sistemas de inovação de um modo geral, enquanto decisões pela construção de plantas industriais e importação de tecnologia no curto prazo para atender às demandas mais urgentes eram concretizadas. O contexto nacional de crescente adesão ao projeto de modernidade econômica e social teve também de considerar a evolução das mencionadas redes e, no caso do setor de energia, em geral, e do petróleo *offshore*, em particular, sua articulação com a ida da Petrobras ao mar desde os primeiros obstáculos enfrentados.

Na evolução dos processos de exploração e produção de óleo e gás em alto-mar, uma relação cada vez mais estreita e afinada dos operadores, nos poços, com os pesquisadores, nos laboratórios, não somente melhorou as capacidades da companhia em funcionar tecnicamente de forma mais eficiente, como influenciou positivamente até mesmo os fundamentos de gestão levados em conta por diretores e gerentes. Entender como se desenvolveram os centros de pesquisa para a E&P *offshore* da Petrobras, assim, é entender como a companhia passou da posição de "imitadora" para "inovadora", assumindo posteriormente a vanguarda da indústria internacional de petróleo (Dantas e Bell, 2011).

Para Guilherme Estrella, entender a importância da articulação entre as operações de E&P nos poços, a direção da companhia e os laboratórios de pesquisa "é fundamental". Antigo geólogo de poço, depois superintendente do Cenpes e diretor da companhia, Estrella revela uma experiência acumulada singular para definir como essas dinâmicas funcionam não somente como uma lógica de parceria, mas de "sistema".

O mencionado "sistema", como aponta Estrella, levou anos, se não décadas, para ser criado e aperfeiçoado. Os resultados foram, entretanto, altamente compensadores, haja vista os recordes e avanços da E&P *offshore* no Brasil. Após trabalhar de forma isolada, atendendo a pedidos pontuais, e de forma descontínua, quando ainda faltavam novas dinâmicas e interações dentro da companhia o centro desenvolveu uma bem-sucedida organização. O contato com processos de produção de conhecimento fora do país fez, por outro lado, com que o Cenpes dominasse o conhecimento sobre a formação das bacias sedimentares brasileiras e contribuísse decisivamente para sua exploração. Em depoimento, Estrella conta sobre o quanto se avançou nesses domínios, mas sobretudo sobre as consequências para que se identificassem melhor as reservas brasileiras:

> Isso foi um salto enorme [...] foi absolutamente decisivo para definir o que se chama hoje [...] de sistema petroleiro. Você tem que ter a rocha geradora, tem que saber quando o óleo [se formou]... porque depende de temperatura e pressão para transformar matéria orgânica em petróleo, depende dos canais de migração e dos reservatórios onde eles vão se posicionar. E essa é a grande diferença entre a Bacia de Campos e a Bacia de Santos. Porque, em Campos, o sal se movimentou muito e acabou deixando janelas, não tem mais sal lá embaixo, porque ele vem para cima. Uma coisa maravilhosa. E ali o óleo vem, e vem para as rochas [...] que estão acima do sal, são o pós-sal da Bacia de Campos; e nessa migração ele entra em contato com a água e é degradado por bactérias; e as bactérias consomem a parafina, a parte leve do petróleo, parafinas lineares. Por isso que o petróleo do pré-sal, que não teve essa migração, é leve; e o petróleo de Campos é pesado porque ele veio lá de baixo, e nesse caminho de migração ele foi atacado por bactérias que comeram toda a parte leve dele; ele é pesado, tem pouco gás. Pré-sal não, é leve, tem muito gás...

Para além do domínio do conhecimento sobre as bacias sedimentares, as tecnologias para desenvolver a exploração e a produção nas condições particulares presentes na costa brasileira também tiveram de ser repensadas por meio de uma fina interação entre o trabalho nos poços, que já acumulavam diversas vitórias, os laboratórios de pesquisa e a direção e seus gestores. Especialmente enquanto a companhia buscava petróleo ou gás em águas mais profundas, entre as décadas de 1980 e 1990, o uso de tecnologia importada e de mergulhadores precisou ser combinado com desenvolvimento próprio de equipamentos de alta confiabilidade.

Guilherme Estrella lembra que a vida útil dos mesmos equipamentos em águas rasas poderia ser mediana em razão da facilidade de manutenção e eventual troca. Entretanto, em águas profundas, a perspectiva tinha de ser de longo prazo. O papel do Cenpes para atingir esses objetivos foi fundamental ao mesmo tempo que desenvolvia uma boa coordenação com a gestão e o campo.

Ao compreender essas necessidades, a gestão de Estrella e João Paulo Silveira, esse último superintendente do Cenpes entre 1986 e 1989, lançou o Procap. Para Estrella, essa experiência foi fundamental para capacitar a empresa a avançar nas águas profundas não somente pelos resultados técnicos, mas por ter integrado o Cenpes na operação. Segundo o antigo diretor, para obter inovação "você tem que trazer o cara do centro de pesquisa para a frente operacional, e não o contrário".

As repercussões de uma tal inovação operacional não ficariam restritas a determinado tempo ou espaço. Carlos Tadeu da Costa Fraga, que esteve à frente da gerência executiva de pré-sal, mas sobretudo carrega em sua trajetória uma longa e importante passagem pelo Cenpes, ressalta em depoimento as repercussões contemporâneas das mudanças que a Petrobras conheceu na E&P *offshore* entre as décadas de 1980 e 1990:

> O que a companhia fazia, e fez, quando conhecia pouco alguma coisa? Volta lá no tempo. No Procap. Descobrimos reservatórios em águas profundas. A gente tinha uma interrogação: como é que a gente faz para produzir? E como é que a gente abordou o assunto? Estrutura do programa tecnológico, envolve fornecedores de bens e serviços, comunidade científica, Brasil e exterior, formula as perguntas certas, obtém as propostas de projeto, seleciona, aborda um assunto, caráter empírico, vai testando, testando alternativas, adquirindo informação e conhecimento para superar o desafio. E a gente repetiu exatamente o mesmo processo com o pré-sal. As perguntas foram diferentes, mas a abordagem de cooperação foi a mesma. Não foi à toa que foi criado um programa tecnológico, chamado Prosal.

A associação à Coppe/UFRJ seria o passo seguinte, sendo sucedida por novas parcerias com universidades brasileiras.

Rumo ao século XXI: 20 anos de sinergia

Apesar de amplo esforço para rumar em direção contrária, é preciso notar que as empresas brasileiras, sobretudo aquelas pouco internacionalizadas, ainda sofrem com redes de conhecimento insuficientemente articuladas entre seus postos avançados de inovação. Pode-se explicar tal realidade pelo fato de que inovação não produz todos os seus frutos se confinada em laboratório, mas apenas é bem-sucedida se existem dinâmicas consolidadas e claras de interação com os sistemas de produção.

Nas últimas décadas, para produzir as conquistas vistas na E&P do pré-sal, a Petrobras entendeu que os resultados das pesquisas de desenvolvimento afetam as capacidades da empresa. Ainda mais importante, compreendeu que a agência de seus quadros, interagindo diretamente com os setores de exploração e produção, promovia, nos mais diversos setores de pesquisa, nos seus laboratórios e nos parceiros na academia brasileira e estrangeira, avanços consideráveis. Uma relação direta constrói, assim, agendas comuns e sofisticadas e permite um eficiente retorno de experiência entre os poços e os sistemas que em torno dele giram.

A interação entre o Cenpes, universidades brasileiras e estrangeiras e a Diretoria de Exploração e Produção, movida não somente pela racionalidade econômica do setor energético, mas pela cultura de gestão nacional e pelo *ethos* da companhia, torna-se a responsável pela construção de um inegável pioneirismo mundial. Foi com o aperfeiçoamento dessas dinâmicas que o país passou do *status* de imitador para o de inovador, atuando na fronteira internacional da indústria do petróleo.

Um dos objetivos das reflexões aqui desenvolvidas é entender como esses processos de interação mudaram nas últimas décadas permitindo, por sua vez, a reconstrução de redes de comunicação dentro da companhia, que a fizeram acelerar seus progressos tecnológicos. Não basta somente destacar quais foram os avanços alcançados dentro dos laboratórios de pesquisa, mas como essas atividades alteraram as redes de comunicação e, eventualmente, moldaram o excepcionalismo da Petrobras.

A aposta estratégica dos centros de pesquisa

A decisão de criação do Cenpes, em 1963, relativizava uma racionalidade econômica imediatista. Mirava-se mais o futuro do que o então presente, e apostava-se na transformação da Petrobras em um pilar fundamental da produção nacional de riqueza. Lembrando novamente as palavras de Carlos Walter Marinho Campos (1988:126-127) sobre a centralidade do planejamento de longo prazo:

> A pessoa não precisa ser muito sábia para entender que não se cobre uma plataforma dessas com geofísica suficiente para botar poços, basta dizer que os primeiros poços foram furados em estruturas mapeadas muito precariamente – não se pode furar em grande massa, fazer um programa de exploração agressivo, sem boas informações técnicas, principalmente geofísicas. E essas informações demoram algum tempo a serem colhidas no campo, processadas e interpretadas, e o equipamento necessário para perfurar também não aparece assim [estala os dedos], são coisas que têm uma certa demora...

O Cenpes, nesse contexto, acabou assumindo missões de planejamento, coordenação, execução e acompanhamento das atividades de pesquisa e desenvolvimento (P&D) e de engenharia básica relacionadas com a indústria do petróleo e outras fontes de energia. Além dessas atividades, o Cenpes é hoje responsável por constituir e manter um relacionamento com a comunidade de ciência e tecnologia por meio de universidades e centros de pesquisa do país, e também por prestar assistência técnica e executar serviços centralizados nas áreas de informação e propriedade industrial (marcas e patentes) e propor diretrizes em tecnologia e inovação para a Petrobras.

Com o foco inicialmente posicionado sobre a área de refino (a divisão inicial constituía-se em cinco áreas: refinaria e petroquímica; análises e ensaios; documentação e patentes; programação e processamento de dados; e exploração e produção), em consonância com as prioridades da época, podem-se destacar, em seus primeiros anos de trabalho, estudos sobre o processo de hidrogenação catalítica e de coqueamento retardado, com unidades piloto especializadas sendo montadas na praia Vermelha. Como consequência desse avanço tecnológico, deram-se modificações no craqueamento catalítico da refinaria Duque de Caxias (Reduc) para o aproveitamento do petróleo nacional em detrimento do petróleo do Oriente Médio, mais leve. A mesma modificação ocorreu na refinaria Landulpho Alves (RLAM). Esses trabalhos permitiram ao país dominar tais tecnologias, que eram então compradas no exterior sem o completo conhecimento de seus processos (Morais, 2013).

Após esse primeiro momento, notou-se que a construção de laboratórios e unidades piloto não poderia ser expandida, devido ao tamanho do espaço destinado ao Cenpes na praia Vermelha. Com a transferência de alguns cursos para o recém-criado *campus* do Fundão, em 1973, o Cenpes também se mudou. Era o tempo da descoberta quase concomitante do campo de Garoupa, com os investimentos encontrando nova direção, tendo como exemplo a construção de laboratórios na área de exploração e produção em um momento considerado como ponto de inflexão para a companhia. Tratava-se do início do foco no segmento de *upstream*, com as sequentes descobertas na Bacia de Campos prometendo um novo papel para o Cenpes no cenário de tecnologia e inovação *offshore*.

As demandas crescentes levaram o centro aos seus primeiros resultados, e acabaram permitindo a realização de análises sobre a estrutura geológica da plataforma marítima, aprimoramentos nas pesquisas geofísicas e geoquímicas, estudos sobre processos e equipamentos de perfuração, produção e recuperação de reservatórios, além da contratação de novos pesquisadores. Uma importante iniciativa desenvolvida nesse período foi o projeto de Reconhecimento da Margem Continental Brasileira (projeto Remac), de mapeamento, através de uma parceria entre Petrobras, Departamento Nacional de Produção Mineral (DNPM), Companhia de Pesquisa de Recursos Naturais (CPRM) e Diretoria de Hidrografia e Navegação da Marinha, com apoio do CNPq.

Ainda nesse período inicial, também se pode destacar o Plano de Caracterização das Bacias Sedimentares Brasileiras, no início dos anos 1970. Tal plano permitiu à companhia deter dados e informações que subsidiaram as estratégias de E&P e se tornaram fator decisivo para a manutenção de elevados índices de sucesso em poços pioneiros perfurados pela Petrobras. Finalmente, para além da decodificação das tecnologias de refino compradas no exterior, o recurso à explicitação de tecnologias já prontas para o desenvolvimento de tecnologias próprias foi bastante motivado pelas crises do petróleo e pela política de substituição de importações do governo federal, com claras repercussões nos trabalhos do Cenpes, ainda que o centro permanecesse a certa distância das unidades-fim da companhia.

A alteração da estrutura de derivados do petróleo, dada pela relação de produção entre gasolina e *diesel*, motivaram adaptações nas refinarias nacionais. Com isso, além de uma transformação no papel do Cenpes, o mesmo passaria a um novo patamar dentro da companhia. Guilherme Estrella comenta sobre o distanciamento que existia anteriormente entre o laboratório e as demais áreas da empresa nesse período: "Era um órgão isolado".

Um dos primeiros grandes marcos para o centro nesse processo de evolução dentro da Petrobras surgiu no ano de 1976. A área de engenharia básica, até então dispersa dentro de diversos setores na estatal, passou a integrar uma única seção, que foi incorporada ao Cenpes.[26] Essa especialidade tem um papel fundamental dentro do quadro de pesquisa e desenvolvimento, já que realiza a ligação entre os projetos prospectados e os identificados como aplicáveis, transformando, assim, conhecimento em valor.

Alguns anos mais adiante, mais precisamente em 1983, foi criada no Cenpes uma área específica de pesquisas de exploração e produção *offshore*, que possuía foco no projeto de produção de plataformas marítimas e no desenvolvimento de equipamentos e sistemas de produção submarina. Avançava-se com o protagonismo consolidado do *upstream*.

Figura 23 | Construção da jaqueta para a Bacia de Campos

26 Para uma visão mais ampla da trajetória da engenharia dentro da companhia, ver Sarmento e Lamarão (2006).

Figura 24 | Embarque da jaqueta para a Bacia de Campos

Entretanto, vencer a barreira das águas profundas (400 metros da lâmina d'água), que se colocava diante da companhia, exigiria novos esforços. Tecnologias estrangeiras não se mostravam confiáveis para tal salto, pois aquela era a fronteira do conhecimento. Nesse contexto, começaria a ser construída uma nova vanguarda da Petrobras e do país. Para que esse complexo processo de desenvolvimento não recaísse somente sobre a responsabilidade de um exclusivo setor, seria criado, nos anos seguintes, um programa de forma a integrar o laboratório ao campo de produção – o Programa de Capacitação Tecnológica em Sistemas de Produção para Águas Profundas, examinado em detalhes mais adiante.

O sucesso de tais empreitadas acabou sendo atestado pelos prêmios concedidos pela OTC nos anos de 1992, 2001 e 2015, considerada a mais importante da indústria de petróleo e gás *offshore* do planeta. O primeiro deu-se pelo reconhecimento do avanço tecnológico na produção do campo de Marlin. Em 2001, o prêmio distinguia o domínio tecnológico aplicado na produção do campo de Roncador, sendo o terceiro pelas tecnologias aplicadas ao pré-sal.

O desenvolvimento tecnológico da Petrobras e o domínio da capacidade para os necessários saltos, conquistados pela competência de seus funcionários, em muitos casos ocorreu devido à já referida parceria entre a academia e a empresa. Segundo Guilherme Estrella, "quando cheguei ao Cenpes, fizemos as primeiras tentativas de convênios com a UFRJ e com outras universidades na área de geociências", lembrando o início desse tipo de parceria, modelo que também renderia frutos no desenvolvimento da relação entre o centro e as indústrias da companhia, por exemplo, através do Sistema de Gestão Tecnológico da Petrobras.

Uma série de avanços foram então alcançados, como a bomba centrífuga submersa (método de elevação artificial de fluidos do fundo do poço, capaz de dobrar a produção em comparação com outro método de elevação artificial), o sistema de ancoragem (baseado na utilização conjunta de estacas-torpedo e cabos de poliéster, ambas as tecnologias desenvolvidas no Cenpes) e o sistema *gravel pack* em poços horizontais (utilizado para controlar a produção de areia durante o processo de perfuração, evitando a entrada de areia no poço).

Nos últimos anos, para além do surgimento de redes temáticas e dos desafios relacionados ao pré-sal, houve a formalização, dentro do centro, do trabalho com áreas tão díspares como gás, energias renováveis, desenvolvimento sustentável e biocombustíveis, colocando o Cenpes em patamares não imaginados quando de sua criação e demandando novas posturas gerenciais a fim de que investimento e resultado possam continuar crescendo.

Parte das respostas da companhia a tais desafios pode ser vista na ampliação do centro, em 2010, com a inauguração de diversos novos laboratórios também na ilha do Fundão, como o Cenpes 2, em que se destaca o Núcleo de Visualização Colaborativa. Atualmente, todo o complexo, incluindo as novas e antigas instalações, apresenta uma área total de 300 mil metros quadrados.

Viabilizando a inédita descida às águas profundas e ultraprofundas

Como mencionado, a fim de desbravar o ambiente de exploração e produção submarina, a Petrobras precisou buscar o caminho da inovação através de uma nova sinergia entre seus colaboradores. Não havia outra empresa produzindo petróleo nas profundidades onde a Petrobras havia descoberto reservas *offshore* na Bacia de Campos. Nas condições lá presentes, os desafios eram inúmeros, como as condições climáticas, o próprio ambiente marinho e submarino, as grandes distâncias (entre as plataformas e os poços no fundo do oceano e entre as plataformas e o continente) e, por fim, a invisibilidade das operações submarinas (Morais, 2013:85).

Sobre o clima (na superfície e submarino) e as condições envelopando as reservas, as dificuldades desdobravam-se na questão da velocidade dos ventos, da altura das ondas, das direções das correntes marinhas, das tempestades, das pressões hidrostáticas decorrentes da coluna de água, das baixas temperaturas submarinas, da natureza maleável da camada de sal e da composição e porosidade das rochas sedimentares (Morais, 2013:85). Tais eram as barreiras a serem superadas para além das questões logísticas novas, que até então não tinham perturbado as mentes daqueles explorando e produzindo no Brasil enquanto os trabalhos se faziam em terra. Com as grandes distâncias entre as plataformas e o continente e entre as reservas e a lâmina d'água, muitas operações passaram a necessitar de apoio remoto, não podendo ocorrer da mesma maneira que em águas rasas.

O antigo diretor de exploração e produção Guilherme Estrella resume da seguinte forma os impactos e a dimensão das barreiras que surgem conforme as profundidades aumentam tanto no mar quanto nas rochas a serem perfuradas:

> Não só na parte exploratória, mas na parte de perfuração e produção também. [...] Na parte de perfuração e produção acontece o seguinte: até 300 metros, você atua com mergulhadores, já numa situação extrema. A pessoa demora quase um dia para subir. Mas até 150 [metros] vai bem. Então, deu problema até 300 metros, até 200 metros? Você desce o mergulhador e conserta lá embaixo. Problema nas árvores de natal, nos equipamentos instalados? A pessoa conserta lá embaixo. Agora, quando você passa para 300, 350, 400 [metros]... o homem não vai mais. Enfrentei isso no Cenpes... Você tem que ter um avanço gigantesco na confiabilidade dos equipamentos, porque ele não pode quebrar. Então... válvulas... toda aquela parafernália de árvore de natal, válvulas e conectores... tudo isso tem que ter confiabilidade absoluta... Em água

> rasa, em águas em que o mergulhador pode ir, a vida útil de um equipamento desse era pequena, era de... dois, três meses, às vezes, seis meses, eventualmente, um ano. Em águas profundas, você tinha que ter uma vida útil de anos.

Para além dessas limitações típicas da exploração e produção de petróleo em alto-mar, cabe lembrar as questões que já de longa data se apresentavam às atividades da indústria do petróleo, como os contaminantes e a alta viscosidade. Ácido sulfídrico e dióxido de carbono, presentes no óleo, sempre se constituíram como substâncias corrosivas e grande ameaça ao meio ambiente, enquanto a alta viscosidade dificultava o trabalho de elevação dos fluidos ao aumentar a demanda por energia para elevação.

Anos antes de o programa especial Procap surgir, como mencionado no capítulo precedente, a tecnologia submarina brasileira já tinha contato e experimento com trabalhos desenvolvidos em outras duas localidades no planeta onde E&P *offshore* existiam, ainda que com características distintas das brasileiras: no Golfo do México e no Mar do Norte. Ao mesmo tempo, desde as investidas sobre Guaricema e antes mesmo de chegar a Campos, a companhia procurou a máxima autonomia possível no desenvolvimento de plataformas.

Segundo José Mauro de Morais, pode-se dividir a história da exploração *offshore* antes da era do pré-sal em quatro fases. A primeira, de 1968 a 1973, seria caracterizada pela utilização de avaliações sísmicas 2D e reconhecimentos gravimétricos. A segunda, de 1974 a 1983, já utilizando sísmica 3D, seria caracterizada pelo rompimento da barreira dos 300 metros de coluna d'água, com o recorde de 500 metros sendo alcançado em 1982. A terceira, de 1984 a 1989, seria a das descobertas dos campos gigantes de Albacora (1984) e Marlim (1985), com o destaque para a aplicação da tecnologia de posicionamento dinâmico em plataformas e a perfuração apenas de poços verticais e direcionais, não sendo realizada ainda a perfuração horizontal. Finalmente, de 1989 a 2002, teríamos uma quarta fase iniciando-se com a descoberta do campo gigante de Barracuda, mas também com evoluções na sísmica de exploração e o início da perfuração horizontal em grandes profundidades (Morais, 2013:116-118).

Guaricema	1968	28
Garoupa	1974	124
Enchova	1976	120-160
Bonito	1977	190
Marimbá	1983	380-490
Albacora	1984	150-1.100
Marlim	1985	650-1.050
Albacora Leste	1986	800-2.000
Marlim Sul	1987	800-2.600
Barracuda	1989	600-1.100
Roncador	1996	1.500-1.900
Jubarte	2002	1.250-1.400

Quadro 1 | Alguns dos campos de petróleo descobertos na plataforma marítima brasileira entre 1968 e 2002 (nome, ano da descoberta e profundidade em metros da lâmina d'água)

Nessa corrida pela E&P em meio aos contextos político e econômico nacional e internacional passados em revista nos capítulos anteriores, uma das primeiras grandes inovações brasileiras foi o chamado sistema de produção antecipado (SPA), de finais dos anos 1970, um novo horizonte para a companhia.

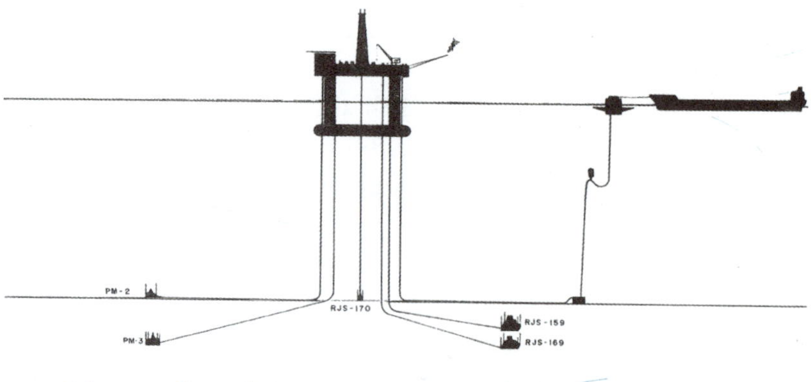

Figura 25 | Ilustração de um dos primeiros sistemas de produção antecipada (Sul de Pampo), com início das operações em dezembro de 1980

Com as descobertas se acumulando na Bacia de Campos e diante da demora na entrega de plataformas fixas, optou-se por utilizar plataformas ou navios-sonda de perfuração semissubmersíveis adaptadas para dar rápido início à produção e continuar coletando dados sobre os reservatórios.

Vencidos os riscos inerentes a tal inciativa, o SPA proporcionava economia nos investimentos até que estivesse definido o sistema produtivo a ser implantado, podendo variar entre os sistemas flutuantes ou, nos casos em que a profundidade de lâmina d'água permitisse, por meio da implantação de plataformas fixas (Morais, 2013:118). Salim Armando, chefe do Grupo Especial de Produção Antecipada, ressalta ter sido aquele avanço um marco para sua equipe, porém, mais importante ainda, para a Petrobras. Uma verdadeira nova "odisseia" que começava, segundo ele. Para Alfeu Valença, então superintendente da Bacia de Campos, ao ressaltar o feito da equipe de Armando, destacou a "sinergia muito boa" criada na companhia naquele momento.

Figura 26 | Navio-sonda de perfuração

Estabelecido esse marco pelas mãos dos engenheiros e colaboradores trabalhando no campo entre fins da década de 1970 e início dos anos 1980, a reorganização da companhia nos anos seguintes faria com que laboratórios como o Depro passassem de importadores e adaptadores de aparelhos e máquinas a, por intermédio do Cenpes, coordenadores de empresas de engenharia e de consórcios de construção de equipamentos. Em um futuro próximo, acabaria sendo possível gerar novas tecnologias.

O grande período de inovação da Petrobras da década de 1980 de fato ocorreu quando foi preciso explorar os campos gigantes de Marlim e Albacora, localizados até 1.100 metros de profundidade. Até então, as tecnologias conhecidas resistiam somente os 300 metros de profundidade, tendo a Petrobras já alcançado alguns feitos a 400 metros, o que cada vez parecia mais insuficiente. A engenhosidade dos funcionários da Petrobras então imaginou um caminho alternativo a um avanço autárquico: a cooperação com universidades, empresas e centros de pesquisas.

Surgia, nesse momento, o Programa de Capacitação Tecnológica em Sistemas de Produção para Águas Profundas (Procap) (nos sequentes Procap 2.000 e 3.000 seria utilizado o termo "ultraprofundas"). Lançado em 1986, tratava-se de uma iniciativa para capacitar profissionais e realizar pesquisas e desenvolvimentos tecnológicos para a exploração e produção de petróleo entre 400 e mil metros de profundidade. Conhecido posteriormente como "Procap 1.000", estendeu-se até o ano de 1991. Antigo diretor de exploração e produção, José Formigli Filho lembra a urgência e a clareza dos objetivos quando do lançamento do programa:

> Quando a gente estava na década de 1980 e foi reconhecido o prêmio existente em Albacora e Marlim, foi criado o Procap que, na época, não se chamava Procap 1.000. Depois ele virou 1.000, porque criaram o 2.000. Mas o Procap, o primeiro... foi criado em 1986, depois da descoberta de Albacora e Marlim. Por quê? Porque verificava-se o seguinte: grandes volumes, mas pouca tecnologia no mundo. Precisamos estar capacitados em conhecimento e em tecnologia.

A segunda empreitada do Procap, desenvolvida entre 1992 e 1999 e conhecida como "Procap 2.000", visava aos mesmos objetivos, porém com metas de maiores distâncias submarinas, com profundidades entre mil e 2 mil metros. Assim também a sucedeu o "Procap 3.000", entre os anos de 2000 e 2011, buscando atingir lâminas submarinas entre 2 mil e 3 mil metros de profundidade. Ainda segundo Formigli Filho, logo após descobrir Albacora, Marlim e Barracuda, todos na faixa dos mil metros,

> [veio] a descoberta de Roncador, em 1996. O que a gente fez? A gente, entre 1992 e 1993, a gente fez o Procap 2.000. Por quê? Porque a exploração já tinha indicado o seguinte: [simulando um diálogo, diz:] "Olha, pessoal, grupo da produção, a faixa de mil metros está diminuindo, ou seja, ou a gente vai para o que existe entre mil e 2 mil metros, ou a gente não vai ter bons prêmios. Então a produção tem que correr atrás para saber perfurar poço, saber completar poço, saber interligar poço e saber colocar a plataforma ancorada entre mil e 2 mil metros". Daí o Procap 2.000. Tudo até 2 mil metros.

A sistemática basilar dos programas foi assim explicada pelo antigo diretor: "A exploração indica onde é mais provável ocorrer a produção... e a produção precisava desenvolver tecnologias para tanto". Tratava-se, segundo ele, do "fundamento do Procap 1.000, 2.000 e 3.000".

O quadro abaixo realiza um comparativo entre esses programas, ressaltando-se que, a partir do Procap 2.000, a aparente redução de projetos não corresponde à realidade, pois se indicam somente os totais de grandes unidades de projetos em torno das quais dezenas de outros projetos foram agregados.

PROGRAMA	PERÍODO	PROJETOS	ORÇAMENTO (MILHÕES DE US$)
Procap 1.000	1986-1991	109	68
Procap 2.000	1992-1999	20	90
Procap 3.000	2000-2011	19	130

Quadro 2 | Comparação entre os Procaps

A capacitação de funcionários, de fornecedores sediados no país e de centros de pesquisa responsáveis por novos equipamentos e processos também foi possível graças ao lançamento desses programas. Desde seus primeiros instantes, centenas de profissionais já faziam parte das novas dinâmicas o que permitiu, durante o Procap 1.000, por exemplo, o depósito de 251 patentes pela Petrobras, sendo 140 registradas no Brasil e 111 em outros países (Morais, 2013:142).

Os principais projetos para os quais se procuravam soluções tecnológicas nesse período foram o aprimoramento de sistemas flutuantes de produção já em utilização (mais conhecidos pela sigla em inglês FPSO – *floating production storage and offloading* – e plataformas semissubmersíveis), novas plataformas de pernas tensionadas (*tension leg*), sistemas de bombeamento multifásico de petróleo, adaptações e desenvolvimentos incrementais de equipamentos para a nova realidade (*manifolds*, árvores de natal e *risers*), análise das condições ambientais no mar para uso de plataformas fixas e mapeamento do solo, e especificações de veículos de operação remota (também mais conhecido pela sigla em inglês ROV – *remotely operated underwater vehicle*). Ademais, foi realizada a coleta de dados geológicos, geotécnicos, geofísicos, ambientais e climáticos, assim como sobre os sistemas (produção, instalação e inspeção) existentes nas condições submarinas (Morais, 2013:143).

O saldo, considerando a habilitação da Petrobras para produzir petróleo nas condições que almejava e a quebra de recordes, foi extremamente positivo. Finalmente, a empresa despontava como *benchmark* em tecnologias submarinas de E&P.

MELHORAMENTO TECNOLÓGICO	NOVO CONHECIMENTO TECNOLÓGICO
Desenvolvimento de componentes e de sistemas convencionais de produção Sistema flutuante com semissubmersível (entre 400 e 1.500 metros) Sistema flutuante com navio aplicando monoboia, Turref e posicionamento dinâmico	Desenvolvimento de novos sistemas de produção Plataformas de pernas atirantadas (entre 600 e 1.500 metros) Sistemas submarinos de bombeamento multifásico (entre 400 e 1.500 metros) Sistemas de separação e bombeamento submarino (entre 400 e 1.500 metros) Sistemas flutuantes com semissubmersível utilizando completação seca (entre 600 e 1.500 metros) Sistema de separação e bombeamento submarino (entre 1.000 e 1.500 metros) Torre complacente

Quadro 3 | Resumo dos avanços realizados pelo Procap 1.000

Com maiores ambições, foi lançado o “Procap 2.000” em 1992. Desenvolvido durante sete anos, o segundo programa de capacitação visava gerar novas tecnologias e relativizar, de vez, o recurso a adaptações e inovações incrementais. Com números superiores ao primeiro programa, atingiu a cifra dos US$ 90 milhões em investimentos e possibilitou à Petrobras atuar em conjunto com 99 instituições (66 empresas de engenharia e consultoria e 33 universidades e centros de pesquisa).[27]

Entre os principais projetos desenvolvidos e executados no Procap 2.000, encontram-se: a perfuração de poços horizontais em águas ultraprofundas, o sistema de bombeamento centrífugo submerso submarino (BCSS) de acionamento elétrico, o sistema de separação multifásica e bombeamento de líquidos, o sistema de ancoragem e complacência diferenciada, o desenvolvimento de âncoras de carga vertical e estaca torpedo, o sistema de conexão vertical entre linhas flexíveis e árvores de natal/*manifolds*, o desenvolvimento de *risers* rígidos (de aço) em catenária, a garantia de escoamento dos fluidos (evitando e prevenindo a formação de parafinas e hidratos), a concepção de novos tipos de plataformas, o desenvolvimentos de *risers* flexíveis, de linhas de fluxo e de umbilicais de controle e conexões submarinas para águas até 1.500 metros de profundidade, tecnologias de ancoragem e amarração para águas de até 2 mil metros de profundidade e o desenvolvimento de alguns equipamentos para operar dentro do referente horizonte de profundidade (como árvore de natal submarina, *drillpiperiser*, poços *slender* e *manifold* com acionamento compartilhado) (Morais, 2013:147-148).

Através do exame do quadro a seguir, pode-se perceber a dimensão dos resultados, mas sobretudo a invenção de tecnologias inéditas, então consolidando a posição da Petrobras como líder em pesquisa e desenvolvimento em tecnologias *offshore* de águas profundas.

[27] Ver Associação Nacional de Pós-Graduação e Pesquisa em Administração (Anpad). *Procap: um vitorioso programa brasileiro de P&D para produção em águas profundas*. Disponível em: <www.anpad.org.br/diversos/trabalhos/EnANPAD/enanpad_1997/CT/1997_CT4.pdf>. Acesso em: jan. 2015.

ÁREA DE CONHECIMENTO ENVOLVIDA	PROJETOS DO PROCAP 2.000
Novas tecnologias e procedimentos em poços e reservatório	Projetos e execução de poços de grande afastamento horizontal (EWR) em águas profundas com pequena espessura Técnicas especiais de perfuração de poços em lâminas d'água profundas e ultraprofundas
Equipamentos submarinos	Equipamentos submarinos para águas profundas
Novos sistemas marítimos de E&P	Utilização do sistema de bombeamento centrífugo submerso em poços submarinos (SBCS) Sistemas de separação submarina (SSS) Sistemas de bombeamento multifásico submarino (SBMS) e medição multifásica submarina
Novas tecnologias e escoamento de fluxo multifásico	Garantia de escoamento II Tecnologia para produção, escoamento e transporte de óleos pesados em áreas profundas
Geração de banco de dados ambientais	Coleta e tratamento de dados geofísicos, geológicos, geotécnicos, oceanográficos e meteorológicos
Instalação de produção *offshore*	Unidades estacionárias de produção com completação seca Sistema de ancoragem Dutos submarinos de coletas, exportação e controle

Quadro 4 | Resumo dos avanços realizados pelo Procap 2.000

O Procap 3.000, inaugurado em 2000, continuou as buscas para vencer novas profundidades e retomou as ambições do precedente programa, de desenvolver tecnologia sensível e pioneira. A um custo estimado em US$ 130 milhões (Freitas, 2001), encerrou-se em 2011, tendo como resultado diferencial em relação aos precedentes o desenvolvimento de sofisticados processos de modelagem computacional (Morais, 2013:149-150).

Entre os principais projetos desenvolvidos e executados no Procap 3.000, encontram-se: os poços de longo afastamento horizontal em águas ultraprofundas, os poços com trajetória complexa, os poços com altas vazões em águas ultraprofundas, os poços com fluidos leves ou sub-balanceados (produção concomitante com a perfuração), a completação inteligente, o *gas-lift* em águas ultraprofundas, o sistema de bombeamento multifásico submarino, as garantias de escoamento (parafinas e hidratos), os sistemas submarinos de produção não convencionais, os dutos e *risers* de coleta para profundidades de até 3 mil metros, a conexão submarina para 3 mil metros, a amarração de plataformas em águas ultraprofundas e as unidades estacionárias de produção com completação seca e análise de atratividade para diversos conceitos de casco (completação seca e molhada).

ÁREA DE CONHECIMENTO ENVOLVIDA	PROJETOS PROCAP 3.000
Novas tecnologias e procedimentos em poços e reservatórios	Poços de longo afastamento horizontal (ERW) em águas ultraprofundas
	Poços com fluidos leves ou sub-balanceados
	Poços com trajetória complexa
	Poços com alta vazão em águas ultraprofundas
	Completação inteligente
Equipamentos submarinos	Equipamentos submarinos para 3 mil metros de profundidade
Novos sistemas marítimos de E&P	Sistema de bombeamento multifásico submarino
	Sistemas submarinos de produção não convencionais
	Sistema de *gas-lift* para águas ultraprofundas
Novas tecnologias e escoamento de fluido multifásico	Garantia de escoamento (hidratos e parafinas)
Geração de banco de dados ambientais	Coleta e tratamento de dados geofísicos, geológicos, geotécnicos, oceanográficos e meteorológicos
Instalação de produção *offshore*	Unidades estacionárias de produção com completação seca
	Dutos e *risers* submarinos de coletas, exportação e controle
	Conexões submarinas para 3 mil metros de profundidade
	Amarração de plataformas em águas ultraprofundas
	Análise de novos tipos de casco

Quadro 5 | Resumo dos avanços realizados pelo Procap 3.000

Como balanço final de tais empreitadas, é importante recordar que, em 1986, quando o Procap foi lançado, as reservas de petróleo da Petrobras eram de 3,6 bilhões de barris equivalentes de petróleo, e a produção, de 572 mil barris por dia. Após duas décadas de trabalho, as reservas alcançavam 15,7 bilhões de barris equivalentes de petróleo, e a produção, 2,02 milhões de barris por dia.

Como afirma o antigo diretor Guilherme Estrella, "o Procap é um projeto conjunto", ou seja, de uma sinergia inédita entre os laboratórios, os centros de pesquisa e os departamentos que estavam na linha de frente das operações *offshore*.

Resultados e pioneirismo

Tomadas as decisões e consumidos os investimentos, entre aprendizagem e realização, surgem novos resultados concretos que merecem um destaque singular por constituírem as bases do pioneirismo da E&P *offshore* do Brasil. Após a menção de longas listas enumerando os feitos alcançados entre os anos 1980 e o início do século XXI nas sessões anteriores, objetiva-se aqui dar espaço à descrição de equipamentos e processos os mais sensíveis desenvolvidos ao longo da conquista *offshore* brasileira.

Um dos principais e mais atualizados levantamentos desse gênero encontra-se no estudo publicado, em 2013, por José Mauro de Morais com o apoio de um convênio entre a Petrobras, o Ipea e a Finatec. Trata-se do resultado de um rigoroso trabalho de levantamento desenvolvido no âmbito da Diretoria de Estudos e Políticas Setoriais, de Inovação, Regulação e Infraestrutura do Instituto de Pesquisa Econômica Aplicada, da então Secretaria de Assuntos Estratégicos da Presidência da República. Esse trabalho servirá de guia principal, entre outras, nesta passagem em revista.[28]

Quando do primeiro Procap, tendo em vista as preocupações em capacitar técnicos da companhia para a elaboração de projetos conceituais de novas e originais plataformas, foi concebida a chamada "Vitória Régia".

[28] Ver Morais (2013), especialmente capítulo 6. Ver também Morais (2015).

Tratou-se de um projeto lançado através da compra de um desenho básico sueco, juntamente com a transferência de tecnologia, consistindo em uma plataforma semissubmersível para águas de até 400 metros de profundidade, a acrescentar adaptações na área do convés para comportar uma planta de pré-processamento.

O projeto conceitual finalmente elaborado pelos técnicos nacionais apresentou uma redução de 32% no custo médio de fabricação em razão de diversos redimensionamentos realizados para se adequar à realidade brasileira. Apesar de não ter sido construída e de ter contado com o apoio da petrolífera Conoco e do Massachusetts Institute of Technology (MIT), os esforços de concepção acabaram representando um marco importante para a tecnologia brasileira, sobretudo em termos de qualificação de pessoal (Furtado, 1996).

Para além de maior autonomia e segurança no provimento de plataformas, outro esforço relevante estava intimamente ligado ao objetivo de vencer as profundezas do oceano, onde a chamada árvore de natal molhada (ANM)[29] teria papel central. Trata-se de um equipamento instalado após a cabeça de poço, contendo válvulas e conexões que visam controlar o fluxo dos fluidos envolvidos na produção (Assayag, depoimento, 2005).

As árvores de natal tradicionalmente utilizadas em ambiente marinho costumavam ser instaladas com auxílio de mergulhadores (até 300 metros de profundidade) e possuíam sérias limitações de adaptação em relação às utilizadas em terra. A partir da conquista de ambientes mais profundos, exigências em relação a temperaturas e pressões (internas e externas) aumentaram significativamente demandando, em um primeiro momento, a intervenção dos chamados ROVs.

Com a consolidação do horizonte produtivo brasileiro em águas profundas, o recurso aos poucos fornecedores internacionais, além das exigências de adaptação, levou à decisão de concepção do primeiro projeto inteiramente nacional de ANM, realizado por uma equipe liderada pelo engenheiro Danilo Oliveira e com um protótipo sendo construído com o auxílio da petrolífera Statoil.

---

[29] Esse equipamento é citado de forma recorrente como de extrema importância para a produção submarina de petróleo em grandes lâminas d'água, tendo participado de sua concepção figuras de destaque, como Jacques Brailes Saliés, Danilo Oliveira e José Miranda Formigli Filho, entre outros.

Figura 27 | Árvore de natal molhada em submersão

A Petrobras acabou se destacando nessa realização e desenvolvendo ANMs de cinco tipos, de acordo com o método de instalação e o sistema de conexão com as linhas de fluxo: *diver operated* (DO – árvore instalada e operada por mergulhador, com controle manual de válvulas de fluxo); *diver assisted* (DA – instalada com cabo guia e auxílio de mergulhador, necessitando de mergulhadores para seu controle); *diverless* (DL – instalação através de cabos guias e controle por meio de comandos hidráulicos); *diverless lay-away* (DLL – instalação realizada por meio de barco de lançamento de linhas junto com as linhas de controle e de fluxo); e *diverless guidelineless* (GLL – instalada sem cabos guia ou mergulhadores, através de grandes funis, sendo a ANM padrão a partir de 500 metros de profundidade) (Morais, 2013).

Ainda sobre tais equipamentos e tal experiência, Carlos Tadeu da Costa Fraga lembra em entrevista:

> A Petrobras já desenvolveu no passado uma árvore de natal molhada... que terceiros fabricaram. Aquele processo serviu, sim, para melhor conhecer os aspectos construtivos de aplicação daquele equipamento. [...] Talvez, hoje, não seria essa a abordagem que eu recomendaria, mas eu estou só dizendo que muito do esforço, entre aspas, de pesquisa, é, sim, esforço de capacitação e que permite, no diálogo com o fornecedor, induzi-lo a esse aperfeiçoamento e exigir um outro aperfeiçoamento, pois você conhece o processo.

Outra peça importante da engrenagem movendo E&P é o *manifold*, cujos altos custos de importação e adaptação também exigiram esforços da Petrobras para novas concepções. Trata-se, na verdade, de um equipamento intermediário entre as mencionadas plataformas e as cabeças de poço, de junção de conexões, dutos e válvulas para a movimentação de fluidos, organizando os fluxos advindos de várias ANM (Freitas, 2001). Ele também possibilita equilibrar vazões entre poços de diferentes capacidades, além da injeção de fluidos.

O primeiro *manifold* utilizado pela Petrobras foi instalado em 1979, no sistema de produção antecipada do campo de Garoupa/Namorado, sob 160 metros de lâmina d'água e em uma câmara atmosférica encapsulada. Tão altos eram os custos, entretanto, que teve seu emprego suspenso. Iniciou-se, então, mais uma corrida por menos adaptação e mais desenvolvimento próprio, que produziria o *template-manifold*, de base de metal, controle hidráulico (sem a necessidade de mergulhadores) e instalação também sem necessidade de mergulhadores (Morais, 2013).

Para continuar ganhando águas ainda mais profundas, os *manifolds* seguintes tiveram de apresentar duas modificações: a tecnologia *direct vertical flowline connection*, na qual a conexão com o poço se dá na vertical direto, diminuindo os riscos de ajustes malfeitos provocados pela instalação horizontal, e a diminuição drástica do peso do equipamento. Sem esgotar os progressos, conheceu-se uma terceira geração do equipamento apresentando inovações como a *chokes* (válvula de ajuste de pressão) e novos tipos de detectores, passando a ser instalados por meio de cabos guia, o que gerou grande economia para a companhia. Entre as modificações posteriores, podem-se destacar o *manifold* de acionamento compartilhado (MAC – substituindo o acionamento hidráulico indi-

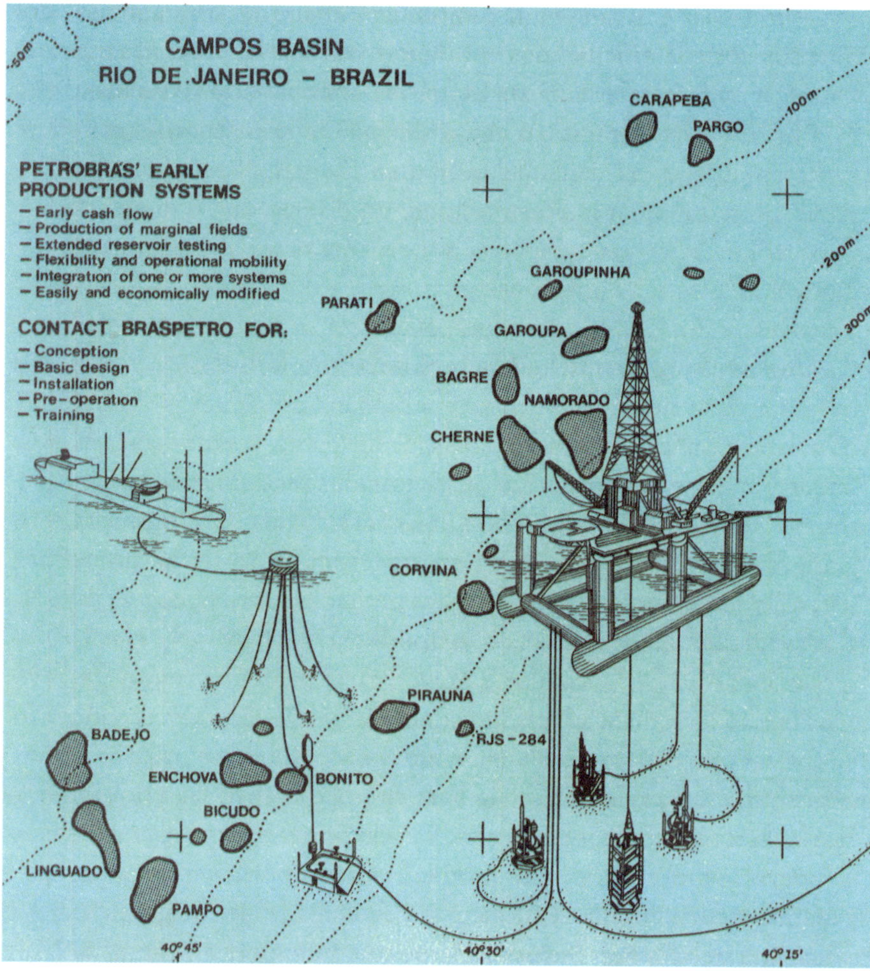

Figura 28 | Ilustração do sistema de produção antecipada nos folhetos de divulgação internacional da Braspetro de meados da década de 1980

vidual por um único atuador que opera válvulas e *chokes*) e o método de instalação de equipamentos pesados submarinos por meio do uso de movimento pendular (utilizando dois barcos) (Morais, 2013).

Destacando os principais feitos dos Procaps, José Mauro de Morais ainda elenca os cabos de poliéster que, ao substituírem as correntes de aço no sistema de ancoragem das plataformas, permitiram reduções de custos de até 25% e facilidades operacionais advindas da flexibilidade do material (Morais, 2013).

Apesar de poder parecer um componente marginal para aqueles não habituados com as dificuldades cotidianas das operações a dezenas ou centenas de quilômetros da costa brasileira, com o aumento da distância entre o poço e a plataforma, os cabos de aço então utilizados acabaram elevando muito a carga vertical suportada pela plataforma, aumentando os riscos de rompimento, além do aumento dos custos. O coordenador dos Procaps à época, o engenheiro Marcos Assayag, em depoimento ao "Memória Petrobras", lembra, assim, o avanço alcançado, mas sobretudo o processo de aprendizagem, importante para entender as conquistas aqui apresentadas e a construção do pioneirismo brasileiro:

> O sistema de ancoragem foi desenvolvido em poliéster, em fibra de poliéster. Aliás, a gente passou por vários outros materiais até chegar nessa. Pesquisa não é só sucesso. Aliás, pesquisa é muito insucesso e um sucesso. A gente fala mais do sucesso. Mas pra você acertar alguma coisa nova você errou 20 vezes pra acertar uma. Aí quando você acerta uma você fala muito dessa uma e esquece as 20 que você errou. Então a gente fez vários testes com várias fibras e chegamos a essa composição de poliéster desenvolvida por um engenheiro, o dr. César Del Vecchio. Ele desenvolveu esse sistema pra poder fixar a plataforma. Qual era a vantagem? Antigamente, isso era feito com um cabo de aço. Quando você vai em qualquer navio, o cabo é de aço com amarra, quer dizer, corrente no final e uma âncora pra você prender e não deixar a plataforma sair da locação. Então a gente desenvolveu esse sistema com uma fibra de poliéster. O sistema de fixação, vários que a gente foi desenvolvendo cada vez mais, tudo 100% nacional. Quer dizer, não tinha nada similar no mundo. O mundo copiou a gente hoje. Então, tanto o sistema de fixação através de âncoras de carga vertical, âncoras torpedo que nós desenvolvemos. Tecnologia 100% brasileira. Então esse eu diria pra você que é o maior destaque porque, nas demais, sempre tinha alguma coisa que existia parecida no exterior. Mas essa, ela é inédita e inovadora. Então, eu diria que o sistema de ancoragem de plataforma de produção desenvolvido pela Petrobras é exclusivo. Eu diria que é o maior feito tecnológico. Outros desenvolvimentos e melhorias a gente introduziu no sistema flutuante usando navio, usando plataforma pra produzir petróleo. Mas a gente não foi inovador. A Petrobras fez o se-

> gundo sistema de produção flutuante do mundo. O segundo. O primeiro foi feito pelos ingleses no Mar do Norte, em campo de Argyll em 1975. A gente fez em 77. Mas não tem valor? Lógico que tem valor porque tem lá. Então quando a gente vê esse negócio de valor, é um negócio relativo. No caso da ancoragem, não existia nada parecido em nenhum lugar do mundo. Então é uma coisa que, quando você fala nisso lá fora, isso é *made in Brasil*. É uma coisa que é característica.

Finalmente, é importante lembrar que, para atingir alguns reservatórios de petróleo, não é possível perfurar um poço completamente vertical, sendo necessária a perfuração direcional (diagonal). Porém em regiões de mais difícil acesso é necessário realizar a perfuração dita horizontal, ou seja, com poços desenvolvidos de forma paralela à superfície. A primeira experiência *offshore* no Brasil nesse sentido foi verificada em 1990, em águas rasas, a 222 metros de lâmina d'água no campo de Bonito. Em águas profundas, apenas alguns anos depois, em 1994 no campo de Marlim, sob 903 metros d'água. Ainda nessa frente, em finais dos anos 1990, preparam-se os poços chamados *slender* (delgados), através de projetos integrados para perfuração, completação e intervenção em águas profundas e ultraprofundas. O objetivo principal desse esforço foi o da redução do diâmetro do *riser* de perfuração, diminuindo a tensão repercutida na plataforma e os custos que existiam para responder a tal problema. O primeiro poço desse tipo foi perfurado em 1998, a uma profundidade de 692 metros, tendo o mais profundo alcançado 2.851 metros (Morais, 2013).

Os frutos das decisões estratégicas, dos esforços e dos investimentos aqui examinados não esgotam os resultados alcançados pela Petrobras nas últimas décadas e pelas parcerias que celebrou com outras companhias e com a academia. Constituem, entretanto, importantes exemplos do que a mobilização material e imaterial no Brasil, em busca de objetivos precisos e preservando sempre a missão de contribuir para o desenvolvimento nacional, pode alcançar. Nesse sentido, Marcos Assayag, já lembrado como coordenador dos Procaps, resume da seguinte forma o espírito compondo o *ethos* e a força do intangível naqueles trabalhando pelos melhores resultados possíveis na E&P *offshore* no Brasil:

> Hoje a gente tem a maior experiência mundial em sistema flutuante de produção no mundo [...] apesar de o primeiro [não] ter sido inventado aqui. Foi inventado na Inglaterra. E a gente pegou e adaptou e melhorou e cresceu e tem mais do que eles têm hoje. Tudo isso é muito parecido com a vida. Você tem que ter a necessidade... Então, por exemplo, por que a gente hoje é líder em águas profundas? Porque a gente descobriu o seguinte: nós não tínhamos petróleo em terra. O nosso petróleo estava no mar e estava em águas profundas. Então nós tivemos uma necessidade e essa necessidade criou um desafio. E aí a gente trabalhou pra desenvolver e vencer o desafio.

As decisivas relações trilaterais

Dada a consequente evolução tecnológica experimentada pelo Brasil na E&P *offshore* em um curto espaço de tempo, sobretudo quando em comparação a outras *majors* da indústria internacional de energia, é imprescindível buscar entender cada elemento justificador dos resultados, ainda que distantes ou não exclusivamente ligados aos poços ou às bancadas dos laboratórios. Na verdade, quando conjugados os feitos e os depoimentos daqueles que entregaram sua contribuição à companhia e que conhecem a Petrobras e a realidade brasileira de longo prazo, percebe-se que as dinâmicas entre os poços, os setores de pesquisa e a direção foram, também, um diferencial e constituem, muito provavelmente, a maior plataforma de ação para o já mencionado intangível se manifestar, e prosperar.

A partir dos depoimentos colhidos neste projeto e daqueles já depositados para pertencer à memória e à história,[30] as relações trilaterais poço-pesquisa-direção revelam-se um pilar balizador dos avanços dentro da companhia. Ainda que, em diferentes momentos, cada uma dessas áreas tenha destaque e sucesso próprios, a sinergia entre elas revelou-se como determinante para construir o pioneirismo brasileiro.

---

[30] Destaca-se, aqui, o programa Memória Petrobras (http://memoria.petrobras.com.br/) que, como programa de comunicação da companhia, colhe e disponibiliza publicamente depoimentos de funcionários, ex-funcionários e colaboradores terceirizados, mas também aquelas fontes produzidas em projetos como o Memória do Setor Petrolífero Brasileiro: a História da Petrobras, desenvolvido mediante um convênio entre a FGV/CPDOC e o então Serviço de Comunicação Social da Petrobras entre 1987 e 1990 ou, mais recentemente, nos trabalhos liderados por José Mauro de Morais e aqui já referenciados (Morais, 2013, especialmente capítulo 6). Ver também Morais (2015).

Nesse sentido, os Procaps, apesar de não a terem inaugurado, apresentam-se como momento privilegiado para que essa boa *entente* trilateral ganhasse força e protagonismo. Foram programas que criaram inovações tecnológicas *stricto sensu*, mas também inovações gerenciais no processo de atendimento das novas demandas nos curtos e exigentes prazos impostos, agravados por uma realidade de segmentação que a indústria sempre apresentou. Um observador mais atento poderia ainda associar um quarto pilar, exterior à Petrobras e composto pelas universidades, pelos fabricantes de equipamentos, pelas empresas de engenharia e por institutos de tecnologia. Assim, o próprio esforço da Petrobras em buscar, no *campus* da UFRJ na ilha do Fundão, e não nas proximidades de uma refinaria, um novo local para expandir seu centro de pesquisa, o Cenpes, estaria longe de ser anedótico e sem efeitos. Sua consolidação alcançaria maturidade, porém, apenas recentemente, como examinado mais adiante.

Adauto Pereira, geólogo de formação, mas com longa carreira gerencial dentro da Petrobras, alerta, entretanto, para as dificuldades em estruturar e manter perene a referida sinergia trilateral. Ele lembra o importante espaço reservado à direção e o intenso intercâmbio histórico dela com o campo, muito antes de o laboratório deter mais agência e tornar-se um protagonista em razão de novas dinâmicas e demandas. Finalmente, Pereira ressalta o peso da gigante dimensão da companhia e da dificuldade de sinergia ao mencionar, em depoimento, uma máxima espirituosa que circulava dentro da Petrobras de que, independentemente do problema ou assunto, da criação de uma peça à perfuração de um poço sub-horizontal, “alguém na Petrobras já estudou, só que o problema é descobrir quem”.

Corroborando a opinião de que a tríade levou tempo para se encontrar em uma fluida *entente*, Guilherme Estrella, que foi diretor da companhia a partir de 2003, mas que entre os anos 1980 e 1990 estava à frente do Cenpes, observa o impacto dos Procaps, uma fase decisiva de transformação, mas que sofreu:

> Com grande resistência dos departamentos de Exploração e Produção, grande resistência, mas afinal a gente conseguiu; [José Paulo] Silveira fez um trabalho de convencimento dos diretores... Silveira é um homem brilhante... eu aprendi muito com ele. E ele funda, ele faz o Procap,

aprova o Procap na diretoria, e aí dá o passo fundamental para trazer o Cenpes... Porque o Procap é um projeto conjunto, e o departamento não admitia que se fizesse um projeto conjunto com o Cenpes. O departamento queria que ele fizesse o projeto, e quando houvesse dúvida, chamava-se uma pessoa do Cenpes para resolver a dúvida, que depois ia [embora]... Mas, no Procap, não! No Procap, juntamos as duas equipes. Eu era adjunto de Exploração e Produção no Cenpes, junto do Silveira, e os projetos eram feitos por equipes mistas, trabalhando juntamente... Constatamos logo essas necessidades de equipamentos e componentes muito mais confiáveis. E aí o Procap começou. Nós montamos todo um conjunto de exigências de fabricação que levassem a uma maior confiabilidade dos equipamentos. O Cenpes foi... foi fundamental nisso. E importante, porque a Petrobras... Até hoje a gente discute isso... a Petrobras não é uma fabricante de árvore de natal, nem de válvula, nem de coisa nenhuma... porque não é o nosso negócio. Nosso negócio não é fabricar árvore de natal. [...] Não havia, no mundo, competência em águas profundas. Então percebeu-se que isso ia ser uma coisa mundial... então investiram em capacitação... e, em pouco tempo, eles já apresentavam, eles mesmos, inovações. É natural isso... o Cenpes teve uma importância fundamental...

Enquanto Estrella conclui seu raciocínio ressaltando que é preciso trazer o pessoal do centro de pesquisa para a frente operacional, e não o contrário, para o também antigo diretor José Formigli Filho, a boa integração da mencionada tríade propiciava uma aceleração dos resultados entre o projeto e a prática, pois atacava a burocracia e os excessivos trâmites internos, que diminuíam exageradamente a eficiência. Para ele, essa inovação gerencial, ao evitar que projetos detendo elevado conteúdo tecnológico inovador sofressem grandes questionamentos e controles, "foi um grande sucesso".

Atuando na ponta gerencial, como diretor de exploração e produção no início dos anos 1990, João Carlos De Luca lembra a evolução nas relações internas da companhia mencionada por Estrella:

O Centro de Pesquisa sempre foi muito reconhecido na Petrobras. Mas, no início, também tinha um pouco daquilo... a gente brincava assim:

> "Ah, o fulano que tem problemas, joga ele para o Cenpes". [...] Quando descobriram a Bacia de Campos... tudo se transformou... Então, a partir de 1980... 1982..., o Cenpes começou a ser melhor equipado para atender também a essas demandas de novas tecnologias em águas profundas, esses avanços. O Procap foi um transformador também. E eu lembro que, quando eu estava nos cargos de gerência [...], eu interagia muito bem com o adjunto do Cenpes, que era o Estrella. Então, nós somos pares do Estrella. Ele estava no Cenpes, eu estava aqui [indicando um esquema em que o Departamento de Exploração e Produção está desenhado]. Eu me lembro que nós fazíamos reuniões periódicas e começamos a colocar o chão de fábrica junto com os laboratórios, os nossos investigadores de tecnologia, de pesquisa. Então, a coisa começou a fluir muito melhor. A gente deu continuidade ao processo que já estava começando, interagimos, então aí o Centro de Pesquisa passou a ter um papel extremamente relevante, como um líder dessas novas demandas tecnológicas que a Petrobras tinha. Fazia associação com outras instituições e tudo... o Cenpes então virou um referencial em tecnologia, o que é até hoje.

A consolidação de um ambiente inovador, aponta novamente Guilherme Estrella, deu-se durante sua gestão no Cenpes quando, ressalta com convicção, apenas seguiu e aprofundou as lições de seu antecessor e amigo José Paulo Silveira. A ideia central da transformação gerencial que vivia a companhia enquanto rompia as barreiras no oceano era a de redefinir o modelo de gestão tecnológico, passando para uma gestão compartilhada, envolvendo o centro de pesquisa, considerando o longo prazo, tomando novas escolhas em nível estratégico e operacional dos projetos. Lembra Estrella:

> O Silveira foi um homem importantíssimo para a Petrobras. Ele fez o seguinte, ele chefiou o Serviço de Planejamento e conduziu o primeiro planejamento estratégico da Petrobras; antes, ele era do Serviço de Materiais, e introduziu o conceito de qualidade total na Petrobras, com os japoneses. [...] e eu aprendi muito com qualidade total, com os japoneses; fiz um curso no Japão de qualidade total... e, depois, ele veio com planejamento estratégico, em que está tudo ligado. Ele [José Paulo

Silveira] é quem vislumbrou, pela qualidade total, com o exemplo japonês, no Serviço de Materiais, para a gente obter, junto aos fornecedores, a melhoria contínua e tudo mais... Foi uma escolha brilhante da Diretoria da Petrobras colocar lá o Silveira [...], em termos de visão estratégica, de visão tecnológica. Silveira modificou o Cenpes por completo. E trouxe o Cenpes para a frente operacional com o Procap. Aí eu continuei, aprofundei, formei o Procap 2... O Silveira, era Procap 1, até mil metros. Aí eu disse: "Bom. Vou a 2 mil metros". Depois fundaram o Procap 3 mil metros. Agora, não há mais limite... Essa é uma vantagem competitiva absolutamente concreta entre a Petrobras e as outras. Você vai nas outras... na Exxon, [por exemplo], os caras são... são separados, até... a área acadêmica!... Quando cheguei no Cenpes, fizemos as primeiras tentativas de convênios com a UFRJ e com outras, na área de geociências. Foi uma dificuldade. Os caras sentavam na minha frente [e diziam] "Olha... Tudo bem, eu aceito. Mas não tem prazo. Você sabe... na academia, nós trabalhamos na investigação científica... Prazo? Eu não posso assinar nenhum contrato que tenha prazo!" [risos]... mas isso foi mudando.. A própria universidade percebeu, e o Procap foi um exemplo disso, que havia uma grande oportunidade de melhorar as condições, e novos conhecimentos, entrar na área tecnológica, a Coppe foi também fundamental. Tudo isso a Petrobras tem como vantagem competitiva absolutamente essencial hoje...

Carlos Tadeu da Costa Fraga, que esteve à frente da gerência executiva de pré-sal, mas sobretudo carrega em sua trajetória uma longa e importante passagem pelo Cenpes, quando questionado se esse tipo de relacionamento seria uma exclusividade da Petrobras, responde: "Não posso afirmar que seja um traço exclusivo da Petrobras, mas, certamente, a ação gerencial buscando a conexão do conhecimento com o dado disponível no campo e a aplicação, é muito forte". Destacando o papel do centro de pesquisa nessas relações, conclui:

O Cenpes nada mais é do que um elo de uma cadeia de valor que começa e termina na ponta, na área operacional, no campo de petróleo, que faz com que o engenheiro de operações esteja engajado em participar no sistema tecnológico e o gerente da área operacional esteja engajado e participando do sistema tecnológico. [...] O Cenpes é o facilitador e o principal elemento no desenvolvimento de tecnologias quando elas estão em estágio inicial, mas em muitas vezes o fornecedor é o agente da geração da ideia e da fabricação e disponibilização. Na verdade, na fabricação e disponibilização ele sempre é o agente. Então é um processo bastante aberto para a captura de ideias e que tem como o centro a aplicação final e como, na minha opinião, principais atores, as pessoas que estão na ponta. São os chamados clientes internos. São aqueles que têm que patrocinar aquele desenvolvimento, custear, opinar em relação à aplicabilidade e assumir, no final do processo, o risco da aplicação com os resultados decorrentes.

Pré-sal: dominando o animal desconhecido

Bastante conhecido para além dos técnicos e engenheiros que o exploram, o chamado pré-sal revela-se, na verdade, como a camada que contém reservatórios de hidrocarbonetos abaixo da faixa salina que se estende na região da costa entre os estados de Santa Catarina e Espírito Santo. Trata-se de um espaço compreendido entre uma faixa de cerca de 800 quilômetros de comprimento por 200 quilômetros de largura. Nessas localidades, a lâmina d'água varia de 1.500 a 3 mil metros de profundidade, com as reservas encontrando-se sob uma pilha de rochas com 3 a 4 mil metros de espessura, abaixo do fundo marinho (Riccomini, Sant'Anna e Tassinari, 2012).

Respondendo à simples questão sobre em que consiste o pré-sal, Carlos Tadeu da Costa Fraga, que esteve à frente da gerência executiva de pré-sal, assim replica:

> Houve a aquisição dos blocos, no início desse século. Houve, naquela época, então, a avaliação do potencial das áreas. Não existia tecnologia capaz de imagear sismicamente com boa resolução aquelas áreas, e também havia uma baixa disponibilidade de sondas de perfuração para aquele ambiente. A perfuração ocorreu alguns anos mais tarde, quando essa combinação pôde estar presente. Foram desenvolvidas metodologias de aquisição e interpretação sísmica que permitiram enxergar me-

> lhor esses reservatórios abaixo do sal, foi perfurado o primeiro poço, que durou mais de um ano para ser perfurado, e foi feita a primeira descoberta. Um reservatório diferente de tudo que nós, no Brasil, conhecíamos e dominávamos. Um reservatório carbonático, a origem é biológica, é posição de micro-organismos que geraram aquela rocha. Um reservatório altamente influenciado, ao longo do tempo, por fenômenos biológicos e químicos. Bastante heterogêneo, em uma primeira interpretação, e diferente do que a gente conhecia. Na Bacia de Campos, os reservatórios de águas profundas eram depositados por um fenômeno físico: grãos de areia e sedimentos carreados por grandes rios, depositados. Então, nós conseguimos modelar aquele fenômeno e entender a natureza do reservatório e, ao perfurar e coletar amostra de rocha e olhar no laboratório, caracterizar.

Sobre geração e armazenamento dessas riquezas, a geologia ensina que o sal e a espessa pilha sedimentar sobrejacente a ele exercem o efeito de soterramento e sobrecarga, completando o quadro do sistema petrolífero do pré-sal juntamente com as rochas geradoras, que podem também operar como selo. Essa pilha sedimentar sobrejacente ao sal também encerra importantes campos petrolíferos em corpos arenosos (turbiditos) intercalados em folhelhos e também em armadilhas estruturais geradas pela deformação decorrente da movimentação do próprio sal (Riccomini, Sant'Anna e Tassinari, 2012).

Dominado esse conhecimento e aplicadas as tecnologias de E&P *offshore* desenvolvidas nas últimas décadas (e aqui examinadas), mês após mês, a produção de petróleo e gás natural no Brasil vem batendo recordes e atingindo patamares históricos, como a marca de mais de 1 milhão de barris de óleo equivalente por dia no pré-sal atingida em setembro de 2015, com previsão de um crescimento constante.[31]

Como menciona Guilherme Estrella, os resultados da exploração do pré-sal são consequências de um trabalho que nunca se interrompeu na Petrobras. A extração dos frutos de tais reservas continuará exigindo os mesmos esforços.

---

[31] Petrobras. *Fatos e dados*. Disponível em: <www.petrobras.com.br/fatos-e-dados/producao-do-pre-sal-triplica-em-30-meses.htm>. Acesso em: 18 mar. 2016.

Antecedentes

Para retomar os eventos mais recentes dessas descobertas, na verdade, é preciso lembrar as prospecções realizadas após licitações em 2000 e 2001, já mencionadas por Costa Fraga, quando a Petrobras e empresas consorciadas encomendaram um grande estudo sísmico 3-D da região hoje compreendida como o pré-sal, na Bacia de Santos. As prospecções foram realizadas na crença de que, abaixo da camada de sal, havia uma promissora fronteira petrolífera a ser explorada (Formigli Filho, Pinto e Almeida, 2009).

A partir de 2003, interpretações dos resultados dos dados de prospecção indicaram reais possibilidades da existência de óleo e gás abaixo das camadas de sal. Porém, como é sabido, o descobrimento de fato dos hidrocarbonetos só ocorre mediante a perfuração e verificação da existência *in loco*. Com isso, rompendo a barreira de sal e as grandes distâncias a serem perfuradas, além da grande distância dessas reservas da costa brasileira (cerca de 300 quilômetros), seria possível provar a existência desta nova fronteira exploratória (Morais, 2013:219-256).

A essas indicações de existência de hidrocarbonetos seguiu-se um período de debates dentro da companhia, pois havia correntes que não aprovavam a perfuração nessas condições. No mesmo ano (2003), a decisão de perfuração foi tomada. No final de 2004, iniciaram-se perfurações em um bloco exploratório na área de Parati, pois ali se encontravam, além das condições geológicas necessárias para a existência de hidrocarbonetos, um local com menores custos de perfuração (Morais, 2013:219-256).

Esse primeiro poço, na camada pós-sal, encontrou um reservatório de água, com sinais de gás natural. Decidiu-se continuar a perfuração. Ocorreram atrasos nas explorações, derivados de problemas técnicos que levaram oito meses até a descoberta de indícios de hidrocarbonetos na camada pré-sal. Em março de 2006, o poço atingiu uma profundidade de 7.600 metros, indicando a presença de gás natural condensado, o que indicava um sistema petrolífero na área, estimulando as explorações (Formigli Filho, Pinto e Almeida, 2009).

Após as perfurações em Parati, as novas perfurações ocorreram na área de Tupi. A responsabilidade sobre esse poço era imensa, pois um novo fracasso implicaria o abandono do projeto pré-sal, devido aos custos. Em 2006 o poço foi perfurado e, após a identificação de óleo e gás de boa qualidade, foi completado e posteriormente testado. Um novo poço foi perfurado em Tupi Sul, a 10 quilômetros do poço pioneiro, em 2007. Nos meses seguintes, foram realizados estudos para a mensuração do reservatório e verificação da viabilidade econômica da exploração das novas descobertas. Com os resultados obtidos, a Petrobras, em consórcio com a British Gas e a Petrogal, anunciou uma reserva recuperável entre 5 e 8 bilhões de barris de óleo equivalente (Morais, 2013:219-256).

A partir do esforço pioneiro na fronteira do pré-sal no campo de Tupi, seguiram-se outras descobertas na Bacia de Santos, em áreas (ou poços) como Carioca, Caramba, Iara, Guará, Júpiter, Carcará, Dolomita, Iguaçu, Iracema, Biguá, Abaré, Bem-te-vi, Lula, Franco e, principalmente, Libra. Todos localizados em profundidades que variam de 1.700 a 2.300 metros, totalizando uma área que soma mais de 15 mil quilômetros quadrados.

Na Bacia de Campos, também foram descobertos campos petrolíferos na região do pré-sal. Após as descobertas em suas vizinhanças, iniciou-se o período exploratório no norte de Campos, na região conhecida como Parque das Baleias. As prospecções continuaram por toda a região, ocorrendo, em alguns locais, descobertas coincidentes no pré-sal e no pós-sal (Morais, 2013:219-256).

A produção comercial de óleo ocorreu num evento na Bacia de Campos, em julho de 2010, no campo de Baleia Franca (ES).[32] Cabe ressaltar que o Brasil já produzia óleo proveniente do pré-sal, em caráter experimental, desde setembro de 2008, quando dos chamados testes de longa duração (TLD).

Guilherme Estrella, diretor de exploração e produção entre 2003 e 2012, lembra assim a saga:

> Mesmo com a orientação – não vou dizer nem que seja determinação –, orientação do governo "restrinjam-se à Bacia de Campos", a área de

[32] Ver: "Petrobras inicia produção comercial em reservas do pré-sal". *Exame*. Disponível em: <http://exame.abril.com.br/negocios/noticias/petrobras-inicia-producao-comercial-em-reservas-do-pre-sal>. Acesso em: 25 fev. 2015.

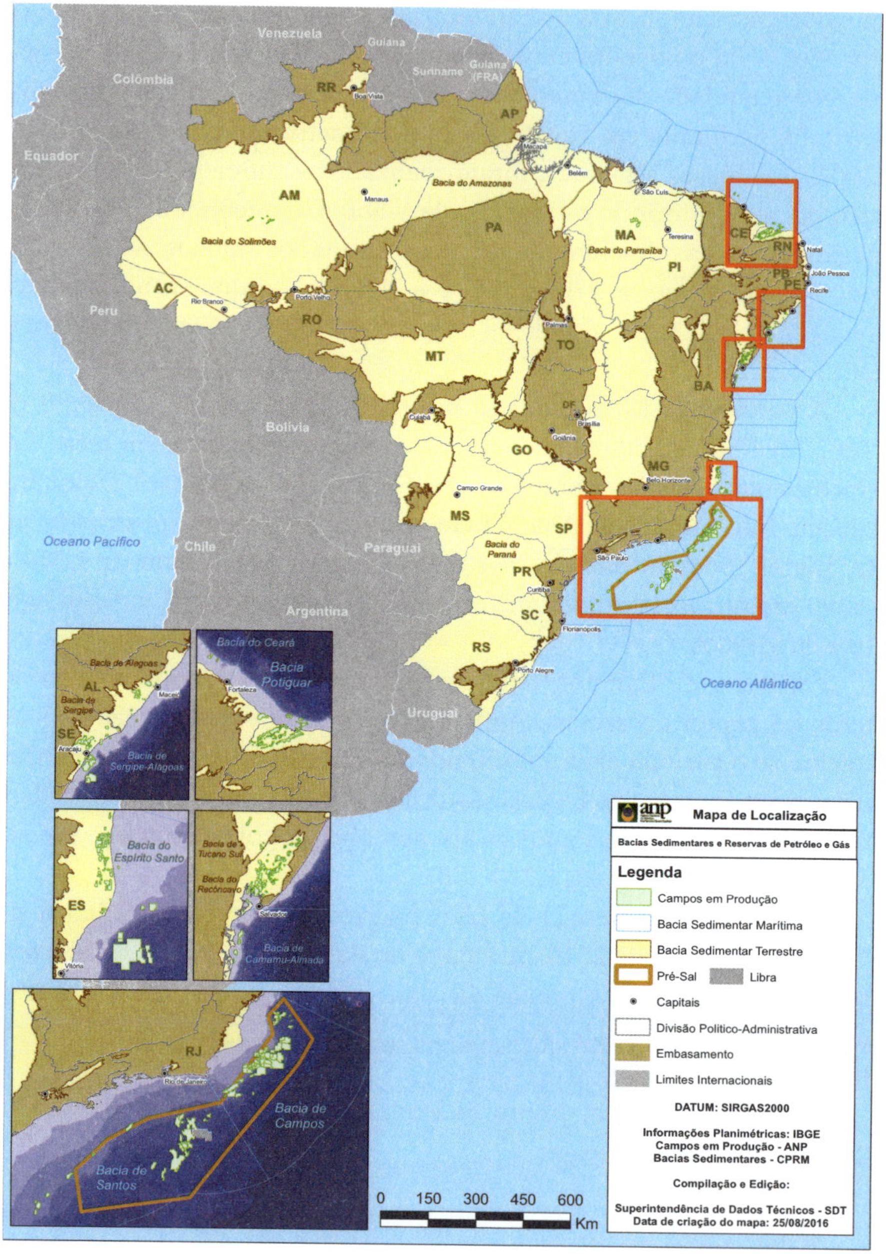

Figura 29 | Mapa de localização das bacias sedimentares e das reservas de petróleo e gás no Brasil

exploração da Petrobras não desmobilizou as suas equipes, estudando o Brasil inteiro. [...] Muito bem. Quando eu entrei... imediatamente o pessoal já tinha as coisas prontas para serem perfuradas. No Espírito Santo, em Sergipe e Alagoas... na faixa equatorial... E a gente aprovou essas locações. E já com conhecimento que o petróleo vem lá de baixo, claro, muito abaixo do sal. A atratividade da Bacia de Santos é a seguinte: o sal não se mobilizou, não se movimentou; não tem o domo de sal na Bacia de Santos. Ele está lá... [feitas as primeiras análises] o pessoal disse: "Olha. Tem... o óleo que foi gerado embaixo veio para cima". Não conhecíamos a rocha. [...] E aí escolhemos algumas locações em Sergipe e Alagoas... uma bacia que já tinha um campinho produzindo em águas profundas, que é o campo de Piranema, no Espírito Santo e na Bacia de Santos. E fizemos novas descobertas. As descobertas vieram. Veio Golfinho, no Espírito Santo... fizeram importante descoberta aí, porque encontraram o caminho das pedras... E na Bacia de Santos... é a grande, acho que é a grande novidade, porque nós tínhamos o campo de Merluza, que já estava... sendo esgotado, de gás, da Shell, e nada mais. Era uma bacia gigantesca, abandonada... Quando nós furamos o primeiro poço, não encontramos as rochas do pré-sal, encontramos rochas vulcânicas; mas na Bacia do Paraná, em terra, entre os derrames de basalto, de rocha vulcânica, a gente tem muitas areias, sopradas pelo vento, de excelente permeabilidade... Isso era uma oportunidade! Encontramos essas areias; mas ainda antieconômicas... e demos o segundo poço. Esse primeiro poço custou uma fortuna, custou 240 milhões de dólares – furar sal, furar basalto duro, rocha muito resistente. Mas no segundo poço, já entramos no pré-sal. Quando entramos no pré-sal carbonático, e que se mostrou com uma possibilidade de produção imensa, imediatamente, o que é que fez o pessoal da exploração? Extrapola, por analogia, aquela situação para todo o Sul do Brasil, para todo Sul-Sudeste brasileiro. Identifica na Bacia de Campos, e na Bacia de Santos, uma série de outras, e desenha aquele mapa de ocorrência do pré-sal... a descoberta do pré-sal, ela é resultado da própria dinâmica de trabalho da turma de exploração da Petrobras, que nunca foi, na verdade, interrompida, mesmo durante a fase de quebra do monopólio. O pessoal continuou trabalhando, como trabalhava antes.

Novos horizontes, antiga perseverança

Para seguir vencendo as barreiras impostas no avanço das fronteiras naturais e tecnológicas da exploração e produção, a Petrobras, nos moldes do Procap, criou, entre diversas iniciativas, o Programa Tecnológico para o Desenvolvimento da Produção dos Reservatórios do pré-sal (Prosal). Para além de se revestir de todas as forças já estruturantes de uma tradição de décadas de participação no desenvolvimento nacional, o programa é focado em dois principais objetivos técnico-econômicos: diminuição dos custos de perfuração de poços e ampliação do conhecimento sobre determinado tipo de rocha predominante nas novas perfurações, o calcário microbial.

Para João Carlos De Luca, a experiência passada da Petrobras é garantia de sucesso futuro. O antigo diretor de exploração e produção observa em depoimento:

> Eu não vejo hoje nenhum problema para o pré-sal. As tecnologias do pré-sal estão todas dominadas. A empresa em que eu trabalho é sócia da Petrobras em um dos blocos. A gente acompanha pelo IBP [Instituto Brasileiro de Petróleo, Gás e Biocombustíveis], por tudo. A questão hoje é reduzir custos, mas o pré-sal, que diziam que tem tecnologias novas... No início teve. Como perfurar o sal, o gel, 2 mil metros. Isso tudo hoje está [superado]... a Petrobras está furando poço hoje... Tem um poço em Lula, que ela furou em menos de 30 dias. Como é que compara isso com o anterior? Eram 45? Não. Antes eram 120, 150 dias. Poço em Lula, que já está no poço número 60. Então já furou bastante. Tem a curva de aprendizado. Antigamente os poços demoravam muito mais tempo, então hoje, com aprendizado também, ela está fazendo muito rapidamente, com controles e tal.

Ainda que toda a experiência conte, apresentam-se alguns desafios tecnológicos. Entre os mais significativos, cabe destacar: o transporte de gás por grandes distâncias, a necessidade de novas plataformas flutuantes de gás, o desenvolvimento de novas boias para águas profundas, a superação de novas dificuldades de ancoragem de plataformas e de sistemas com completação seca, explorar e produzir em poços horizontais de longa extensão, desenvolver novos mecanismos de recuperação avançada de jazidas e novos materiais para revestimento de poços, entre outros.

Essa lista não exaustiva mostra que, assim como ocorreu nas águas profundas e ultraprofundas, a Petrobras e as empresas atuando no Brasil terão de continuar investindo em concepção de tecnologia para conseguir produzir petróleo em locais de grande dificuldade técnica e nunca antes explorados no mundo.

Carlos Tadeu da Costa Fraga faz menção à tríade de sucesso, à cooperação com os agentes de fora da Petrobras e às inovações gerenciais inauguradas nos anos 1980 para indicar como as respostas irão, novamente, ser encontradas:

> Como tudo na vida, a evolução traz quebras de paradigma, mas o passado sempre ajuda a explicar o presente e projetar o futuro. Então, assim, ao mesmo tempo em que a inovação existe, não se pode perder de vista, principalmente, modelos gerenciais, modelos organizacionais – aquilo que já deu certo. Nada contra aperfeiçoá-los, mas, bom, aprender com eles. [...] o pré-sal era um animal não caracterizado, coberto por uma espessa camada de sal, em águas ultraprofundas, contendo teores, em alguns lugares mais elevados, em outros menos, de CO_2, num momento em que seria inadmissível produzir ventilando esse CO_2 para a atmosfera. Questão ambiental delicada. Então, essa combinação de fatores gerou para a companhia a seguinte imagem: conhecemos pouco. O que a companhia fazia, e fez, quando conhecia pouco alguma coisa? Volta lá no tempo. Procap. Descobrimos reservatórios em águas profundas. A gente tinha uma interrogação: como é que a gente faz para produzir? E como é que a gente abordou o assunto? Estrutura do programa tecnológico, envolve fornecedores de bens e serviços, comunidade científica, Brasil e exterior, formula as perguntas certas, obtém as propostas de projeto, seleciona, aborda um assunto, caráter empírico, vai testando, testando alternativas, adquirindo informação e conhecimento para superar o desafio. E a gente repetiu exatamente o mesmo processo com o pré-sal. As perguntas foram diferentes, mas a abordagem de cooperação foi a mesma. Não foi à toa que foi criado um programa tecnológico, chamado Prosal. Não foi à toa que o processo de desenvolvimento do pré-sal teve uma fase de aquisição de informações.

Redes e núcleos

Para além de iniciativas como o já mencionado Prosal e o Plansal (Plano Diretor de Desenvolvimento Integrado do Polo Pré-Sal da Bacia de Santos), que claramente têm inspiração nas experiências da tríade campo-laboratório-direção dos Procaps, a Petrobras anunciou outras iniciativas importantes na área de pesquisa e desenvolvimento que permitem novos saltos com relação a seu pioneirismo.

Trata-se, na realidade, de iniciativas dirigidas não exclusivamente às demandas do pré-sal, mas a toda a companhia: as redes temáticas e os núcleos regionais. Se o observador atento já havia identificado vários parceiros exteriores à Petrobras, colaborando de forma expressiva, mas pontual (e sem incentivos ou obrigações normativas), desde meados dos anos 2000 criam-se estruturas mais perenes para tais parcerias. Além de reforçarem a missão histórica da companhia ao aprofundarem a sinergia com a economia e academia nacionais, embora não exclusivamente, são mecanismos de contrapartida para a nova regulamentação sobre P&D vigente no país.

De fato, desde a Lei do Petróleo,[33] mas sobretudo desde que regulamentos complementares foram instituídos ao longo da década de 2000, e da ação da ANP,[34] definem-se participações governamentais nos contratos de concessão de produção (como bônus de assinatura, *royalties*, participação especial e pagamento pela ocupação ou retenção de área). Nesses novos arranjos, os *royalties* são pagos mensalmente, num valor entre 5% e 10% da produção comercial de hidrocarbonetos. A parcela do valor que exceder 5% deve ser distribuída de maneira que 25% siga para o Ministério de Ciência e Tecnologia, visando financiar pesquisas científicas na área de petróleo, gás natural e biocombustíveis (40% desses recursos devem ser aplicados nas regiões Norte e Nordeste). Os recursos provenientes da participação especial (no caso de grandes rentabilidades de produção) devem ser distribuídos da seguinte forma: 40%

---

[33] Lei nº 9.478, de 6 de agosto de 1997. Disponível em: <www.planalto.gov.br/ccivil_03/LEIS/L9478.htm>. Acesso em: 29 out. 2015.

[34] Resolução ANP nº 33. Disponível em: <http://nxt.anp.gov.br/NXT/gateway.dll/leg/resolucoes_anp/2005/novembro/ranp%2033%20-%202005.xml>. Regulamento Técnico ANP nº 5. Disponível em: <http://sites.petrobras.com.br/minisite/comunidade_cienciatecnologia/portugues/docs/Regulamento.pdf>. Acesso em: 29 out. 2015.

para o Ministério de Minas e Energia, 10% para o Ministério do Meio Ambiente, 40% para o estado e 10% para o município produtor (Poletto, Araújo e Da Mata, 2011).

Como mencionado, para além da Lei do Petróleo, resoluções da ANP, com destaque para a de nº 33, estabeleceram diretrizes de aplicação da participação especial e credenciaram as chamadas instituições de ciência e tecnologia (ICT) passíveis de receber esses investimentos. Assim, os concessionários que pagam participações especiais devem investir 1% de sua receita bruta total da produção em P&D no setor de petróleo e gás natural. Desse investimento, até 50% poderão ser investidos em instalações do próprio concessionário, sendo o restante contratado junto às ICTs nacionais, que devem ser credenciadas pela ANP e, para tal, devem preencher criteriosos requisitos técnicos (Poletto, Araújo e Da Mata, 2011).

Dado esse novo contexto, a Petrobras finalmente criou, em 2006, as redes temáticas e os núcleos regionais de competência. Ambos os programas visando executar a gestão dos investimentos obrigatórios na área de pesquisa, através de diferentes modelos, podendo ser entendidos como centros de gerenciamento de projetos (Torres e Costa, 2013).[35] Eles têm como missão fomentar a pesquisa no Brasil, a partir de investimentos em infraestrutura em locais onde ainda não existe e investimentos em P&D em instituições já consolidadas.

Enquanto, inicialmente, foram criadas 38 redes temáticas e sete Núcleos Regionais, atualmente existem mais de 50 redes temáticas envolvendo mais de 100 instituições nacionais, distribuídas por 22 estados da Federação.[36] Os investimentos chegaram a ultrapassar os R$ 460 milhões anuais, possibilitando às instituições conveniadas a implantação de infraestrutura, aquisição de modernos equipamentos, criação de laboratórios de padrão mundial de excelência, capacitação de recursos humanos e desenvolvimento de projetos de P&D nas áreas de petróleo e gás, biocombustíveis e preservação ambiental.[37]

[35] Ver também revista *Exame*. Disponível em: <http://exame.abril.com.br/negocios/noticias/petrobras-inicia-producao-comercial-em-reservas-do-pre-sal>. Acesso em: 25 fev. 2015.

[36] Petrobras. Disponível em: <http://sites.petrobras.com.br/minisite/comunidade_cienciatecnologia/portugues/redes_tematicas.asp>. Acesso em: 4 mar. 2015.

[37] Petrobras. Disponível em: <http://sites.petrobras.com.br/minisite/comunidade_cienciatecnologia/portugues/redes_tematicas.asp>. Acesso em: 4 mar. 2015.

As redes temáticas e os núcleos regionais da Petrobras acabaram sendo concebidos para dar sustentabilidade a necessidades tecnológicas prioritárias para a empresa, em substituição a laboratórios ou outros sistemas contratados no exterior por falta de infraestrutura no Brasil. Inicialmente, foram determinados 38 temas em áreas de exploração (geofísica, geoquímica, sedimentologia, estratigrafia, geotectônica) e produção (visualização, água produzida, engenharia naval, materiais, campos maduros, dutos, óleos pesados, reservatórios, oceanografia, estruturas submarinas), mas também refino (excelência em asfalto, fluidodinâmica, refratários, instrumentação, automação, otimização de processos, suprimento, combustíveis limpos, processos e materiais para o refino, catálise, desenvolvimento veicular), gás, energia e desenvolvimento sustentável (nanotecnologia, hidrogênio, bioprodutos, tecnologias do gás natural, mudanças climáticas, monitoramento ambiental marinho, recuperação de ecossistemas) e gestão (metodologias, fornecedores de alto conteúdo tecnológico, gestão da inovação).

Entre os núcleos regionais, contam os da Universidade Federal da Bahia (UFBA), da Universidade Federal do Rio Grande do Norte (UFRN), da Universidade Federal de Sergipe (UFS), da Universidade Federal do Espírito Santo (Ufes), da Universidade Estadual Norte-Fluminense (Uenf), da Pontifícia Universidade Católica (PUC-Rio) e do Centro Tecnológico do Exército (CTEx) (Poletto, Araújo e Da Mata, 2011). Nesses casos, essas instituições estão diretamente vinculadas às unidades de negócio geograficamente mais próximas, de modo a atender às suas necessidades de P&D prioritariamente, como o Núcleo Regional da Bahia, que realiza a interface entre a UFBA e a refinaria Landulpho Alves (RLAM), as unidades de E&P, a Petrobras Biocombustível e a fábrica de fertilizantes (Fafen-BA), possuindo uma carteira variada de projetos.

Já o Núcleo Regional de Competência em Campos Marítimos, em Macaé (RJ), realiza a integração entre a Uenf com o setor de E&P *offshore*, por se situar próximo à Bacia de Campos, principal bacia de produção de petróleo brasileira. Suas principais linhas de pesquisa são: engenharia de poços, engenharia de reservatórios, integridade estrutural e ancoragem. Por sua vez, o Núcleo Regional de Competência em parceria com a PUC-Rio está diretamente vinculado à Unidade de Negócios do

Rio de Janeiro (UN Rio) e ao Cenpes, com investimentos, entre 2006 e 2013, da ordem de R$ 450 milhões, resultando em projetos como o Tecgraf, de desenvolvimento de *software* técnico-científico para as áreas de geofísica, geologia, reservatórios, meio ambiente e logística.[38]

O Núcleo Regional de Competência para o Desenvolvimento de Tecnologia de Carbono (NCDTC) é uma parceria entre a Petrobras e o CTEx, também sediado na cidade do Rio de Janeiro e com linhas de pesquisa em: fibras de carbono, piche de petróleo, grafites especiais, nanomateriais de carbono e desenvolvimento de metodologias de caracterização de materiais de carbono. O Núcleo de Processamento Primário e Reuso de Água Produzida e Resíduos (Nupprar), inaugurado em 2010, é uma parceria entre a UFRN e a Petrobras. Conta com 19 laboratórios multidisciplinares vinculados aos temas que lhe dão nome, enquanto na UFS existe o Núcleo Regional de Competência em Petróleo, Gás Natural e Biocombustível de Sergipe (Nupeg), focado em atender a demandas regionais de E&P e refino e possuindo oito laboratórios.

Finalmente, temos o Núcleo Regional de Competência em Química do Petróleo (NCQP), criado em 2012 através de uma parceria da Ufes com a Petrobras. O núcleo conta com o primeiro espectrofotômetro de massas do hemisfério sul, possui investimento de cerca de R$ 31 milhões e conta com 24 laboratórios (Torres e Costa, 2013). Consolidadas essas pontes de cooperação, a pioneira tríade interna à Petrobras apenas reforçará sua posição de protagonismo na produção de resultados no país e no mundo.

[38] Petrobras. Disponível em: <http://fatosedados.blogspetrobras.com.br/2013/10/18/inauguramos-com-a-puc-rio-novas-instalacoes-do-instituto-tecgraf/>. Acesso em: 16 mar. 2015.

CONCLUSÃO | A longa jornada

A longa jornada da maior empresa nacional pode ser descrita, sem maiores dificuldades, como um esforço para suplantar crescentes obstáculos. Os desafios, que por vezes pareciam insuperáveis, se sucediam com a guinada rumo às águas profundas. Tal evento, que já havia mudado definitivamente a história da empresa, deu lugar, por sua vez, à busca pelas ainda mais temerosas águas ultraprofundas, tendo seu pico no atual empreendimento junto ao pré-sal.

A simples descrição da sua história como um acúmulo de realizações não explicita, todavia, as mãos que fizeram e as motivações que impulsionam essa trajetória. Esses impulsos não se restringem, como em outras empresas, à simples busca do lucro ou à eficiência das máquinas, por mais que esses sejam elementos inegavelmente presentes. Há algo que motiva a Petrobras a desenvolver uma relação peculiar com o risco, avançando onde outros refugaram, postura que, aliada a uma singular engenhosidade, explica grande parte do sucesso, técnico e comercial, que marca esse percurso de mais de 60 anos. Para além da concretude dos números, subjaz o intangível.

Ao concluir sua leitura do que tem sido a exploração e a produção no pré-sal, Carlos Tadeu da Costa Fraga, em depoimento à FGV/CPDOC em abril de 2015, dá um bom exemplo para ilustrar as forças que têm construído a liderança brasileira na indústria mundial de petróleo:

> No pré-sal... é a mesma história aplicada para um outro ambiente, em termos de desafio, e com *approach*, em termos de gestão de capital hu-

> mano, por uma série de circunstâncias, muito parecido. No momento em que a companhia já tinha nos seus quadros quase 50% dos seus profissionais com menos de 10 anos de companhia e um grupo, percentualmente, menos significativo, de pessoas mais seniores. Oportunidade para esses jovens! "Temos que confiar nesses jovens, trazê-los para o jogo, comprometê-los, porque são eles que vão ter que executar." [...] O resultado está aí: 800 mil barris por dia o pré-sal atingiu agora, da descoberta até o presente. Muita coisa pela frente. Os pontos de interrogação foram sendo eliminados, e hoje a companhia olha e diz o seguinte: "Eu conheço esse animal. Sei como é que ele se comporta, sei o que fazer para dominá-lo, porque adotei a mesma abordagem de adestramento desse animal". Foi exatamente a mesma abordagem gerencial, tecnológica, gestão de capital humano. Mas eu acho que essa é uma combinação que deu certo, na minha visão. Sempre vai dar certo na superação de desafios tecnológicos em curto espaço de tempo. Envolvimento enorme da ponta, envolvimento enorme no topo da organização, comprometimento e envolvimento enorme dos laboratórios internos e externos. [...] Nós temos que enfrentá-los [os desafios do pré-sal] e dando chance, oportunidade para as pessoas mais jovens que, via de regra, vêm com uma pergunta do tipo: "Por que tem que ser assim mesmo, hein? Por que não pode ser diferente?". Contestando, saudavelmente, aquilo que os mais experientes têm como paradigma. A principal quebra de paradigma, na minha visão, vem nesse tipo de pergunta: "Por que tem que ser assim?". Pergunta sempre ingênua, às vezes. "Por que tem que ser assim, mesmo?". A cultura organizacional que permite receber uma pergunta dessas e encará-la como algo saudável, positivo e necessário [é a de sucesso].

Para além desse elemento imaterial, emergindo de um contexto histórico e cultural singular no Brasil, o intangível passa também pelo lugar que a empresa ocupa no imaginário mais amplo, do país, que não se restringe à sua natureza estatal, mas decorre dos valores que presidiram sua criação e prosperam nas ações da companhia. A Petrobras sempre foi marcada por uma forte ideia de missão, imagem constante nos relatos dos seus funcionários, que dão efetividade a diretrizes muitas vezes abstratas.

O engenheiro Alfeu Valença, que acompanhou de perto os primeiros desenvolvimentos da produção na Bacia de Campos e a instalação do Procap, pilares da história *offshore* no país, faz a seguinte observação em depoimento ao programa Memória Petrobras em 2003:

> Mas era uma empresa extremamente consciente de que ela tinha um monopólio que era dado pela sociedade para ela explorar o petróleo e ela tinha como contrapartida obrigação de fazer o melhor trabalho, sob pena de perder o monopólio e perder a confiança da sociedade que estava do seu lado. Isso é que é a primeira educação na cabeça de qualquer engenheiro, qualquer ensino médio que entrasse na Petrobras: "Olha, tu vai gerir uma coisa que não é tua, isso é da sociedade, vamos fazer o melhor porque nós também somos sociedade, nossos filhos farão parte disso e o que for melhor para o país que a gente faz, né? Tem que manter o país abastecido a qualquer custo, a qualquer custo – não ao menor custo –, não pode parar, esse negócio não pode parar, porque há uma confiança depositada nessa empresa". É dentro desse espírito que essa empresa vem vindo – e aí permeou militares na Presidência, civis, militares, políticos não sei o que, mas podia colocar quem colocasse na Presidência a base estava muito estruturada com essa filosofia. Na Petrobras pode botar a pior diretoria do mundo, o pior presidente do mundo, não vai mudar nada, porque é a turma de baixo que sustenta. Então, onde a gente tem que investir é nessa turma de baixo, seja na educação, no treinamento e principalmente nos valores morais, éticos; é nessa turma que a gente tem que segurar, porque o alicerce da empresa é isso aí, e ela veio nisso.

Sem essa vocação missionária, marcada por valores que estão além dos ganhos imediatos e por um olhar voltado para o futuro, não é possível compreendê-la. Na verdade, é muito provável que mesmo alguns dos mais otimistas pioneiros do petróleo no Brasil ficassem surpresos com as façanhas que marcaram as últimas décadas. O sonho distante de uma grande indústria nacional de petróleo ganhou nítidos contornos, há muito incontestes para o mais renitente pessimista, ainda que tenha novas barreiras a enfrentar nos curto e médio prazos.

A outrora decantada consolidação da autossuficiência parece muito próxima de ser alcançada e até mesmo desponta no horizonte, com as recentes descobertas do pré-sal, a possibilidade de que o Brasil se transforme em um exportador do combustível fóssil. Os avanços tecnológicos, por sua vez, são reconhecidos em todo o mundo, que vê na Petrobras referência na exploração das águas profundas.

Esse ponto de chegada provisório não estava, entretanto, dado de antemão. A longa jornada da Petrobras em direção ao *offshore* não foi uma caminhada de passos já previamente conhecidos, mas uma viagem atravessada por desafios e incertezas em um território que se mostrava desconhecido não apenas para os brasileiros, mas a todos os que se envolviam há décadas com a questão.

A confiança dos primeiros anos em um território repleto de petróleo – em muito amparada na ideia de um país rico em recursos naturais, mitologia que toma a carta de Caminha como documento fundador – logo deu lugar à descrença insuflada pelos insucessos iniciais e pelo célebre e controverso Relatório Link. A superação das dificuldades demandava romper fronteiras previamente estabelecidas e foi isso o que o país, através da Petrobras, fez.

A ida ao mar, capítulo decisivo da história da companhia, quebrou não apenas paradigmas nacionais ou continentais, mas revolucionou padrões longamente estabelecidos na indústria do petróleo. Os inovadores sistemas de produção antecipada e os constantes recordes de profundidade, reconhecidos com alguns dos mais importantes prêmios mundiais, ampliaram os limites da exploração do combustível fóssil em todo o planeta.

A bem-sucedida jornada somente foi possível com a decisiva contribuição das mulheres e dos homens que construíram a companhia. Para compreender suas ações não basta, entretanto, pensar apenas nos interesses imediatos ou nas conquistas mais evidentes. É necessário olhar além, de modo a perceber os valores e crenças que distinguem a Petrobras e lhe permitiram percorrer trajetória singular não apenas no que tange ao mundo do petróleo, mas até mesmo quando o parâmetro são as modernas economias competitivas.

Nomeamos aqui esse conjunto de valores e crenças de *inatingível*, haja vista a dificuldade em se precisar a natureza específica desse misto de fé, crença e cálculo. Os obstáculos a uma precisa definição não diminuem, entretanto, a importância do fenômeno, fundamental, como estas páginas bem demonstram, para a história do Brasil contemporâneo.

Para investigar essa interação entre as pessoas, os valores e as máquinas, o livro recorreu aos métodos da história oral, campo no qual a Escola de Ciências Sociais da FGV, a conhecida FGV/CPDOC, já acumula ampla experiência e realizações. O instrumento permite vislumbrar com clareza diversas das mãos que construíram a empresa, sem perder de vista as motivações que animavam e davam um sentido de conjunto a esse heterogêneo grupo de pessoas que transformavam o cenário e a imaginação nacionais.

Com essa base, o livro constrói seus três capítulos. O primeiro, de caráter mais amplo e panorâmico, reconstrói, ainda que brevemente, os debates e realizações que marcaram o setor de petróleo no Brasil ao longo das últimas décadas. O texto começa num tempo em que a Petrobras ainda era uma simples ideia e alcança momento próximo dos dias atuais com a descoberta do pré-sal. Mais do que uma reconstituição exaustiva, o que interessa são as relações entre a Petrobras e o imaginário nacional.

Os outros dois capítulos tratam, por sua vez, de domínios mais específicos. O segundo aborda a criação e trajetória internacional da indústria nacional de petróleo através da Braspetro, com o intuito de demonstrar a relevância das ações externas às fronteiras nacionais para a formação de uma empresa tão impregnada pelo ideal nacionalista. De uma relação aparentemente paradoxal reconhece-se, na verdade, um dos segredos do pioneirismo e da riqueza das conquistas nacionais. O último capítulo reconstrói, por fim, as conquistas técnicas da Petrobras, interessado em expor a repercussão das ideias no campo científico e demonstrar o papel de vanguarda que a empresa muitas vezes desempenhou.

Para o leitor, espera-se que as diversas partes desse quebra-cabeça tenham composto um retrato rico e distinto de um capítulo fundamental não apenas da indústria do petróleo no país, mas da própria história brasileira.

BIBLIOGRAFIA

ABREU, M. P. The Brazilian economy, 1930-1980. In: BETHELL, L. (Ed.). *The Cambridge history of Latin America*. Cambridge: Cambridge University Press, 2008. v. 9, p. 283-394.

ALMEIDA, A. L. *Indústria do petróleo no Brasil e no mundo*: formação, desenvolvimento e ambiência atual. Rio de Janeiro: Blucher, 2015.

ALVES, M. H. *Estado e oposição no Brasil (1964-84)*. Petrópolis: Vozes, 1985.

ARQUIDIOCESE DE SÃO PAULO. *Brasil*: Nunca mais. 2. ed. Petrópolis: Vozes, 1985.

BADEL, L. *Diplomatie et grands contrats*: L'Etat français et les marchés extérieurs au 20e siècle. Paris: Publications de la Sorbonne, 2010.

BARBOZA FILHO, R. Os paulistas no poder. In: AMARAL, R. (Coord.). *FHC*: os paulistas no poder. Niterói: Casa Jorge Editorial, 1995.

BARROSO, J. A. Os 40 anos da CAGE – Campanha Nacional de Formação de Geólogos, os cursos de geologia no Brasil e, em particular, no Rio de Janeiro. *Anuário do Instituto de Geociências*, v. 19, p. 143-156, 1996.

BASTOS, C. P.; BRITTO, G. Introdução. In: AGARWALA, A. N.; SINGH, S. P. (Org.). *A economia do subdesenvolvimento*. Rio de Janeiro: Contraponto, 2010.

BIELSCHOWSKY, R. *Pensamento econômico brasileiro*: o ciclo ideológico do desenvolvimentismo. Rio de Janeiro: Contraponto, 2003.

BRASIL. Ministério de Minas e Energia (MME). *Balanço Energético Nacional*: banco de dados 1970-2013. Brasília: MME, 2013.

CALDAS, J. N. *Uma história de sucesso*: 50 anos de desenvolvimento de recursos humanos. Rio de Janeiro: Petrobras, 2005.

CAMARGO, J. *Cartas a um jovem petroleiro*: viver com energia. Rio de Janeiro: Elsevier, 2013.

CAMPOS, R. *O século esquisito*. Rio de Janeiro: Topbooks, 1990.

CANO, W. *Raízes da concentração industrial em São Paulo*. São Paulo: Difel, 1977.

CARDOSO, F. H. *Discurso de despedida do Senado Federal*: filosofia e diretrizes de governo. Brasília: Presidência da República, 14 dez. 1994. Disponível em: <www.biblioteca.presidencia.gov.br/publicacoes-oficiais/catalogo/fhc/discurso-de-despedida-do-senado-federal-1994>. Acesso em: 5 jul. 2016.

CHALOUB, J. G. S. *O liberalismo entre o espírito e a espada*: a UDN e a República de 1946. Tese (doutorado em ciência política) – Uerj, Rio de Janeiro, 2015. cap. 3.

COHN, G. *Petróleo e nacionalismo*. São Paulo: Difel, 1968.

COHRS, P. *The unfinished peace after World War I*: America, Britain and the stabilisation of Europe, 1919-1932. Cambridge: Cambridge University Press, 2006.

CONTRERAS, E. D. C. A. *Os desbravadores*: a Petrobras e a construção do Brasil industrial. Rio de Janeiro: Relume Dumará, 1994.

COSTA, H. *Em busca da memória*: comissão de fábrica, partido e sindicato no pós-guerra. São Paulo: Scritta, 1995.

CULLATHER, N. *The hungry world*: America's Cold War battle against poverty in Asia. Cambridge: Harvard University Press, 2010.

DANTAS, E.; BELL, M. The co-evolution of firm-centered knowledge networks and capabilities in late industrializing countries: the case of Petrobras in the offshore oil innovation system in Brazil. *World Development*, v. 39, n. 9, p. 1570-1591, 2011.

D'ARAUJO, M. C. S. *O segundo governo Vargas 1951-1954*: democracia, partidos e crise política. 2. ed. São Paulo: Ática, 1992.

DEAN, W. *The industrialization of São Paulo*: 1880-1945. Austin: University of Texas Press, 1969.

DIAS, J. L. M.; QUAGLINO, M. A. *A questão do petróleo no Brasil*: uma história da Petrobras. Rio de Janeiro: FGV/CPDOC; Petrobras, 1993.

ESCOBAR A. *Encountering development*: the making and unmaking of the Third World. Princeton: Princeton University Press, 1995.

FONTAINE, P. *La guerre froide du pétrole*. Paris: Je Sers, 1956.

FORMIGLI FILHO, J. M.; PINTO, A. C. C.; ALMEIDA, A. S. Santos basin's pre-salt reservoirs development: the way ahead. In: OFFSHORE TECHNOLOGY CONFERENCE (OTC), 2009. Houston, TX. *Proceedings*... Houston, TX: OTC 19.953, 2009.

FORTES, A. Os impactos da Segunda Guerra Mundial e a regulação das relações de trabalho no Brasil. *Nuevo Mundo Mundos Nuevos, Débats*, jan. 2014. Disponível em: <http://nuevomundo.revues.org/66177>. Acesso em: 20 maio 2015.

FRANK, R. (Org.). *Pour l'histoire des relations internationales*. Paris: PUF, 2012. cap. 11. Col. Le Nœud Gordien.

FREITAS, A. G. Processo de aprendizagem da Petrobras: programas de capacitação tecnológica em sistemas de produção *offshore*. *Revista Brasileira de Energia*, v. 8, n. 1, 2001.

FUNDAÇÃO GETULIO VARGAS (FGV). *FGV*: 70 anos de lutas. Rio de Janeiro: Ed. FGV, 2014.

FURTADO, A. T. A trajetória tecnológica da Petrobras na produção *offshore*. In: SIMPÓSIO DE GESTÃO DA INOVAÇÃO TECNOLÓGICA, XIX., 1996, São Paulo. *Anais*... São Paulo: USP/PGT/FIA/Pacto, 1996. v. 2, p. 813-832.

GOLDSTEIN, A. The emergence of multilatinas: the Petrobras experience. *Universia Business Review*, n. 25, p. 98-111, 2010.

GOMES, A. M. C. *A invenção do trabalhismo*. São Paulo: Vértice, 1988.

GUDIN, E. Petrobras: desperdício e incapacidade. *Digesto Econômico*, São Paulo, ano XVII, n. 158, p. 101, mar./abr. 1961.

HELLEINER, E. *States and the reemergence of global finance*: from Bretton Woods to the 1990s. Nova York: Cornell University Press, 1996.

IORIS, R. *Transforming Brazil*: a history of national development in the postwar era. Nova York: Routledge, 2014.

____; IORIS, A. A. The Brazilian developmentalist State in historical perspective: revisiting the 1950s in light of today's challenges. *Journal of Iberian and Latin American Research*, v. 19, n. 1, p. 133-134, 2013.

JUDT, T. *Pós-guerra*: uma história da Europa no pós-1945. Rio de Janeiro: Objetiva, 2007.

LAFER, C. *JK e o Plano de Metas (1956-1961)*. Rio de Janeiro: Ed. FGV, 2002.

LAMARÃO, S. T. N.; MOREIRA, R. L. *Petrobras 50 anos*. Disponível em: <https://cpdoc.fgv.br/producao/dossies/FatosImagens/Petrobras50anos>. Acesso em: 30 set. 2015.

LIMA, P. A. N. *Pré-sal como oportunidade de desenvolvimento sustentável à luz do desafio furtadiano*. Tese (mestrado em direito político e econômico) – Universidade Presbiteriana Mackenzie, São Paulo, 2014.

LOBATO, J. B. M. *O escândalo do petróleo no Brasil*. São Paulo: Companhia Editora Nacional, 1937.

MARINHO JR., I. P. *Petróleo*: soberania e desenvolvimento. Rio de Janeiro: Bloch, 1970.

MARTIN, J. M. *Industrialisation et développement énergétique du Brésil*. Paris: Institut des Hautes Etudes de l'Amérique Latine, 1966.

MELLO, J. M. C. *O capitalismo tardio*: contribuição à revisão crítica da formação e desenvolvimento da economia brasileira. São Paulo: Brasiliense, 1982.

MELO, H. P.; OLIVEIRA, A.; ARAÚJO, J. L. O sonho nacional: petróleo e eletricidade (1954-94). In: GOMES, A. C. (Org.). *Vargas e a crise dos anos 50*. Rio de Janeiro: Relume Dumará, 2011.

MOFFITT, M. *The world's money*: international banking, from Bretton Woods to the brink of insolvency. Londres: Michael Joseph, 1984.

MORAIS, J. M. de. *Petróleo em águas profundas*: uma história tecnológica da Petrobras na exploração e produção *offshore*. Brasília: Ipea/Petrobras, 2013.

____. *Petrobras*: uma história das explorações de petróleo em águas profundas e no pré-sal. Rio de Janeiro: Elsevier, 2015.

MOURA, M. *Petrobras 50 anos*: uma construção da inteligência brasileira. Pesquisa de texto: Sérgio Tadeu de Niemeyer Lamarão, Carlos Eduardo Sarmento, Regina da Luz Moreira. Rio de Janeiro: Petrobras, 2003.

MOURA, P.; CARNEIRO, F. *Em busca do petróleo brasileiro*. Ouro Preto: Fundação Gorceix, 1976.

NASCIMENTO, B. H. *A ordem nacionalista brasileira*: o nacionalismo como política de desenvolvimento durante o governo Vargas, 1930/1945. São Paulo: Humanitas, FFLCH/USP, 2002.

ODELL, P. *Petróleo*: mola do mundo. Rio de Janeiro: Record, 1974.

PAINTER, D. Oil and geopolitics: the oil crises of the 1970s and the Cold War. *Historical Social Research*, v. 39, n. 4, p. 186-208, 2014.

PATTERSON, J. T. *Grand expectations*: the United States, 1945-1974. Nova York: Oxford University Press, 1997.

PATTI, C. *Brazil in global nuclear order*. Tese (doutorado em história das relações internacionais) – XXIII ciclo. Facoltá do Scienze Politiche, Universitá Degli Studi di Firenze, Firenze, 2012.

PEIXOTO, A. C. O Clube Militar e os confrontos no seio das Forças Armadas (1945-1964). In: ROUQUIÉ, A. (Coord.). *Os partidos militares no Brasil*. Rio de Janeiro: Record, 1980.

PELAEZ, C. M. *História econômica do Brasil*: um elo entre a teoria e a realidade econômica. São Paulo: Atlas, 1979.

PETROBRAS. *Memória da Petrobras*: acervo de depoimentos. Rio de Janeiro: FGV/CPDOC; Petrobras/Sercom, 1988.

____. *O tatu saiu da toca*: histórias da internacionalização da Petrobras. Rio de Janeiro: Petrobras, 2007.

____. Recebemos o prêmio Offshore Technology Conference 2015. *Fatos e Dados*, 3 fev. 2015. Disponível em: <www.petrobras.com.br/fatos-e-dados/recebemos-o--premio-offshore-technology-conference-2015.htm>. Acesso em: 20 out. 2015.

PINTO, B. O declínio das sociedades de economia mista e o advento das modernas empresas públicas. *Revista de Direito Administrativo*, n. 32, p. 1-15, 1953.

POLETTO, C. A.; ARAÚJO, M. A. D. de; DA MATA, W. Gestão compartilhada de P&D: o caso da Petrobras e da UFRN. *Revista de Administração Pública*, Rio de Janeiro, v. 45, n. 4, 2011.

REBELO, M. *O espelho partido*: a guerra está em nós. São Paulo: Nova Fronteira, 2002.

REISCHAUER, R. D.; AARON, H. J. *Countdown to reform*: the great social security debate. Nova York: The Century Foundation Press, 1998.

RETROZ, S. R. *Memória impressa*: os livros da Petrobras sobre sua história. Dissertação (mestrado profissional em bens culturais e projetos sociais). FGV/CPDOC, Rio de Janeiro, 2015.

REZNIK. L. *Democracia e segurança nacional*: a polícia política no pós-guerra. Rio de Janeiro: Ed. FGV, 2004.

RIBEIRO, A. *Leopoldo*: os caminhos de Leopoldo Américo Miguez de Mello para um Brasil maior. Rio de Janeiro: Petrobras, 2010.

RICCOMINI, C.; SANT'ANNA, L. G.; TASSINARI C. C. G. Pré-sal: geologia e exploração. *Revista USP*, São Paulo, n. 95, p. 33-42, 2012.

ROSTOW, W. *The stages of economic growth*: a non-communist manifesto. Cambridge: Cambridge University Press, 1971.

RUAS, J. A. G. Transformações na concorrência, estratégias da Petrobras e desempenho dos grandes fornecedores de equipamentos *subsea* no Brasil. In: DE NEGRI, J. A. et al. *Poder de compra da Petrobras*: impactos econômicos nos seus fornecedores. Brasília: Ipea/Petrobras, 2011.

SANTOS, A. C. M. (Coord.). *Projeto História da Exploração de Petróleo no Brasil*. Rio de Janeiro: Petrobras, 1988. Relatório parcial.

SANTOS, W. G. dos. Paradigma e história: a ordem burguesa na imaginação social brasileira. In: ____. *Ordem burguesa e liberalismo político*. São Paulo: Duas Cidades, 1978.

____; MONTEIRO, V. M.; CAILLAUX, A. M. L. *Que Brasil é este?* Manual de indicadores políticos e sociais. São Paulo: Revista dos Tribunais, 1990.

SARMENTO, C. E.; LAMARÃO, S. *Engenharia da Petrobras 1972-2005*: ontem, hoje e amanhã construindo uma história. Rio de Janeiro: Petrobras, 2006.

SCHWARTZMAN, S.; BOMENY, H. M.; COSTA, V. M. R. *Tempos de Capanema*. São Paulo: Paz e Terra, 1984.

SHENKAR, O.; LUO, Y. (Ed.). *International business*. Thousand Oaks: Sage, 2007.

SLATER, D. *Geopolitics and the post-colonial*: rethinking North-South relations. Oxford: Blackwell, 2004.

SOUZA, A. A.; ROSS, E. S.; SBRAGIA, R. Procap: um vitorioso programa brasileiro de P&D para produção em águas profundas. In: SEMEAD – SEMINÁRIOS EM ADMINISTRAÇÃO, 2., 1997. *Anais*... São Paulo: Anpad, 1997. p. 612-622. Disponível em: <www.anpad.org.br/diversos/trabalhos/EnANPAD/enanpad_1997/.../1997_CT4.pdf>. Acesso em: 9 jan. 2015.

SUZIGAN, W. *Indústria brasileira*: origem e desenvolvimento. São Paulo: Hucitec; Campinas: Ed. Unicamp, 2000.

TAVARES, M. C. *Da substituição de importações ao capitalismo financeiro*. Rio de Janeiro: Zahar, 1973.

TÁVORA, J. *Carta-testamento*. Rio de Janeiro, 1954. Disponível em FGV/CPDOC: GV c 1954.08.24/2.

____. *Petróleo para o Brasil*. Rio de Janeiro: José Olympio, 1955.

____. *Produção para o Brasil*. Rio de Janeiro: José Olympio, 1957.

TORRES, E. A.; COSTA, J. F. Modelo de gestão de redes temáticas e núcleos regionais da Petrobras/ANP. In: RUSSO, S. L.; SILVA, G. F. (Org.). *Capacite*: exemplos de inovação tecnológica. São Cristóvão, SE: Ed. UFS, 2013. p. 123-142.

U.S. ENERGY INFORMATION ADMINISTRATION (EIA). *Portal institucional*. Disponível em: <www.eia.gov/totalenergy/data/annual/showtext.cfm?t=ptb0501a>. Acesso em: 19 mar. 2016.

VARGAS, G. Mensagem presidencial nº 469/1951. *Diário do Congresso Nacional*, Rio de Janeiro, 6 jun. 1952.

VIZENTINI, P. F. *A política externa do regime militar brasileiro*: multilateralização, desenvolvimento e construção de uma potência média (1964-1985). Porto Alegre: Ed. UFRGS, 2004.

WEINSTEIN, B. *(Re)formação da classe trabalhadora no Brasil (1920-1964)*. São Paulo: Cortez, 2000.

YERGIN, D. *The prize*: the epic quest for oil, money and power. Nova York: Simon & Schuster, 1991.

Depoimentos

ARMANDO, Salim. Depoimento, 2003. Entrevista concedida ao programa institucional Memória Petrobras. Disponível em: <http://memoria.petrobras.com.br>. Acesso em: dez. 2015.

____. Depoimento, 2005. Entrevista concedida ao programa institucional Memória Petrobras. Disponível em: <http://memoria.petrobras.com.br>. Acesso em: dez. 2015.

ASSAYAG, Marcos Isaac. Depoimento, 2005. Entrevista concedida ao programa institucional Memória Petrobras. Disponível em: <http://dualtec.museudapessoa.net/_index.php/historia/11311-marcos-isaac-assayag/texto>, <http://memoria.petrobras.com.br/depoentes/marcos-isaac-assayag/criado-o-procap-tecnologia-e-inovaao#.VjDDwLerTtQ>. Acesso em: jan. 2015.

CAMPOS, Carlos Walter Marinho. Depoimento, 1988. Rio de Janeiro, FGV/CPDOC; Sercom-Petrobras, 1988. 198 p. dat. Programa institucional Memória Petrobras.

DE LUCA, João Carlos. Depoimento, ago. 2015. Rio de Janeiro, FGV/CPDOC, 2015. Entrevista concedida a Alexandre Moreli para o projeto A História do *Offshore* Brasileiro: Petróleo em Águas Profundas.

ESTRELLA, Guilherme. Depoimento, jan. 2015. Rio de Janeiro, FGV/CPDOC, 2015. Entrevista concedida a Alexandre Moreli e Santina Raffaella Lucente para o projeto A História do *Offshore* Brasileiro: Petróleo em Águas Profundas.

FORMIGLI FILHO, José Miranda. Depoimento, fev. 2015. Rio de Janeiro, FGV/CPDOC, 2015. Entrevista concedida a Alexandre Moreli e Santina Raffaella Lucente para o projeto A História do *Offshore* Brasileiro: Petróleo em Águas Profundas.

FRAGA, Carlos Tadeu da Costa. Depoimento, abr. 2015. Rio de Janeiro, FGV/CPDOC, 2015. Entrevista concedida a Alexandre Moreli e Santina Raffaella Lucente para o projeto A História do *Offshore* Brasileiro: Petróleo em Águas Profundas.

FREIRE, Wagner. Depoimento, dez. 2014. Rio de Janeiro, FGV/CPDOC, 2015. Entrevista concedida a Alexandre Moreli e Santina Raffaella Lucente para o projeto A História do *Offshore* Brasileiro: Petróleo em Águas Profundas.

MACHADO FILHO, Zephyrino Lavenère. Depoimento, 2005. Entrevista concedida ao programa institucional Memória Petrobras. Disponível em: <http://memoria.petrobras.com.br>. Acesso em: jan. 2016.

OLIVEIRA, Danilo. Depoimento, 2005. Entrevista concedida ao programa institucional Memória Petrobras. Disponível em: <http://dualtec.museudapessoa.net/_index.php/historia/10853-danilo-oliveira/texto>. Acesso em: jan. 2015.

PEREIRA, Adauto. Depoimento, dez. 2014. Rio de Janeiro, FGV/CPDOC, 2015. Entrevista concedida a Alexandre Moreli e Santina Raffaella Lucente para o projeto A História do *Offshore* Brasileiro: Petróleo em Águas Profundas.

VALENÇA, Alfeu de Melo. Depoimento, 2003. Entrevista concedida ao programa institucional Memória Petrobras. Disponível em: <http://memoria.petrobras.com.br>. Acesso em: dez. 2015.

ÍNDICE DE FIGURAS, GRÁFICOS E QUADROS

Figuras

11 | p. 49 | Pesquisa de opinião pública sobre a indústria petrolífera no Brasil, 1954. Fonte: Acervo FGV/CPDOC. Arquivo Artur Levy. AL - pp 195409160001. Acervo Petrobras.
12 | p. 54 | Carta de apresentação do Relatório Link, 1960. Fonte: Acervo FGV/ CPDOC. Arquivo Artur Levy.
13 | p. 55 | Refinaria de petróleo em Duque de Caxias (s.d.). Fonte: Acervo FGV/ CPDOC, Arquivo Artur Levy, AL FOTO 48.
14 | p. 61 | Aspectos da construção do edifício-sede da Petrobras, no Rio de Janeiro, entre 1969 e 1970. Fonte: Acervo FGV/CPDOC. Arquivo Ernesto Geisel, EG FOTO 136.
15 | p. 96 | Notícias sobre perfurações da Braspetro no Iraque em 1976. Fonte: *Jornal do Comércio*, 1º set. 1976. Disponível em: <http://bndigital.bn.br/ hemeroteca-digital/>. Acesso em: 22 out. 2015.
16 | p. 100 | Plataforma da Braspetro produzindo gás no Golfo do México em 1989. Fonte: Acervo pessoal Wagner Freire. "Braspetro yields gas in US Gulf", *Petrobras News*, n. 127, p. 1, nov./dez. 1989.
17 | p. 114 | Atuação da Braspetro no Egito. Fonte: Banco de imagens Petrobras.
18 | p. 117 | Comboio da Braspetro na Líbia. Fonte: Banco de imagens Petrobras.
19 | p. 120 | Plataforma a serviço da Petrobras no setor britânico do Mar do Norte, onde a companhia entrou em 1989. Fonte: Banco de imagens Petrobras.
20 | p. 123 | Exportação de tratores para o Equador. Fonte: Banco de imagens Petrobras.
21 | p. 125 | Construção de trecho do gasoduto Bolívia-Brasil. Fonte: Banco de imagens Petrobras.
22 | p. 128 | Folheto promocional produzido pela Braspetro em 1985 indicando o novo recorde de completação submarina a 383 metros no sistema de produção de Piraúna. Fonte: Acervo pessoal Wagner Freire. Folheto *Early production systems and deep water subsea completions: technology and experience of Petrobras available worldwide*, produzido pela Braspetro Oil Services Co. (Brasoil), jun. 1985.
23 | p. 139 | Construção da jaqueta para a Bacia de Campos. Fonte: Acervo pessoal Wagner Freire. Petrobras. Anais do Encontro Internacional sobre Sistemas de Produção Antecipada, Rio de Janeiro. Petrobras, Cenpes, 1983. p. 253.
24 | p. 140 | Embarque da jaqueta para a Bacia de Campos. Fonte: Acervo pessoal Wagner Freire. Petrobras. Anais do Encontro Internacional sobre Sistemas de Produção Antecipada, Rio de Janeiro. Petrobras, Cenpes, 1983, p. 253.
25 | p. 144 | Ilustração de um dos primeiros sistemas de produção antecipada (Sul de Pampo), com início das operações em dezembro de 1980. Fonte: Acervo pessoal Wagner Freire. Folheto *Petrobras' early production systems*, de autoria da Braspetro Oil Services Co. (Brasoil), abr. 1984.
26 | p. 145 | Navio-sonda de perfuração. Fonte: Banco de imagens Petrobras.

Gráficos

Quadros

ANEXO I

Relatório Link*

RELATORIO LINK, CONSTITUIDO DAS CARTAS N°S:

DEPEX-1032/60, de 22 de agôsto de 1960;
DEPEX-1058/60, de 29 de agôsto de 1960 e
DEPEX-1345/60, de 4 de novembro de 1960.

— — — — — — — — — — —

* Como já mencionado em diversas passagens deste livro, o relatório "Avaliação das possibilidades petrolíferas das bacias sedimentares brasileiras", concluído por Walter K. Link e sua equipe em agosto de 1960, apresenta-se como um dos documentos fundamentais para entender a história da exploração e da produção de hidrocarbonetos no Brasil, sobretudo as razões pelas quais se partiu para o ambiente *offshore*. Apesar dessa relevância, o chamado "Relatório Link" raramente é encontrado para consulta, sobretudo em sua íntegra. O acervo da FGV/CPDOC, em seu fundo Gabriel Passos, possui uma versão que aqui reproduzimos por meio de uma transcrição quase total. Não sendo possível neste livro a digitalização de suas páginas nem a reprodução das imagens, dado o estado de conservação do original, a equipe de pesquisa preferiu trazer aos leitores a integralidade do texto, excluindo-se as tabelas, que são apenas mencionadas ao longo da transcrição que se segue, mas que ainda podem ser consultadas na FGV/CPDOC. É importante mencionar que a equipe de pesquisa optou por realizar a transcrição seguindo fielmente a redação do texto, inclusive quanto às normas ortográficas vigentes à época de sua redação e aos eventuais erros de datilografia. Preservou-se também, tanto quanto possível, a formatação original do documento ("Relatório Link". Fundo Gabriel Passos, parte do Acervo do Centro de Pesquisa e Documentação de História Contemporânea do Brasil da Fundação Getulio Vargas – GP ap 1956.02.01).

ANEXO DEPEX-1032/60

9 de agôsto de 1960

AVALIAÇÃO DAS POSSIBILIDADES PETROLÍFERAS DAS BACIAS SEDIMENTARES DO BRASIL

INTRODUÇÃO

Neste memorando sôbre as possibilidades petrolíferas das Bacias Sedimentares do Brasil, e que será provavelmente uma análise final antes de partirmos no fim do ano, tentaremos mostrar a situação em bases absolutamente impessoais, usando somente os fatos geológicos conhecidos. Infelizmente, os dados geológicos que possuímos não retratam o conjunto do quadro, mas apenas fragmentos do mesmo. Com os elementos isolados disponíveis, o geólogo cria o conjunto e tira daí conclusões. A exatidão das conclusões dependerá da capacidade do geólogo, sua experiência e conhecimento das ocorrências de óleo em outras áreas semelhantes.

Esta análise é primordialmente a do missivista, mas inclue idéias e pontos de vistas básicos obtidos do trabalho de exploração feito no Brasil por um grupo de técnicos que constitue o Departamento de Exploração no Rio e nos Distritos.

Nesta análise excluiremos a Bacia do Recôncavo, na Bahia, por ser uma área produtora de primeira classe, e a Bacia de Tucano, adjacente ao Recôncavo, pouco conhecida ainda, e que no momento se apresenta com características potenciais, especialmente na extremidade sul.

Todo o geólogo de exploração deseja sempre encontrar óleo, e é com a maior relutância e com um sentimento de fracasso que êle tem de se decidir a condenar uma área ou áreas em que a esperança de encontrar óleo foi grande, mas onde os resultados se mostraram negativos. Torna-se sua obrigação e dever apresentar os fatos como realmente são, e afastar-se de regiões onde os gastos se tornam excessivos, os resultados negativos, e o prosseguimento, científica e econômicamente, injustificável e insustentável. Já várias vêzes declaramos à Diretoria da Petrobrás que não fizemos a geologia do Brasil e estamos meramente tentando mapeá-la e explicá-la, usando êste conhecimento para encontrar óleo.

BASE DE ANÁLISE

A maneira de julgar comparativamente áreas sedimentares inexploradas é avaliá-las de acôrdo com o conhecimento geológico e dados disponíveis. A experiência prova que existem certas condições geológicas necessárias para que uma região se torne uma importante área produtora de petróleo. As condições são as seguintes:

1) Grande espessura das rochas matrizes para geração de óleo.
2) Rochas porosas ou fraturadas capazes de servir de reservatório no qual o óleo formado se acumula e do qual pode ser retirado.
3) Estrutura ou outras condições geológicas como "traps" estratigráficos, blocos permeáveis etc. independentes da estrutura, em que o óleo pode se acumular em quantidade suficiente para formar uma concentração econômica que se torne produtiva quando penetrada pela perfuração.

Para melhor simplificarmos, podemos classificar as bacias sedimentares em A, B, C e D.

1) Uma área "A" satisfaz tôdas as condições básicas acima mencionadas.
2) Uma área "B" é a que possue rochas matrizes mas pode aparentemente não apresentar os itens 2 ou 3.
3) Uma área "C" apresentaria características de rochas matrizes fracas ou limitadas, mas mostraria indícios de que os itens 2 ou 3 estão faltando ou não são bem desenvolvidos.
4) Uma área "D" mostraria claramente que não há rochas matrizes mesmo que apresentasse boas camadas reservatório e estrutura.

Neste ponto devemos reconhecer que as bacias que têm zonas de afloramento limitadas e se acham cobertas por depósitos recentes e planos que mascaram a geologia, essas áreas de afloramento podem não conter as 3 condições básicas indicadas acima nas quais se possa fazer uma análise.

Baseando-nos nestes 3 fatores poderemos tratar das Bacias Brasileiras do Vale Amazônico, Maranhão, Alagoas, Sergipe, Espírito Santo, Sul da Bahia e a Grande Bacia do Sul do Brasil (Paraná).

O VALE AMAZÔNICO

A única geologia sedimentar visível no Amazonas, de interêsse para o geólogo do petróleo, é a faixa de afloramento Paleozóico nas margens sul e norte da bacia, entre as longitudes 51° e 62° a oeste de Greenwich. Esta faixa tem uma largura média de 50 km. No Acre existe uma secção de afloramento Cretáceo ao longo da Fronteira Peruana representada pelo complexo anticlinal do Moa. As áreas sedimentares que podem dar informações geológicas representam menos de 1% do Vale Amazônico, o resto acha-se coberto por camadas planas das eras Terciária, Quaternária e Mezozóica.

Entretanto, durante vários anos, o Vale Amazônico foi considerado de valor potencial sob o ponto de vista petrolífero, e a perfuração nas faixas de afloramento das Bacias do Acre e Amazonas iniciou-se já em 1925. Quatro poços foram perfurados no Domo de Monte Alegre, perto da cidade de mesmo nome, e vários outros no Acre. Um total de 15 poços foi perfurado antes do início dos trabalhos do C.N.P. O C.N.P. perfurou 3 poços na área de Marajó e iniciou a perfuração de outros 2 outros na parte principal da Bacia Amazônica em Nova Olinda e Alter do Chão perto de Santarém. O C.N.P. também realizou trabalhos de gravimetria e sismografia no Vale Amazônico.

A Petrobrás continuou e incrementou o trabalho de exploração na Amazônia, empregando todas as técnicas geológicas e geofísicas conhecidas, secundadas por grande número de perfurações estratigráficas e pioneiras. A Petrobrás perfurou mais de 75 poços na parte principal do Vale Amazônico e no Graben de Marajó e efetuou vários levantamentos geofísicos dispendiosos nos últimos cinco anos.

Com base neste trabalho, torna-se agora possível uma boa avaliação da potencialidade petrolífera do Vale Amazônico e do Acre.

BACIAS GEOLÓGICAS DO VALE AMAZÔNICO

Geològicamente o Vale Amazônico pode ser dividido em 4 bacias distintas, que são:

1) Bacia do Baixo Amazonas (Graben de Marajó)
2) Bacia do Médio Amazonas

3) Bacia do Alto Amazonas
4) Bacia do Acre.

Trataremos dessas bacias pela ordem acima.

<u>Bacia do Baixo Amazonas (Graben de Marajó)</u>

Não há geologia de superfície que interesse ao geólogo de exploração e todos os dados foram obtidos por levantamento sísmico e gravimétrico, e perfuração. Essas informações revelaram que o Graben de Marajó é uma província geológica, separada da Bacia Paelozóica do Amazonas pelo Arqueamento de Gurupá. Os sedimentos de Graben de Marajó são do Mezozóico e mais recentes, sobrejacentes ao Complexo Cristalino Pre-Cambriano.

Os 8 poços perfurados revelaram que:

1) A secção sedimentar não apresenta características geradoras de óleo e nenhuma ocorrência de óleo foi encontrada em qualquer dos poços perfurados.
2) A secção é na maior parte clástica, síltica e com grande quantidade de areia, e apresenta camadas reservatório.
3) As estruturas são duvidosas e fracas.
4) A avaliação desta Bacia será "D", e quando o atual programa de perfuração fôr completado, em fins de 1960, sem apresentar nenhum incentivo, a bacia deverá ser abandonada.

<u>Bacia do Médio Amazonas</u>

O delineamento desta bacia tronou-se possível sòmente pelo trabalho geológico e geofísico, secundado por perfuração pioneira e estratigráfica. A bacia termina a leste pelo Arqueamento de Gurupá e a oeste pelo de Purus. É uma Bacia Paleozóica, quase toda coberta por sedimentos planos do Mezozóico ao Quaternário.

A maior concentração do esfôrço exploratório foi nesta bacia, devido aos primeiros indícios de óleo em Nova Olinda onde se produziu 4000 bbs. de óleo. Autás Mirim produziu 1800 bbs. Tôdas as ocorrências de óleo do Médio Amazonas acham-se dentro de um raio de 150 km., tendo Nova Olinda como centro, exceptuando-se o poço de Faro onde uma pequena amostra de gás foi testada dando uma estimativa de 150,000 pés cúbicos diários. Baseado no que foi dito acima, concluímos que:

1) A Bacia do Médio Amazonas satisfez as exigências das formações geradoras de óleo nas Formações Curuá e possìvelmente também Nova Olinda.
2) A Formação Curuá apresenta arenitos reservatório lenticulares pouco desenvolvidos e a formação Monte Alegre, arenitos reservatório mais desenvolvidos, largamente espalhados, mas não muito espessos.
3) A única estrutura de superfície conhecida é o Domo de Monte Alegre, formado por intrusão de diabásio, onde 4 poços secos foram perfurados. Os diversos métodos geofísicos não determinaram nenhuma estrutura positiva em Monte Alegre ou Curuá. A perfuração na área de Autás Mirim, e particularmente nas vizinhanças de Autás Mirim nº 6, 8, 9 e 10, indicou uma estrutura com elevação inferior a 10 metros. Isto pode explicar a pequena produção por bombeamento obtido no nº 6. A estrutura é de relêvo tãopouco acentuado que torna impossível o mapeamento por reflexão ou refração sísmica, sem o auxílio de contrôle de poço.

Reunindo todos êstes fatores, sem se considerar as dificuldades causadas pela capa de lava no tôpo do Paleozóico e a intrusão no mesmo, o melhor grau de avaliação que se poderá dar ao Médio Amazonas é "C", o que prova ser a bacia bem marginal e a área pobre para a produção em larga escala.

Bacia do Alto Amazonas

A divisão da Bacia do Alto Amazonas não pode ser dada por nenhum elemento visível na superfície. Toda a área acha-se recoberta por depósitos recentes e planos. A bacia foi ligeiramente delineada por trabalhos geofísicos, e perfuração. Separa-se da Bacia do Médio Amazonas pelo Arqueamento de Purus, e da Fossa Andina pelo Arqueamento de Iquitos, Cuiabá, Corambá, Assunção.

Foi delimitada ao norte por várias perfurações que passaram do Terciário para o Complexo Cristalino Pre-Cambriano e ao sul por outras perfurações que indicaram adelgaçamento e erosão da Secção Paleozóica.

Os folhelhos escuros da formação Curuá, onde foram perfurados, mostraram menos de 150 metros de espessura, e o Carbonífero apresentou principalmente uma secção de calcárea de origem química com poucos evaporitos. Não há indícios de estrutura dados seja por trabalho sísmico realizado ou perfuração. A secção traçada do poço Foz do Gregório, através de Eirunepé, Juruá e Fonte Boa, numa distância de 700 kms., mostra um mergulho inferior a ½ grau. Nenhum indício de óleo vivo foi encontrado em qualquer dos poços.

Baseados nestes dados, julgamos que, como indicações geológicas necessárias, temos:

1) apenas uma secção delgada geradora de óleo ou nenhuma
2) arenitos reservatório potenciais no Monte Alegre e Pre-Devoniano
3) nenhuma estrutura assinalada.

Bacia do Acre

Esta bacia faz parte do grande Geosinclinal Andino. Separa-se da Bacia do Alto Amazonas pelo Arqueamento de Iquitos, Cuiabá, Corumbá, Assunção.

Ao contrário das Bacias do Alto, Médio e Baixo Amazonas em que não há dobramento, a área do Acre apresenta o complexo anticlinal do Moa, que são dobras anticlinais assimétricas de Orogenia Andina. Estas estruturas complicadas e quebradas são as únicas dobras compressionais nas bacias sedimentares ora em discussão. São completamente diferentes dos levantamentos ígneos, tipo domo, como Monte Alegre no Amazonas e Lajes no Sul do Brasil.

A cêrca de 150 kms. para oeste, no Peru, há dois pequenos campos produtores, Agua Caliente e Maquia, cuja produção vem do Cretáceo. Não há produção no Paleozóico do Vale Amazônico, no Peru.

Dois poços foram perfurados no anticlinal do Moa, anteriores à exploração pela Petrobrás. Ambos são rasos e neles foi encontrado grande volume dágua morna, ligeiramente sulfurosa. Não há ocorrência de óleo na superfície e nem indícios nos poços perfurados. Os folhelhos marinhos Chonta, do Peru, mudaram quase inteiramente para um facies de arenito, no Brasil.

Baseados nestes dados, devemos concluir que:

1) Não há camadas marinhas geradoras de óleo da Era do Cretáceo na área do Acre, e portanto nenhuma rocha matriz.
2) Há amplos e bons reservatórios de arenito.
3) Há estruturas.

Baseados nos dados disponíveis, a avaliação do Cretáceo do Acre é "D". As perspectivas do Paleozóico, se existirem algumas, são desconhecidas. Os afloramentos cristalinos do embasamento no âmago do anticlinal do Moa são também as indicações mais desfavoráveis para as perspectivas do Paleozóico. Outro fator desfavorável é o econômico, por se tratar da área brasileira mais remota e inacessível.

BACIA DO MARANHÃO

A Bacia do Maranhão é primordialmente uma bacia sedimentar Paleozóica com uma pequena fossa Cretácea, denominada Bacia de S. Luiz e fossas Barreirinhas, ao longo da costa.

Esta bacia estende-se pelos Estados do Maranhão, Piauí e Goiás, estando toda a secção sedimentar em afloramento. Nestes últimos 10 anos, o C.N.P. e a Petrobrás efetuaram continuamente levantamentos geológicos de superfície, gravimétricos, aeromagnetométricos e sísmicos, acompanhados de perfuração exploratória. Foram perfurados 20 poços presumidamente em estrutura geológica. Foram encontrados pequenos indícios de óleo nos poços Curva Grande, Piandaré Mirim e Ilha Santa Ana, todos numa secção Cretácea delgada.

Baseados nestes poços e em grande número de trabalhos de superfície no Piauí. Maranhão e Goiás, onde grande parte da secção se acha exposta até o embasamento, deve-se concluir que:

1) Nenhuma formação geradora de óleo, real e importante, existe.
2) A secção arenosa e síltica ocupa mais de 80% e há muitas camadas reservatório.
3) Não há estrutura, exceto na área de S. Luiz onde as rochas do embasamento lançam-se nos sedimentos cretáceos que foram depositados em tôrno e sôbre ilhas altas do cristalino.

Dá-se à bacia o valor "D" devido aos inúmeros fatores desfavoráveis, e também porque as estruturas indicadas na área de afloramento do Paleozóico são ocasionadas por intrusão ígnea.

BACIA DE ALAGOAS

Por muito tempo, os geólogos consideraram Sergipe-Alagoas como uma só bacia sedimentar. A exploração mostrou que há 2 bacias e estiveram separadas uma da outra durante uma parte do tempo de deposição geológica pelo Arqueamento de Penedo que começa em Sergipe e atravessa Alagoas perto da cidade de Penedo.

A área terrestre da Bacia de Alagoas já foi completamente coberta por levantamentos geológicos de superfície, gravimétricos e sísmicos, e perfurada por 39 poços pioneiros e estratigráficos do C.N.P. e Petrobrás.

Os indícios de óleo promissores em Tabuleiro dos Martins nº 1 e a primeira produção em Jeguiá pareciam demonstrar que haveria pronto sucesso com produção comercial. As amostras de óleo do Rio São Francisco e outras perfurações, em boas estruturas sísmicas, indicavam que deveria haver jazidas petrolíferas em certas partes da bacia.

Aplicando o critério geológico de rochas geradoras de óleo, camadas reservatório e estrutura, deve-se admitir que a área terrestre de Alagoas apresenta todos êsses elementos, entretanto a perfuração de 39 poços no tôpo e flancos de estrutura não revelou campos petrolíferos com possibilidades comerciais. Isto não é um caso único na exploração do petróleo. Em outras partes, como nas ilhas Hispañola (São Domingo e Haiti) e Cuba encontram-se exemplos semelhantes onde as condições geológicas parecem ideais, mas as jazidas não apresentam possibilidades comerciais. Muitos poços tem sido perfurados em boas estruturas que não possuem óleo em quantidade comercial.

O primeiro poço perfurado no Domo de Maleno, perto de Azua, S. Domingo, descobriu óleo e produziu cêrca de 135,000 bbs nos dois primeiros anos de operação. Todos os poços de limite perfurados estavam secos. A estrutura Higuerito, ao norte desta zona, também produziu óleo e vários indícios de óleo, mas nunca em quantidade comercial. Foram gastos milhões de dólares depois disso, mas não mais se encontrou óleo. Várias companhias obtiveram concessões, dispenderam muito dinheiro e por fim desistiram.

Cuba apresenta um histórico semelhante e após vários milhões de dólares gastos, produz menos de 500 barris diários. A costa leste de Costa Rica e Panamá apresentam o mesmo caso: o óleo foi logo encontrado, mas nunca se tornou comercial. A ilha de Barbados é outro exemplo.

Considerando o histórico de exploração das regiões mencionadas e comparando com a exploração em Alagoas, devemos concluir que embora Alagoas apresente as 3 condições geológicas necessárias: rocha matriz, reservatório e estrutura, a primeira, isto é, a rocha matriz não produz óleo em quantidade suficiente para saturar as camadas reservatório nas estruturas. Jequiá e Tabuleiro dos Martins são excelentes exemplos disto.

Com as diversas investigações e trabalhos já realizados, associados à perfuração das melhores estruturas terrestres, torna-se agora necessário reclassificar a área terrestre de Alagoas entre C- e D+ e chamá-la projeto de exploração marginal.

SERGIPE

O trabalho de perfuração feito na área terrestre de Sergipe pelo C.N.P. e Petrobrás abrange 7 poços já completados. Todos êles revelaram pequenos indícios de óleo, mas nenhum recuperou quantidade apreciável de óleo por meio de teste de formação, e não pode ser comparado de forma alguma com o óleo livre recuperado e produzido em Alagoas.

A bacia de Sergipe separa-se de Alagoas pelo Arqueamento de Penedo, que parece ser "HORST" em alta posição estrutural, conforme revelou a perfuração dos poços Pacatuba nº 1, 2, e 3 em Sergipe, Feliz Deserto nº 1 e 2, e três poços São Francisco em Alagoas.

Como a geologia do recôncavo do São Francisco está mais associada à da Bacia de Sergipe, está sendo tratada em conexão com a geologia de Sergipe, em vez de sê-lo com a de Alagoas. Os poços perfurados em Alagoas, mas às margens da Bacia de Sergipe, deveriam ser realmente incluídos como perfuração da Bacia de Sergipe e não perfuração da Bacia de Alagoas. Em Alagoas, foram perfurados 5 dêsses poços, isto é, Feliz Deserto nº 1 e 2, São Francisco nº 1, 2 e 3, mais o nº 4 agora em perfuração. Portanto, a Bacia de Sergipe teve na realidade 12 poços perfurados pelo C.N.P. e Petrobrás, e a Bacia de Alagoas 34, embora 39 hajam sido de fato perfurados no Estado de Alagoas.

Os persistentes indícios de óleo nos poços do recôncavo de São Francisco são uma das características promissoras desta área e da parte norte de Sergipe. Êstes indícios justificam mais perfuração na área e alguns poços deveriam ser perfurados no Arqueamento de Penedo. Esta perfuração faz parte do programa sistemático de exploração da Bacia de Sergipe, mas até que a perfuração projetada seja feita, não apenas na área do São Francisco mas ao longo da Planície Costal entre o Arqueamento de Penedo e Aracaju, não se poderá dizer que a área foi explorada. A perfuração em Sergipe está também planejada e iniciada em anomalias sísmicas que, em forma e tamanho, se mostram diferentes do bloco da falha perfurado em Alagoas e ao norte de Sergipe. Até que as perfurações se realizem nesse tipo de feição, e talvez outras feições de natureza diferente, a exploração da Planície Costal não poderá ser considerada completada. Isto será feito durante o resto do ano e no primeiro semestre de 1961, quando então se tornará possível uma nova avaliação da Bacia de Sergipe.

No momento não é possível classificar a área terrestre da Planície Costal acima de C a C+. Embora estejamos certos, pelos indícios de óleo da maioria dos poços perfurados e por alguma produção livre do São Francisco nº 1, de que existe óleo na bacia, a maioria dêstes indícios foram encontrados em calcário fraturado ou em secção calcárea. Os arenitos, que são reservatórios melhores, em geral não se apresentam saturados de óleo. Sabemos também que existem estruturas. Esta bacia pode apresentar a mesma desvantagem da de Alagoas, isto é, pouca geração de óleo nas rochas matrizes. Uma nova descoberta favorável poderá mudar radicalmente a avaliação da bacia.

A avaliação das áreas de Sergipe e Alagoas e das áreas terrestres da Planície Costal não se aplica às áreas ainda inexploradas do Escudo Continental, que poderão ser melhores.

BACIA DO SUL DA BAHIA E ESPÍRITO SANTO

Os dados que possuímos dos sedimentos desta Planície Costal foram obtidos por perfurações em Caravelas, Conceição da Barra e Belém, e mais alguns dados de um afloramento na Ilha de Santa Bárbara, no Arquipélago de Abrolhos.

Todos os poços atingiriam o embasamento e grande parte da secção consta de sedimentos do Terciário e Cretáceo. Nos poços de Conceição da Barra e Belém encontrou-se uma secção de anidrito e calcalcáreo Cretáceo cobrindo o embasamento Pre-Cambriano com impregnações de Material Asfáltico. A área da Planície Costal não tem valor sob o ponto de vista petrolífero, mas acredita-se que mar a dentro a Secção Cretácea seja mais espessa e martinha, e tenha óleo.

A área terrestre pode ser classificada como "D", mas a área marítima pode ter uma classificação melhor. Sòmente a perfuração de poços estratigráficos poderá resolver o problema e contávamos com a perfuração do poço de Santa Bárbara ainda em 1960. Dentro de alguns meses será iniciado um trabalho sísmico marinho no Escudo Continental.

SUL DO BRASIL (BACIA DO PARANÁ)

A Bacia do Paraná, que abrange os Estados de Rio Grande do Sul, Santa Catarina, Paraná, grande parte de São Paulo e uma parte de Mato Grosso e Goiás, foi provàvelmente a bacia sedimentar do Brasil mais estudada pelos geólogos.

Os arenitos Botucatu impregnados de óleo, no Estado de São Paulo, e outros indícios menores e impregnação em outras área, já há vários anos chamaram a atenção dos geólogos, e êste intêresse tem-se mantido por mais de 35 anos.

Os folhelhos betuminosos de Irati, a presença de leitos delgados de carvão dentro da secção também ocasionaram grande intêresse geológicos durante êsses anos.

A exploração do petróleo pelos métodos convencionais da geologia de superfície e geofísica, limitou-se à área de afloramento Paleozóico, pois a maior parte da bacia acha-se recoberta por derrames de Lava no Paraná, Santa Catarina e Rio Grande do Sul e depósitos planos Cretáceos em São Paulo, Goiás e Mato Grosso.

Até agora quase tôda a anomalia estrutural na área de afloramento foi perfurada, e tôdas as perfurações se mostraram secas ou com ligeiros indícios de óleo. Nenhum poço foi perfurado na capa de lava antes da Petrobrás fazê-lo em 1957, e atualmente há 6 sondas perfurando a capa de lava, fornecendo dados estratigráficos e estruturais regionais. A Petrobrás e o C.N.P. completaram 22 poços no Sul do Brasil, e outros 90, com profundidades de poucos metros até 1000, foram perfurados na área de afloramento antes da perfuração iniciada pelo C.N.P. em 1952.

A perfuração na área de alforamento em feições estruturais foi 100% negativa, com exceção de uma amostra de gás sêco em Cândido de Abreu. Nunca houve recuperação de óleo líquido em qualquer dos testes de formação feitos nos poços perfurados pela Petrobrás e C.N.P.

A perfuração na Capa de Lava é processo muito lento, devido á grande espessura da lava acima da secção sedimentar, e dos vários sills de diabásio dentro da secção. Apenas pequenos indícios de óleo foram encontrados no poço de Dourados e outros insignificantes em outros poços.

Baseados no conhecimento geológico obtido dêsses poços e aplicando o critério de rochas geradoras de óleo, camadas reservatório e estruturas, devemos concluir que:

1) As características de geração de óleo nas formações Paleozóicas são muito limitadas, pois os folhelhos Ponta Grossa, que são marinhos, se encontram apenas numa área isolada da bacia, e sòmente no poço de Cândido de Abreu encontrou-se uma pequena quantidade de gás sêco no contato Devoniano-Pensilvaniano. O outro indício no poço de Dourados foi encontrado no Irati, que é um folhelho betuminoso. Acreditamos que as impregnações de óleo nos arenitos Botucatu são resultantes do óleo destilado do folhelho Irati

por intrusão do diabásio. Em geral, a secção Paleozóica apresenta apenas algumas das características das formações geradoras de óleo.

2) As rochas reservatório potenciais, tais como o arenito Furnas que se encontra abaixo de todas as rochas geradores potenciais conhecidas, não são boas sob o ponto de vista porosidade e permeabilidade, e ter-se-iam tornado reservatórios devido à fratução.
No Grupo Guatá, o arenito Rio Bonito e outros no Palermo seriam boas camadas reservatório. O arenito Botucatu é um membro arenoso altamente permeável, poroso e persistente, de grande espessura, cobrindo o tôpo da secção Paleozóica e subjacente a Capa de Lava. É essencialmente portador de água doce. Contém resíduos de óleo morto em certas áreas e acredita-se que êste óleo provém do Irati, como produto de destilação ao longo dos diques de diabásio.
3) À exceção do Domo de Lajes, nãos e conhece nenhuma estrutura definida. Os poços perfurados em blocos de falha aparentes mostram pouco ou nenhum dislocamento por falhamento quando se subtrai o diabásio que se encontra dentro da secção.

O Paraná (Bacia do Sul do Brasil) deve ser classificado como "D".

CONCLUSÕES

A cããssificação das bacias não é definitiva e pode-se tornar mais ou menos favorável à medida que novos dados forem sendo obtidos. Uma descoberta em qualquer das bacias não-produtivas pode melhorar automàticamente sua classificação. Não acreditamos que um geólogo experiente exclua completamente qualquer das bacias mencionadas. O prosseguimento das explorações involve assunto de natureza econômica e disponibilidade de verbas para êsse prosseguimento. A descoberta de um campo ou campos em qualquer das bacias não-produtivas, atualmente, seria sem dúvida um sucesso científico, mas poderia igualmente ser um fracasso econômico. O Brasil não parece estar a procura de sucessos sem bons resultados econômicos, mas ter em vista a descoberta de grandes reservas de óleo que tornem o Pará auto-suficiente em óleo nos anos vindouros. Até o momento, a exploração não foi capaz de fazê-lo e acreditamos que nos últimos 6 anos mais de UD$150,000 dólares foram gastos em exploração nas bacias não-produtivas do Brasil.

Êste departamento está simplesmente informando a Diretoria sobre as possibilidades de se encontra óleo. Se a Diretoria possue verbas e deseja continuar a exploração em tôdas as áreas já trabalhadas, o DEPEX envidará todos os esforços para realizar um programa de exploração inteligente e bem orientado. Entretanto, não podemos recomendar que isto seja feito na ampla escola em que se realizou nestes últimos quatro anos.

Respeitosamente,
Walter K. Link

WKL/sb
Arq: C2-2.2

TRADUÇÃO

DEPEX/1058/60 Agosto 29, 1960

Ao: General Idalio Sardenberg
Dr. Heitor Lima Rocha
Dr. Humberto Moletta
Dr. Manoel Pinto de Aguiar

De: Walter K. Link

PROGRAMA DE EXPLORAÇÃO PARA 1961

Senhores:

Em anexo encontra-se o programa de exploração proposto para 1961, que recomenda a continuação da exploração no rítmo de 1960 nas bacias de Sergipe e do Recôncavo, e aumento de atividade na bacia de Tucano.

Nenhuma exploração nas bacias "D" do Acre, Alto Amazonas, Baixo Amazonas, e na faixa costeira do Espírito Santo e Sul da Bahia é considerada.

Julgamos também que uma exploração nas bacias de classe "C", como o Médio Amazonas, Maranhão, Barreirinhas, Alagoas e Sul do Brasil, não pode ser justificada de um ponto de vista geológico. O programa delineado para essas áreas não é um programa recomendável. Foi incluído como uma base para exploração de 1961 no caso da Diretoria deixar de considerar esses prospectos como marginais e decida proceder à exploração nessas bacias por razões outras que geológicas. Desde que o programa de 1961 será executado sem os meus serviços, deveria ser o programa dos técnicos que se encontram aqui e que o dirigirão. Estive presente durante a preparação do programa e concordo em que os programas de Sergipe, Recôncavo e Tucano são aconselháveis.

As informações e ideias expressas na continuação desta carta poderão ser informativas e de interesse para os senhores:

Em 22 de agosto enviei à Diretoria meu memorando sôbre a avaliação das bacias brasileiras com a carta DEPEX/1032/56. Os senhores poderão notar por esse memorando que as minhas avaliações das bacias são constantemente inferiores às dos outros geólogos. Para mim uma bacia "C" é tão marginal, especialmente se ela foi examinada sôbre uma extensa área por levantamentos exploratórios e de perfuração, que eu cessaria a exploração das mesmas, e sem questão nas áreas "D".

Utilizando-se as compilações da Consultoria Econômica sôbre as divisas gastas para a exploração de 1955 até 1958 como uma base, e excluindo-se as importâncias das quantias gastas no Recôncavo é razoável dizer-se que até o fim de 1960 aproximadamente US$100,000,000?? terão sido gastos na exploração e perfuração das bacias não produtivas do Brasil. Eu arriscaria a suposição de que outros US$100,000,000?? foram gastos em Cruzeiros. Desde que a PETROBRÁS obtém os seus dólares a cerca de 50% da taxa de câmbio livre, os US$100,000,000?? tornariam US$200,000,000?? em uma base competitiva. A PETROBRÁS portanto gastou o equivalente a US$300,000,000?? nos últimos 6 anos para a exploração em áreas não produtivas, sem encontrar um único campo comercial de óleo.

Desde o início dos trabalhos sismográficos pelo C.N.P. no Médio e Alto Amazonas em 1947, e 519 equipes meses terão sido empregados nessas bacias paleozoicas até o fim de 1960. Tomando uma figura média de US$60,000?? por equipe/mês, esse serviço custou US$31,800,000?? (Veja DEPEX/INTERNO-226/60 de 10 de agosto 1960 por H.S.McColl). Esse trabalho não revelou uma só locação para sondagem, quer por não existirem estruturas maiores, ou porque as estruturas são de magnitude tão reduzida que os atuais instrumentos e técnicas sismográficas não têm suficiente sensibilidade para determinar estruturas em áreas sedimentares que se encontram cobertas por lava, ou que tenham diabásio introduzido nos sedimentos. As condições nas bacias paleozoicas do Maranhão e do sul do Brasil são as mesmas. Existem, sobre este assunto, muitos memorandos de geofísicos nos arquivos do DEPEX, e sôbre o que foi feito na tentativa de obter uma correção. Na minha opinião, o trabalho sismográfico nestas áreas é um desperdício de dinheiro, pois as técnicas atuais não podem resolver o problema. Talvez daqui a 5 ou 10 anos, poderá o problema ser resolvido pelo progresso nessas técnicas.

Desde que a exploração pela sismografia, gravimetria, e aeromagnetometria, não foi capaz de encontrar estruturas nas 3 bacias paleozoicas, a Diretoria deveria compreender que qualquer perfuração que presentemente nelas está sendo feita, ou quaisquer projetadas para 1961, não podem ser classificadas como perfurações pioneiras, mas devem ser colocadas nas categorias de perfurações estratigráficas e estruturais. As diversas categorias de perfuração exploratórias foram discutidas no memorando anexado á carta DEPEX/DDO-502/59 de 9 de setembro de 1959.

A única bacia paleozoica que recebeu avaliação "C" ou superior por todos os geólogos, é a bacia do Médio Amazonas. O óleo livre encontrado em Nova Olinda e Autás Mirim sem dúvida contribui para isso sem dúvida contribuiu para isso. Nós todos consideramos uma avaliação "C" como marginal, e recomendo à Diretoria que leia novamente e revise a carta do signatário DEPEX/DDO-527 e 14 de setembro de 1959. Essa carta menciona os grandes gastos em dinheiro nesta área sem encontrar óleo comercial, e a exploração subsequente não modificou esse quadro.

Com o acêrvo de conhecimentos geológicos obtidos pela exploração nestas bacias desde 1934, e a gradativa diminuição do potencial petrolífero nas mesmas à medida que maiores informações foram sendo obtidas, é impossível recomendar a continuação da exploração naquelas áreas, desde que deveríamos estar interessados unicamente em produção comercial. Até fins de 1958 essa exploração em larga escala era justificada porque até então as bacias não puderam ser avaliadas devido à insuficiência de dados. Nas cartas e memorandos do DEPEX, LO-495 de 29 de julho de 1958, e novamente DEPEX-848 de 12 de agosto de 1959, informei à Diretoria que os prospectos petrolíferos estavam diminuindo ao invés de aumentarem. Trabalhos posteriores sem dúvida confirmaram essa afirmação, e hoje resta muito pouco para justificar a exploração adicional nestas bacias paleozoicas.

Poder-se-ia dizer distendemos a nossa consciência técnica e a nossa moralidade científica ao ponto máximo ao tomarmos as poucas informações geológicas favoráveis e utilizando-as para justificar uma continuação. Neste último ano nada diferente foi apreendido, nem algo novo encontrado que desse alguma esperança. A vantagem que pudesse advir de uma exploração continuada seria principalmente acadêmica e para obter informações geológicas adicionais. Daria um quadro geológico de sub-superfície mais claro e que poderia reforçar ou refutar alguns conceitos geológicos. Como o custo correspondente é muito elevado e promete reduzida possibilidade de fornecer algo de utilidade econômica, não podemos recomendar tais gastos.

As pessoas que me contrataram em 1954 foram claras e explícitas ao salientarem que desejavam fosse a exploração feita da mesma maneira como qualquer boa companhia comercial de petróleo. Isso foi feito com a melhor da minha capacidade e empregamos todos os métodos e instrumentos de exploração conhecidos na indústria. Em nenhum momento durante esses seis anos recebeu a Diretoria outra coisa senão uma resposta direta e uma constante informação sôbre o progresso da exploração, tanto fosse boa ou má. Acredito que esse conceito de funcionamento do DEPEX continua o mesmo desde que ninguém da Diretoria pediu-me para modifica-lo.

Duvido que qualquer companhia comercial de petróleo continuasse a exploração nessas bacias paleozoicas, ou que obtivesse concessões e iniciasse um projeto de exploração se conhecesse os resultados da geologia e exploração tão intimamente como nós. A minha recomendação e conselho é para não continuar a exploração nas bacias paleozoicas no fim dêste ano. Se, todavia, a PETROBRÁS deseja permanecer na exploração petrolífera internacional, e se tem o dinheiro para assim o fazer, sugiro que a PETROBRÁS vá a algum outro país onde podem ser obtidas concessões e onde as possibilidades de encontrar óleo são boas. A emprêsa não deveria entrar em qualquer área a não ser que a mesma tenha uma avaliação de "A" a "B+".

Sinceramente,
Walter K. Link

WKL/rm
Arq: B1-7

[Uma página com a tabela <u>AVALIAÇÃO INDIVIDUAL DAS BACIAS</u>]

TRADUÇÃO
Anexo ao DEPEX/1058/60

SUMÁRIO DA PROPOSTA ORÇAMENTÁRIA PARA 1961

A Proposta Orçamentária para 1961, aqui resumida, representa as conclusões a que se chegou durante uma semana de discussões técnicas entre a Supervisão e o corpo técnico do DEPEX-Rio e os chefes de exploração dos vários Distritos. Antes da apresentação do orçamento, cada bacia foi avaliada quanto ao seu potencial como futura província petrolífera. Para essa avaliação foram utilizados parâmetros comuns e, tanto quanto possível, os níveis de atividade e as áreas em que as investigações foram programadas representam uma expressão da avaliação atribuída às diversas bacias.

BACIAS DO AMAZONAS E MARANHÃO

O DEPEX propõe uma redução no nível geral de atividades, e a limitação das áreas para investigação ao Médio Amazonas e ao Maranhão. A única exceção será o aprofundamento do poço estratigráfico de Ipixuna no Alto Amazonas.

INVESTIGAÇÕES

A. INVESTIGAÇÕES GEOLÓGICAS - 36 Turmas-Meses

Três turmas de Geologia de Superfície são propostas para essas bacias durante 1961. O programa de trabalho para essas turmas é como segue:

a) Uma turma deverá operar tendo por base o escritório de Belém. Essa turma deverá proceder a investigações de campo detalhadas e proceder à execução de projetos no escritório conjugados com o Estudo da Bacia. Um projeto especial para essa turma será o levantamento detalhado na área de discordância entre o Carbonífero e o Permiano ao norte de Floriano, Piauí.

b) Duas turmas deverão trabalhar na Bacia do Maranhão. Uma delas deverá completar a investigação do centro-sul do Maranhão, entre o Rio Tocantins e 459 longitude oeste. A segunda turma deverá realizar uma investigação de reconhecimento do Vale do Rio São Francisco. O trabalho deverá principiar no limite meridional da Bacia do Maranhão, devendo ser estabelecido um contato com outra turma geológica trabalhando da Bacia do Paraná para o norte. As turmas devem se encontrar aproximadamente a 139 de latitude sul.

B. INVESTIGAÇÕES GEOFÍSICAS

1. Sísmica – 36 Equipes-Meses

Duas equipes de reflexão e uma equipe de retração estão projetadas para 1961. Destas, uma equipe de reflexão deverá trabalhar na Bacia de Barreirinhas ao longo da costa norte do Maranhão. Esta será uma equipe de 'turn-key'.

Reconhece-se que os resultados sísmicos na Amazônia são insatisfatórios. Não obstante, a solução final do problema do diabásio poderá unicamente ser obtida por meio de constante experiências. Por êste motivo, uma equipe de reflexão e uma de refração foram propostas para operar no Médio Amazonas.

2. Gravimetria

a) Operações de Campo – 3 equipes-meses
b) Interpretação – 12 meses
a) Uma equipe de gravimetria da PETROBRÁS deverá levantar um perfil gravimétrico ao longo da estrada Belém-Brasília, de Belém para o sul até Imperatriz, Maranhão. Dêsse perfil, que deverá cobrir uma extensão de mais de 400 Km, espera-se obter informações sôbre o desenvolvimento geológico subsuperficial entre as bacias de Marajó e do Maranhão.
b) Uma análise crítica do levantamento gravimétrico da Amazônia, e especialmente uma interpretação do levantamento combinado magnetométrico-gravimétrico da área a oeste

de Manaus, deverá ser executada por técnicos da PRAKLA. Doze meses foram atribuídos para a execução dêsse importante projeto, cujos resultados deverão determinar a conveniência de levantamentos aeromagnéticos adicionais na Amazônia.

3. Aeromagnetonetria – 6 meses

O levantamento aeromagnetonétrico, iniciado pelas companhias Cruzeiro do Sul e PROSPEC em setembro de 1960, deverá se estender até 1961. O período de 6 meses programado inclue o tempo necessário para a interpretação de levantamento.

C. LEVANTAMENTOS AEROFOTOGRAMÉTRICOS – 4 meses

A FAB deverá continuar a cobertura aerofotográfica da Bacia do Amazonas da mesma forma como o vem fazendo nestes últimos anos. O período concedido para a execução dêsse serviço encontra-se subordinado às condições eliminatórias.

D. ANÁLISE HIDRODINÂMICA – 1 mês

Êsse novo desenvolvimento técnico, que pode ser definido como a ciência que estuda o fluxo da água subterrânea e o seu efeito sôbre as acumulações de petróleo, foi proposta para inclusão no orçamento de 1951. A empresa contratada, Petroleum Research Corporation, deverá ensinar técnicos brasileiros em posição chave na aplicação geológica direta dos princípios hidrodinâmicos à exploração e ao desenvolvimento petrolífero. Um projeto inicial será executado na área de Autás Mirim, mas os técnicos familiarizados neste método poderão de futuro aplicar a mesma técnica a áreas especiais do Recôncavo ou de Sergipe-Alagoas.

PERFURAÇÃO EXPLORATÓRIA

A. PERFURAÇÃO ESTRATIGRÁFICA E PIONEIRA – [95] sondas-meses

Das oito sondas programadas para a bacia, seis serão designadas para a operação na Amazônia, e duas no Maranhão. Das sondas designadas para a Amazônia, cinco serão Cardwell e uma Oilwell 76. Com a exceção do aprofundamento do poço estratigráfico de Ipixuna além de 2200 metros, tôda a perfuração durante 1961 será restrita à Bacia do Médio Amazonas. A Bacia do Médio Amazonas é aqui definida como a área entre os arqueamentos de Parús e de Garupá. Todos os poços devem ser considerados como estratigráficos desde que nenhuma estrutura pioneira foi definida.

No Maranhão, duas sondas deverão perfurar poços estratigráficos e pioneiros no noroeste do Maranhão, na Bacia de Barreirinhas, e na área de Teresina, Piauí.

Estima-se que aproximadamente 35.000 metros poderão ser perfurados pelas oito sondas durante o ano de 1951.

BACIAS DE SERGIPE-ALAGÔAS

O nível de atividades nestas bacias deve corresponder ao do ano corrente. Consistirá essencialmente da completação do programa de perfuração estratigráfica de 1960 em Alagôas e na avaliação da área de Sergipe.

INVESTIGAÇÕES

A. INVESTIGAÇÕES GEOLÓGICAS – 12 Turmas-Meses

Uma turma de geologia de superfície será designada para a execução de estudos estratigráficos de detalhe na Bacia de Alagôas. Juntamente com o programa de levantamentos de campo a turma será responsável pela periódica atualização das ilustrações do Estado da Bacia.

B. INVESTIGAÇÕES GEOFÍSICAS

1. Sísmica – 24 Equipes-Meses

Duas equipes sísmicas de reflexão deverão continuar a avaliação detalhada da faixa costeira do Estado de Sergipe. Além disso, deverão ser levantadas diversas linhas de reconhecimento através da estreita faixa na parte central da Bacia de Sergipe.

Embora as duas equipes tenham sido designadas para todo o ano, dever-se-á notar que um ou ambas as equipes poderão ser terminadas antes do fim de 1961 se o trabalho programado for completado.

PERFURAÇÃO EXPLORATÓRIA

A. PERFURAÇÃO ESTRATIGRÁFICA - 12 Sondas-Meses

Foi programada um total de nove locações estratigráficas, cinco das quais em Alagôas e quatro em Sergipe. Êsse programa de perfuração estratigráfica, planejado como um contrato de operação 'turn-key' com a Brastiy Drilling Co., tinha sido orçado para 1960. O programa não chegou a ser executado porque a sonda ficou retida no Recôncavo. Caso a sonda da Brastly não esteja disponível em 1961, uma das cinco sondas presentemente operando na bacia será necessária para executar o programa de perfuração estratigráfica. Deverão ser perfurados aproximadamente 10.000 metros para concluir o acima mencionado programa.

B. PERFURAÇÃO PIONEIRA - 50 Sondas-Meses

As necessidades de perfuração pioneira nas bacias de Sergipe-Alagôas para 1961 deverão ser adequadamente atendidas pelas cinco sondas presentemente em operação nas bacias. Normalmente estas sondas deveriam perfurar um total de cêrca de 40.000 metros por ano.

Duas sondas Oilwell com a capacidade de 3.000 metros, e três sondas Curdwell OC com capacidade de 3.000 metros deverão perfurar as 12 locações pioneiras do programa de 1961.

BACIAS DO RECÔNCAVO E TUCANO

A ênfase da investigação exploratória na Bacia de Tucano será o ponto culminante do orçamento de 1961 para aquele Distrito. Uma programação minuciosa nesta bacia foi, infelizmente, dificultada pela falta de completação das perfurações programadas para 1959 e 1960.

INVESTIGAÇÕES

A. INVESTIGAÇÕES GEOLÓGICAS - 46 Turmas-Meses.

1. Geologia de Superfície - 35 Turmas-Meses.

As três turmas de geologia de superfície presentemente trabalhando na bacia deverão continuar por todo o ano de 1961. Destas três turmas, duas estarão trabalhando na Bacia de Tucano. Uma destas continuará o levantamento detalhado da faixa do Cretáceo Inferior ao longo da margem ocidental da bacia; a outra iniciará o levantamento da faixa de afloramentos na margem oriental da bacia. A fim de facilitar a obtenção de amostras frescas para os exames palinológicos, essas turmas terão a sua disposição uma sonda tipo Auger recontada em Jeep. A terceira turma geológica será designada para executar um programa de levantamentos de detalhe e de semi-detalhe nas partes meridional e norte-central da Bacia do Recôncavo.

2. Unidade de Perfuração Estrutural - 12 Turmas-Meses

Foram programados 9 Turmas-meses de perfuração estrutural para a Bacia de Tucano. Os três meses restantes foram programados para o Recôncavo para completar o saldo dos prospectos de 1960. As investigações na Bacia de Tucano destinam-se principalmente para verificar as indicações superficiais de estruturas delineadas ao longo da margem ocidental da bacia.

B. INVESTIGAÇÕES GEOFÍSICAS

1. Sísmica - 60 Equipes-Meses

Três equipes de reflexão e duas de refração foram programadas para operação nas Bacias do Recôncavo e Tucano. Destas, duas equipes de refração e uma de reflexão devem operar na Bacia de Tucano. O programa [documento cortado].

Duas equipes de reflexão devem operar principalmente nas áreas do norte e nordeste da Bacia do Recôncavo. Essas duas equipes devem operar nas áreas ainda não levantadas, devendo completar o levantamento do Recôncavo até o fim de 1961.

2. Gravimetria - 24 Equipes-Meses

Duas equipes de Gravimetria, uma das quais da PETROBRÁS e a outra da Prakla, continuarão ativas durante todos o ano de 1961 na Bacia de Tucano. As equipes estão programadas para cobrir uma área de cêrca de 9.269 km2, entre as latitudes de 10900 e 10950 sul.

C. LEVANTAMENTOS AEROFOTOGRAMÉTRICOS - 2 Meses

O contrato original com com a Prospec não inclui a cobertura das quadrículas 636-1 e 636-4 correspondentes ao vale do Rio Vasa Barrís. Como essa área deverá ser investigada por uma turma da geologia de superfície em 1961 seria vantajoso obter-se a correspondente cobertura aerofotogramétrica.

D. INVESTIGAÇÕES GEODÉSICAS - 12 Meses

O controle horizontal para a Bacia de Tucano não apresenta suficiente precisão para o intensivo programa exploratório em execução. Durante 1961 deverá ser executado um levantamento de precisão nesta bacia.

E. INVESTIGAÇÕES PALEONTÓLÓGICAS

A quota diária de trabalho dessa seção tende a aumentar sensivelmente em virtude do programa exploratório intensificado. Foi adicionado mais um especialista ao corpo de técnicos e o Laboratório encontra-se agora equipado para dar assistência na solução de programas estratigráficos de qualquer bacia sedimentar.

PERFURAÇÃO EXPLORATÓRIA

A. PERFURAÇÃO ESTRATIGRÁFICA - 24 Sondas-Meses

Duas sondas serão necessárias para perfurar 4 poços estratigráficos na Bacia de Tucano. Os poços profundos deverão atingir em média 3.000 metros, devendo as locações ser selecionadas em base das investigações gravimétricas, sísmicas de refração, e da geologia da superfície e de subsuperfície.

B. PERFURAÇÃO PIONEIRA - 144 Sondas-Meses

Um total de 38 locações pioneiras está programado para perfuração em 1961. Deste total, quatro deverão ser perfuradas na Bacia de Tucano e 34 na Bacia do Recôncavo. Estima-se que serão necessárias doze sondas com capacidade até 3.000 metros para completar esse programa. Estas sondas devem perfurar entre 60.000 e 80.000 metros.

As datas provisórias para a liberação das locações são as seguintes:

1) Quinse locações liberadas antes de 19 de janeiro de 1961.
2) Vinte locações liberadas antes de 19 de julho de 1961.
3) O restante a ser liberado antes de 15 de setembro de 1961.

BACIA DO ESPÍRITO SANTO

O baixo índice dado quando a avaliação da parte terrestre desta bacia justifica a terminação das investigações exploratórias após a completação do programa corrente. Nenhuma investigação da superfície foi programada para 1961. A perfuração estratigráfica de Santa Bárbara será um remanescente do Orçamento de 1960.

BACIA DO PARANÁ

Uma revisão das avaliações gerais das bacias indicaria que a atividade exploratória, especialmente a perfuração, deveria sofrer uma redução na Bacia do Paraná. Não obstante, a continuação do nível da perfuração de 1960 é considerada necessária para completar o programa delineado no Estudo da Bacia. Êsse programa original, submetido em 1957, foi designado para dar uma avaliação nítida da bacia.

INVESTIGAÇÕES

A. INVESTIGAÇÕES GEOLÓGICAS - 24 Turmas-Meses

Duas turmas de geologia da superfície estarão ativas na bacia durante 1961. O programa dessas turmas é o seguinte:

a) Uma turma será designada para fazer o levantamento estratigráfico e estrutural detalhado na margem noroeste da bacia do Estado do Mato Grosso.
b) A segunda turma deverá proceder ao levantamento, por métodos de reconhecimento, da parte superior do Vale do Rio São Francisco. Essa turma deverá fazer a ligação com a que vem trabalhando a partir do sul do Maranhão. Além disso, essa turma deverá proceder ao reconhecimento da extensão extrema do noroeste da bacia do Paraná.

B) INVESTIGAÇÕES GEOFÍSICAS

1. Sísmica

Programação das investigações sísmicas para 1961 ficam na dependência do resultado do programa sísmico experimental presentemente em execução.

2. Gravimetria - 12 equipes - Meses

Continuação do programa gravimétrico foi prevista para 1961. Essencialmente, êste programa deverá dar uma cobertura adicional no norte, nos Estados de São Paulo, Goiás e Mato Grosso. Deverão ser levantadas cêrca de 3000 km de perfis gravimétricos.

3. Levantamentos de Eletro-Resistividade

Experiências com o método de eletro-resistividade estão prontamente sendo executadas na bacia. A inclusão dêste método exploratório dependerá dos resultados do trabalho experimental.

PERFURAÇÃO EXPLORATÓRIA

- PERFURAÇÃO ESTRATIGRÁFICA – 72 sondas-Meses

Seis sondas deverão perfurar um total de 14 poços estratigráficos. Esse total, que inclue projetos de 1960, deverá terminar o programa de perfuração estabelecido no Estudo da Bacia Paraná. Além disso, foram selecionadas locações capazes de avaliar melhor as indicações encontradas nos poços de Mato Grosso.

[Duas tabelas de uma página DEPARTAMENTO DE EXPLORAÇÃO]

TRADUÇÃO

DEPEX-1345/60 4 de Novembro de 1960.

Ao: General Idalio Sardenberg
Dr. Heitor Lima Rocha
Dr. Humberto Moletta
Dr. Manoel Pinto de Aguiar

De: Walter K. Link

DADOS ADICIONAIS PARA AVALIAÇÃO DAS BACIAS

Senhores:

Em minha carta DEPEX-1032 de 22 de agôsto de 1960, informei a VV.SS. sôbre os resultados da nossa reunião sôbre a Avaliação das Bacias realizada no Rio durante a semana de 15 de agôsto.

Desde aquela data, nada transpareceu em nenhuma das bacias para elevar as avaliações feitas naquela época. Foram completados 12 poços na Bacia Amazônica desde aquela reunião e todos são fracassos. De interesse especial é o fracasso do poço Autas Mirim No. 11 e embora [Mosarinho], locado entre Nova Otada e Autás Mirim esteja ainda em perfuração também é um poço sêco nos arenitos de Monte Alegre e Ceará.

Quatro poços também foram completados na Bacia de Sergipe/ Alagoas. Dois dêsses poços são em Alagoas, dois em Sergipe. De especial interesse é a pequena seçãod e apenas 1.450 m no poço de Aracaju, a qual restringe grandemente os prospectos da faixa costeira, e também o insucesso do poço Rio São Francisco No. [1]. Em visto do resultado desses poços os geólogos fizeram a reavaliação das áreas terrestres de Sergipe/Alagoas. A área Terrestre de Sergipe, que obteve uma avaliação de B+ antes da perfuração desses poços, está agora reduzida a C-, e a área de Alagoas reduzida a C-. O pioneiro de [ilegível] no Sul da Bahia, encontrou embasamento a menos de 300 metros, rebaixando unânimamente a faixa costeira do E. Santo – Sul da Bahia, para D, por todos os geólogos.

No Sul do Brasil foram completados três poços, todos êles sêcos. O pioneiro do [ilegível], perfurado numa suposta falha, onde os arenitos [ilegível] são altamente impregnados com betume e o asfalto, não encontraram indícios importantes de óleo vivo. A avaliação atual da Bacia do Paraná é abaixo de C-, aproximando-se de D.

Mais um ponto de intêresse na Bacia do Medio Amazonas, é o [ilegível] de que o poço de Autás Mirim No. 11, perfurado segundo interpretação num alto sísmico, está estruturalmente abaixo do No. 6. Os geofísicos estão agora enviesados a afirmarem sem hesitação que tanto a retração como a reflexão sísmica não podem mapear estruturas suaves de baixo relevo com precisão suficientemente positiva de algum valor.

A exploração continuada nessas áreas aumentará sem dúvida alguma a informação geológica, porém, desejo novamente afirmar, que não existe justificativa geológica para dispendermos outros U$820.000.000?? em 1961 naquelas áreas. A esperança de que o óleo possa ser acidentalmente descoberto ou armazenado é bem pequena e não pode ser científica ou tecnicamente justificada.

Sinceramente,
Walter K. Link

WKL/rm
Arq.: B1-7

TRADUÇÂO

DEPEX-1032/60 22 de agôsto de 1960

AO: General Idálio Sardenberg
Dr. Heitor Lima Rocha
Dr. Humberto Moletta
Dr. Manoel Pinto de Aguiar

DE: Walter K. Link

Senhores:

Na semana compreendida entre 15 e 19 de agôsto, tivemos discussões preliminares sôbre os programas de trabalho para 1961. Todos os geólogos de distrito, seus assistentes e o "staff" técnico do DEPEX estiveram presentes às reuniões. Um total de 6 geólogos brasileiros e 8 estrangeiros tomaram parte nas reuniões.

Anteriormente o missivista endereçara cartas aos geólogos de distrito e memorandos ao "staff" do DEPEX solicitando a avaliação das respectivas bacias, baseada em dados puramente geológicos, disponíveis. As duas primeiras páginas do memorando anexo a esta carta descreve as bases em que a avaliação seria feita. As avaliações finais das bacias, designadas como A, B, C e D, acham-se sintetizadas na primeira folha anexa a esta carta, e consiste em duas médias. A primeira inclue a avaliação de todos os técnicos e a segunda exclue a do missivista.

Uma bacia "A" indica produção comercial, e a exploração deverá continuar.

A bacia "B" apresenta todos os requisitos necessários e os fatores geológicos indicam que se deverá encontrar óleo em quantidade comercial, garantindo a continuação da exploração ativa.

A bacia "C" é uma bacia marginal em que foi feito grande esfôrço exploratório sem sucesso comercial. Tais bacias pedem diminuição de exploração sem necessariamente exigirem completa cessação da mesma.

A bacia "D" não apresenta possibilidade e a exploração deverá cessar.

Nesta base, julgamos que a área terrestre de Sergipe tem uma avaliação B+ e a exploração deverá continuar em larga escala. O Médio Amazonas tem avaliação C+ e a exploração deverá continuar em escala reduzida. Barreirinhas, Maranhão, a área terrestre de Alagoas e o Sul do Brasil podem ser classificadas tanto em "C" como abaixo, porém mais do que "D". As possibilidades de óleo não se mostram favoráveis e as oportunidades de se encontrar o "Óleo Bonanza" que o Brasil necessita são muito poucas. O Baixo e Alto Amazonas, Acre, São Luiz e a faixa terrestre do Espírito Santo, são todas D+ ou menos e a exploração é aconselhável.

Após o término das discussões e o consenso de opiniões verificado e proporcionalmente dividido, tornou-se óbvio a todos que as Bacias Paleozóicas Brasileiras, em particular, eram zonas de pouco valor para exploração, e que o prosseguimento dos trabalhos exploratórios nestas zonas de pouca possibilidade dependeria da Diretoria.

A 19 de agôsto tivemos uma entrevista com o Dr. Sobral, Consultor Econômico da Companhia, e lhe expusemos nossas conclusões técnicas. Depois de apresentarmos êsses fatos, o Dr. Sobral informou-nos que os Diretores Dr. Lima Rocha, e Pinto de Aguiar haviam-lhe solicitado entrar em contato com o DEPEX para tratar de futuras reuniões sôbre o assunto. A Superintendência do DEPEX acha-se pronta a fazê-lo, pois estamos certos de que não podemos recomendar programas de exploração em áreas cujas possibilidades-petrolíferas são escassas. O DEPEX acha-se preparado e à disposição para tratar do assunto assim que fôr solicitado a fazê-lo.

Sinceramente
Walter K. Link

Arq. C2-2.2

ANEXO II

Mapa de localização das bacias sedimentares e tabela com o boletim anual de reservas

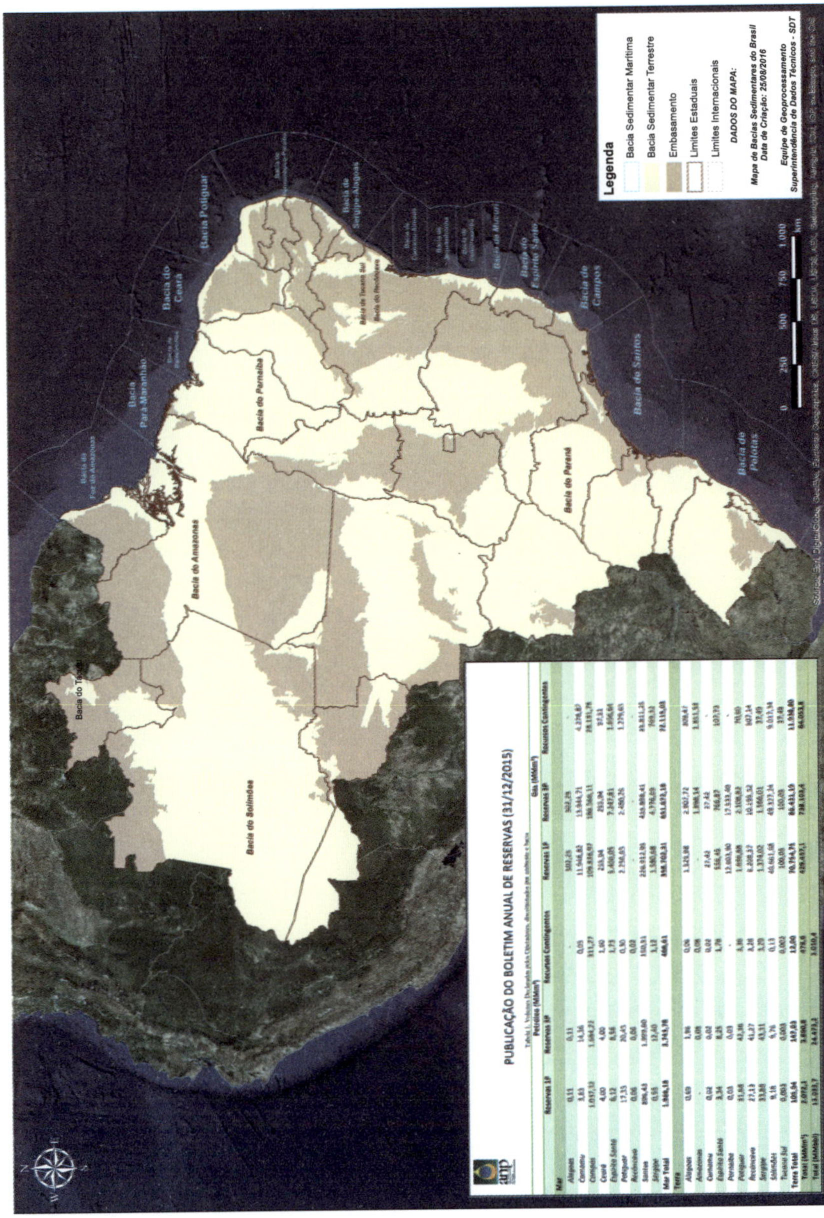

Fonte: Agência Nacional do Petróleo, Gás Natural e Biocombustíveis

ANEXO III

Dados sobre reservas e produção de petróleo no Brasil

Tabela 1 | Importação e exportação de derivados (barris): 2006-2015

ANO	2006	2007	2008	2009	2010
Importação	131.508.359	159.633.574	149.207.982	143.513.364	123.648.637
Exportação	134.336.184	153.812.509	158.110.477	191.858.801	230.492.050

ANO	2011	2012	2013	2014	2015
Importação	121.272.932	113.947.844	147.838.672	144.152.162	118.286.176
Exportação	220.648.740	200.528.035	138.977.684	189.401.759	268.910.922

Fonte: MDIC/Secex.

Importações e exportações de petróleo (barris): 2006-2015

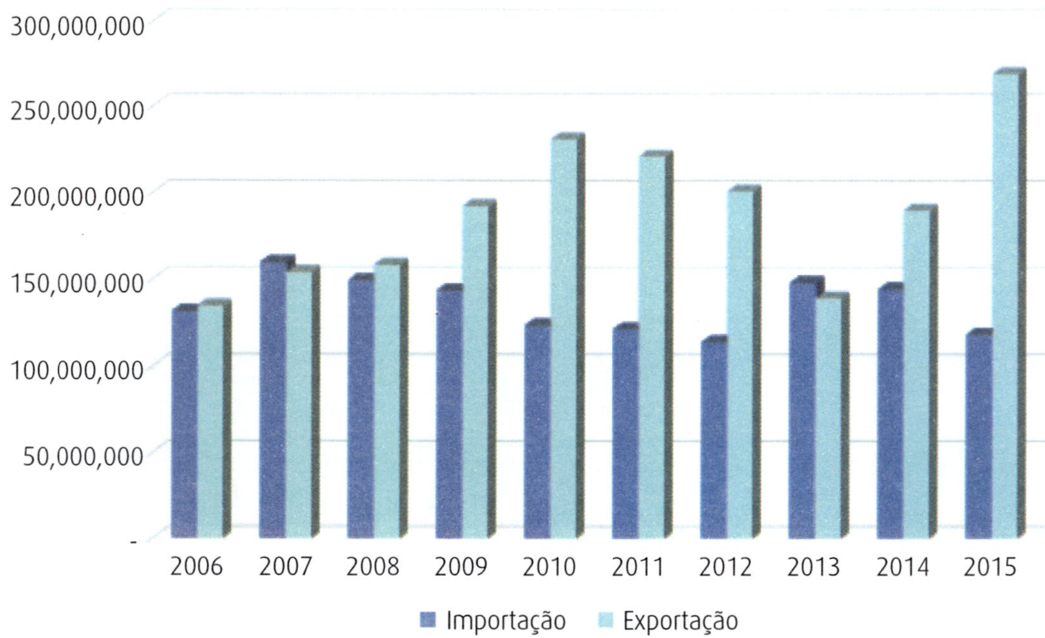

Tabela 2 | Valores da importação e da exportação de petróleo e preços médios do petróleo importado e exportado: 2006-2015

ANO	2006	2007	2008	2009	2010	2011	2012	2013	2014	2015
IMPORTAÇÃO										
Dispêndio (mil US$ FOB)	9.088.006	11.974.015	16.572.555	9.205.488	10.096.539	14.151.806	13.448.477	16.463.303	15.873.935	7.380.844
Preço médio (US$/b)	68,57	74,72	108,68	63,88	81,98	116,51	128,51	112,83	110,40	62,40
EXPORTAÇÃO										
Receita (mil US$ FOB)	6.894.289	8.905.065	13.682.758	9.370.379	16.293.240	21.785.445	20.305.877	12.956.607	16.356.740	11.781.308
Preço médio (US$/b)	51,32	57,90	86,54	48,84	70,69	98,73	101,26	93,23	86,36	43,81

Fonte: MDIC/Secex.

Nota: Dólar em valor corrente.

Valores de importação e exportação de petróleo: 2006-2015

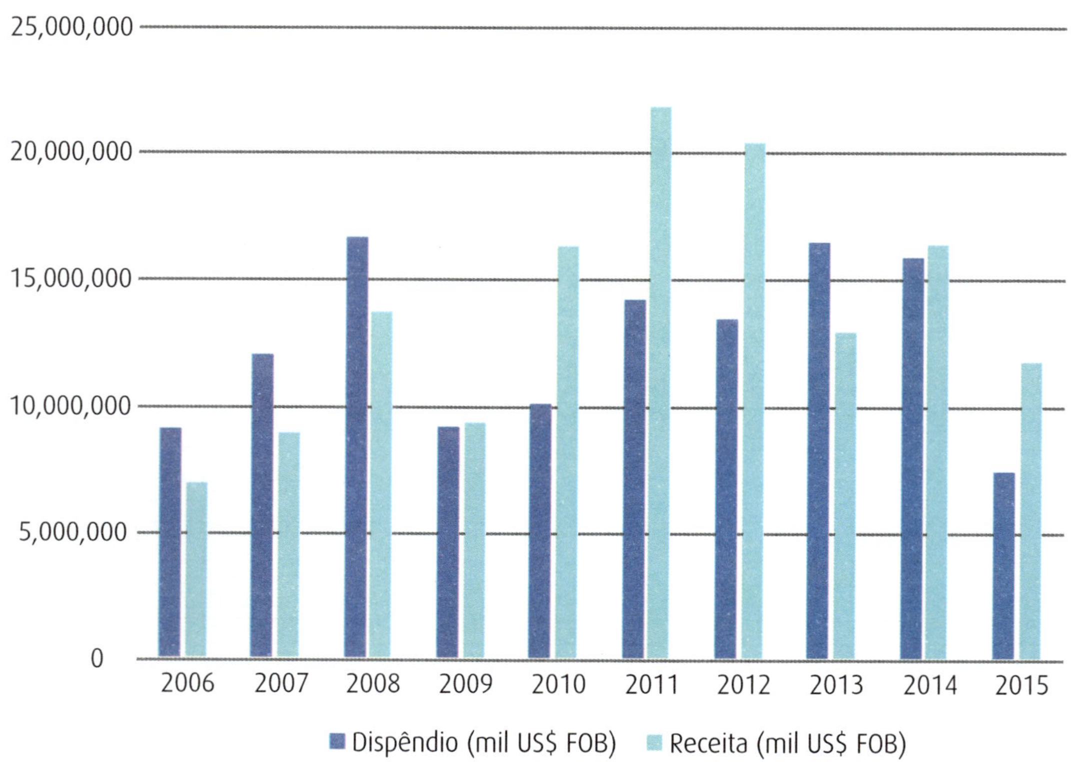

Tabela 3 | Reservas provadas[1] de gás natural, por localização (terra e mar), segundo unidades da Federação: 2006-2015

Unidades da Federação	Localização	2006	2007	2008	2009	2010	2011	2012	2013	2014	2015
Brasil		347.903	364.991	364.236	367.095	423.003	459.403	459.187	457.960	471.095	429.958
Subtotal	Terra	74.522	68.131	66.305	65.489	68.803	70.577	72.375	69.711	71.210	70.899
	Mar	273.381	296.860	297.931	301.606	354.200	388.827	386.812	388.249	399.885	359.059
Amazonas	Terra	53.232	52.774	52.143	52.397	55.878	57.455	51.816	50.522	52.383	46.662
Maranhão	Terra	-	-	-	-	-	-	7.286	6.990	7.770	12.748
Ceará	Mar	825	825	1.028	784	652	528	387	458	325	256
Rio Grande do Norte	Terra	2.397	1.942	1.585	1.656	1.418	1.464	2.550	1.682	1.362	1.697
	Mar	14.047	11.755	8.663	8.376	8.676	7.645	7.297	5.614	5.254	2.257
Alagoas	Terra	3.241	3.042	3.058	2.665	2.391	2.515	2.740	2.480	2.006	1.526
	Mar	815	850	730	825	1.085	981	762	656	583	502
Sergipe	Terra	814	761	989	925	1.039	1.433	1.460	1.555	1.502	1.373
	Mar	2.978	2.842	2.678	2.523	2.588	2.323	3.422	3.398	2.961	1.581
Bahia	Terra	11.474	8.470	7.447	7.202	7.356	6.844	5.988	5.912	5.595	6.337
	Mar	14.269	26.423	24.671	28.169	26.161	23.708	24.290	20.374	17.971	11.949
Espírito Santo	Terra	3.364	1.140	940	640	587	717	535	568	593	556
	Mar	37.385	37.594	38.004	47.058	44.025	43.631	42.590	42.863	43.687	36.907
Rio de Janeiro[2]	Mar	164.503	167.917	173.142	166.770	220.506	249.984	246.438	257.192	274.685	256.207
São Paulo[3]	Mar	38.543	47.881	48.340	46.189	49.373	58.882	60.336	56.406	54.418	49.401
Paraná[4]	Terra	-	1	142	4	134	149	-	-	-	-
	Mar	9	568	468	684	904	913	1.062	1.058	-	-
Santa Catarina[5]	Mar	7	206	205	230	230	230	230	230	-	-

Fonte: ANP/SDP, conforme a Resolução ANP nº 47/2014.
Notas: 1. Reservas em 31/12 dos anos de referência. 2. As reservas do campo de Roncador e Frade estão apropriadas totalmente no estado do Rio de Janeiro, por simplificação. 3. As reservas do campo de Sapinhoá estão apropriadas totalmente no estado de São Paulo por simplificação. 4. As reservas do campo de Caravela estão apropriadas totalmente no estado do Paraná, por simplificação. 5. As reservas do campo de Tubarão estão apropriadas totalmente no estado de Santa Catarina, por simplificação.

Reservas provadas de gás natural (terra e mar): 2006-2015

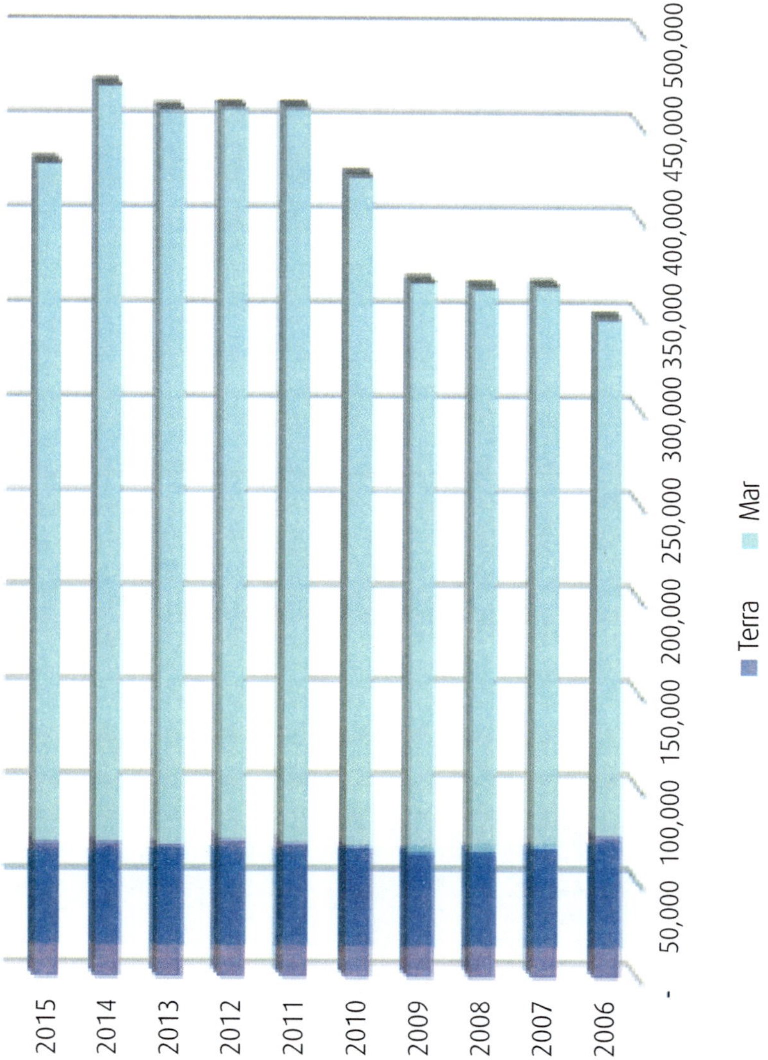

Tabela 4 | Reservas provadas[1] (em milhões de barris) de petróleo, por localização (terra e mar), segundo unidades da Federação: 2006-2015

Unidades da Federação	Localização	2006	2007	2008	2009	2010	2011	2012	2013	2014	2015
Brasil		12.181,6	12.623,8	12.801,4	12.875,7	14.246,3	15.049,9	15.314,2	15.544,4	16.184,1	12.999,8
Subtotal	Terra	904,9	886,4	895,8	938,6	916,3	915,2	920,4	885,6	832,2	666,3
	Mar	11.276,8	11.737,5	11.905,6	11.937,1	13.330,0	14.134,7	14.393,9	14.658,9	15.351,9	12.333,5
Amazonas	Terra	96,7	102,7	107,6	114,0	104,4	102,6	104,8	101,3	80,6	57,7
Maranhão	Terra	-	-	-	-	-	-	-	0,1	0,0	0,1
Ceará	Terra	5,5	8,4	10,4	15,3	15,4	14,1	16,6	16,1	15,0	7,7
	Mar	69,5	57,5	58,9	58,9	47,8	49,1	46,3	42,0	40,2	25,2
Rio Grande do Norte	Terra	263,0	264,6	265,1	266,3	254,6	252,1	277,8	246,2	229,2	191,5
	Mar	79,6	98,1	98,1	105,4	120,5	121,0	117,1	119,3	116,5	109,1
Alagoas	Terra	11,3	8,7	6,9	5,8	5,2	10,5	6,3	7,0	6,4	4,3
	Mar	0,9	0,7	0,6	0,7	0,8	0,7	0,6	1,0	0,8	0,7
Sergipe	Terra	226,6	231,8	226,4	242,4	250,7	246,3	240,1	237,4	231,7	213,1
	Mar	38,1	34,6	35,0	26,2	31,6	28,4	32,3	27,3	17,2	6,0
Bahia	Terra	241,1	216,1	228,6	241,9	241,1	255,9	239,9	245,0	235,8	170,8
	Mar	3,5	37,8	59,6	69,4	65,8	69,7	69,4	32,6	26,1	24,5
Espírito Santo	Terra	60,7	54,1	50,8	53,0	44,8	33,6	34,9	32,5	33,5	21,0
	Mar	1.286,5	1.277,1	1.275,5	1.240,8	1.297,8	1.305,5	1.334,3	1.313,0	1.292,3	1.083,3
Rio de Janeiro[2]	Mar	9.762,2	10.177,9	10.328,5	10.381,9	11.707,3	12.143,3	12.211,5	12.416,8	13.252,8	10.558,4
São Paulo[3]	Mar	23,8	27,6	23,9	24,2	26,1	384,4	545,9	670,4	605,9	526,3
Paraná[4]	Terra	-	-	-	0,0	0,0	0,0	-	-	-	-
	Mar	6,2	21,3	20,7	24,4	27,0	27,3	31,3	31,1	-	-
Santa Catarina[5]	Mar	6,6	4,8	4,8	5,3	5,3	5,3	5,3	5,3	-	-

Fonte: ANP/SDP, conforme a Resolução ANP nº 47/2014.

Notas: 1. Reservas em 31/12 dos anos de referência. 2. As reservas do campo de Roncador e Frade estão apropriadas totalmente no estado do Rio de Janeiro, por simplificação. 3. As reservas do campo de Sapinhoá estão apropriadas totalmente no estado de São Paulo por simplificação. 4. As reservas do campo de Caravela estão apropriadas totalmente no estado do Paraná, por simplificação. 5. As reservas do campo de Tubarão estão apropriadas totalmente no estado de Santa Catarina, por simplificação.

Reservas provadas (em milhões de barris) de petróleo

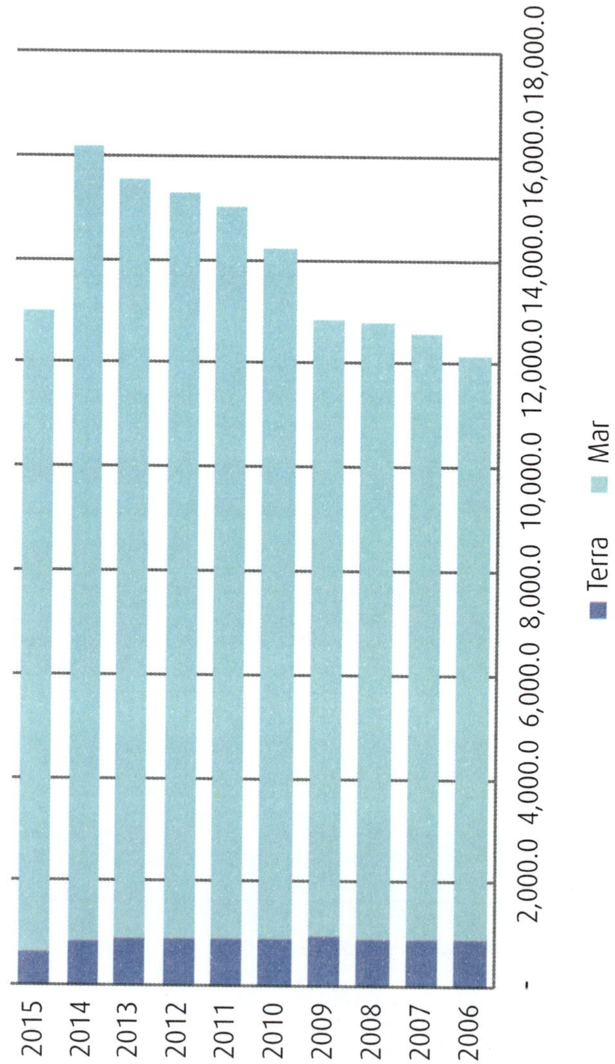

Tabela 5 | Produção de gás natural (em milhões m^3), por localização (terra e mar, pré-sal e pós-sal), segundo unidades da Federação: 2006-2015

Unidades da Federação	Localização	2006	2007	2008	2009	2010	2011	2012	2013	2014	2015
Brasil		17.699,2	18.151,7	21.592,7	21.141,5	22.938,4	24.073,7	25.832,2	28.174,2	31.894,9	35.126,4
Subtotal	Terra	6.656,9	6.282,9	6.273,1	6.045,2	6.024,0	6.147,7	6.122,9	7.512,0	8.507,5	8.388,9
	Mar	11.042,3	11.868,7	15.319,6	15.096,3	16.914,4	17.926,0	19.709,3	20.662,2	23.387,3	26.737,6
Subtotal	Pré-sal	-	-	117,7	266,7	648,5	1.387,7	2.078,0	3.710,1	6.250,7	10.614,3
	Pós-sal	17.699,2	18.151,7	21.475,0	20.874,8	22.289,9	22.686,0	23.754,2	24.464,1	25.644,2	24.512,1
Amazonas	Terra	3.376,3	3.546,1	3.732,6	3.780,2	3.857,9	4.161,2	4.188,3	4.150,3	4.703,8	5.060,2
Maranhão	Terra	-	-	-	-	-	-	0,4	1.419,7	1.968,4	1.565,3
Ceará	Terra	0,5	0,6	0,6	0,6	0,5	0,5	0,4	0,3	0,4	0,4
	Mar	98,9	77,4	65,8	55,5	42,1	30,7	27,2	33,1	32,4	27,1
Rio Grande do Norte	Terra	266,1	313,9	317,8	273,0	269,5	272,1	258,1	277,5	269,3	238,4
	Mar	914,5	765,0	609,8	488,1	419,4	362,4	305,1	268,4	220,6	188,3
Alagoas	Terra	878,6	765,4	685,7	618,0	564,5	462,7	508,5	499,5	460,2	358,4
	Mar	144,1	141,0	128,2	124,4	108,2	100,4	53,2	86,8	75,1	69,0
Sergipe	Terra	84,2	93,2	91,2	92,5	94,7	101,9	102,8	93,0	97,4	83,2
	Mar	525,2	453,9	766,5	863,6	1.007,1	999,2	927,0	963,7	960,6	780,6
Bahia	Terra	1.878,1	1.480,0	1.285,4	1.172,3	1.138,3	1.057,5	970,8	989,9	934,1	997,2
	Mar	16,3	1.166,3	2.079,5	1.881,1	2.261,1	1.500,2	2.245,9	2.183,0	2.162,6	2.043,6
Espírito Santo	Terra	173,1	83,7	159,7	108,5	98,7	91,8	93,6	81,8	73,9	85,8
	Mar	736,6	881,7	2.642,4	967,9	2.602,4	4.240,3	3.814,3	4.333,5	4.675,6	4.028,6
Rio de Janeiro	Mar	8.210,8	8.025,1	8.763,3	10.497,2	10.132,2	9.386,9	10.344,4	10.005,8	11.097,4	14.062,0
São Paulo	Mar	357,0	324,1	242,1	218,4	342,0	1.305,8	1.992,1	2.787,8	4.163,1	5.538,4
Paraná	Mar	39,0	34,3	21,9	-	-	-	-	-	-	-

Fonte: ANP/SDP, conforme o Decreto nº 2.705/1998.
Nota: O valor total da produção inclui os volumes de reinjeção, queimas, perdas e consumo próprio.

Produção de gás natural por localização (pré e pós-sal)

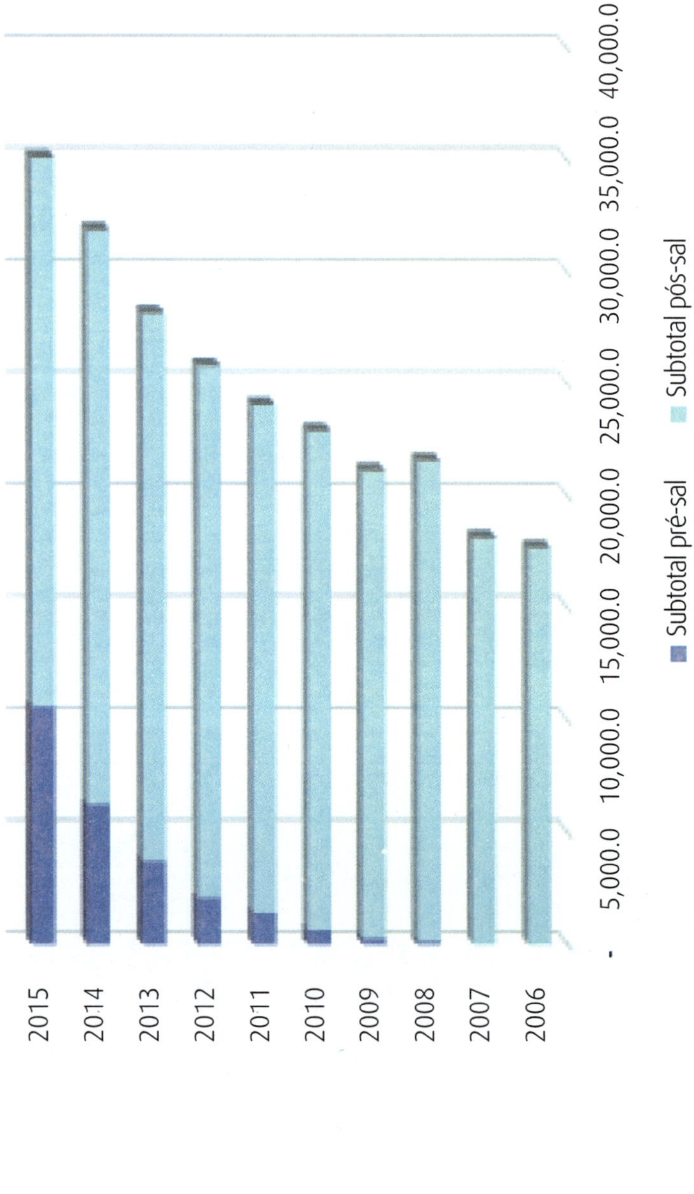

Tabela 6 | Produção de petróleo, por localização (terra e mar, pré-sal e pós-sal), segundo unidades da Federação: 2006-2015

Unidades da Federação	Localização	2006	2007	2008	2009	2010	2011	2012	2013	2014	2015
Brasil		628.797	638.018	663.275	711.883	749.954	768.471	754.409	738.715	822.930	889.667
Subtotal	Terra	70.841	69.893	66.337	65.465	65.973	66.441	66.046	63.893	61.577	58.368
	Mar	557.957	568.126	596.938	646.418	683.981	702.029	688.363	674.822	761.352	831.300
Subtotal	Pré-sal	-	-	2.558	6.756	16.317	44.394	62.488	110.538	179.820	280.055
	Pós-sal	628.797	638.018	660.717	705.126	733.637	724.077	691.921	628.176	643.110	609.612
Amazonas	Terra	13.062	12.276	11.657	12.351	13.030	12.683	12.283	11.270	10.222	9.601
Maranhão	Terra	-	-	-	-	-	-	-	29	43	4
Ceará	Terra	559	668	699	761	674	567	457	413	446	533
	Mar	3.250	3.098	2.788	2.539	2.261	2.051	1.919	2.633	2.221	1.901
Rio Grande do Norte	Terra	20.435	19.676	19.208	18.295	17.868	18.595	18.966	19.116	18.347	18.247
	Mar	3.731	3.141	3.124	3.012	2.914	2.808	2.785	2.708	2.615	2.594
Alagoas	Terra	2.935	2.897	2.139	2.246	2.030	1.896	1.647	1.310	1.519	1.556
	Mar	162	126	109	96	85	108	81	131	115	97
Sergipe	Terra	12.044	12.889	12.371	12.583	12.020	11.745	11.547	10.627	10.133	9.171
	Mar	2.300	2.404	4.823	3.515	3.063	3.586	3.200	3.620	4.839	2.992
Bahia	Terra	15.703	15.525	15.156	14.642	15.551	15.776	15.712	15.777	15.632	14.190
	Mar	-	134	284	338	343	247	307	385	356	240
Espírito Santo	Terra	6.103	5.963	5.108	4.587	4.801	5.179	5.435	5.350	5.235	5.066
	Mar	16.759	36.197	37.133	31.371	75.232	110.689	107.666	108.034	128.739	136.582
Rio de Janeiro	Mar	529.627	520.922	547.348	605.213	594.804	568.557	561.482	532.037	563.233	596.925
São Paulo	Mar	457	724	302	333	5.278	13.984	10.921	25.274	59.236	89.968
Paraná	Mar	1.670	1.380	1.029	-	-	-	-	-	-	-

Fonte: ANP/SDP, conforme o Decreto nº 2.705/1998.
Nota: Inclui condensado.

Produção de petróleo por localização (pré e pós-sal)

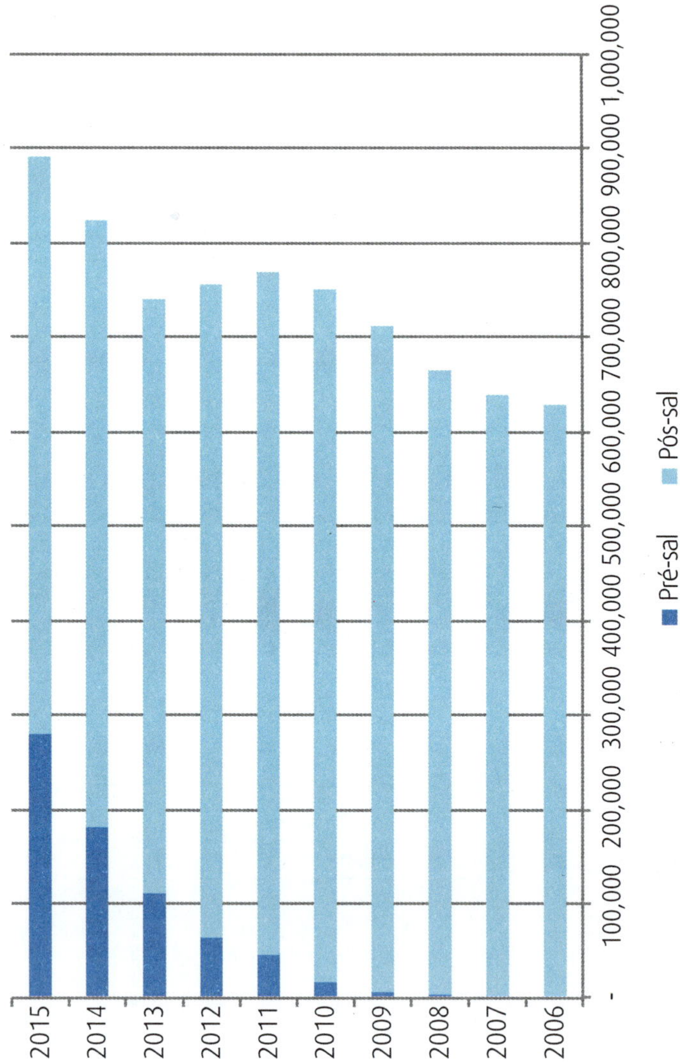